DuMont's Handbuch Kalligraphie

ABC
DEFG
HIJKL
MNOP
QRST
UVW
XYZ
Der Pinsel tanzt
die Tusche singt

DuMont's Handbuch

Kalligraphie

Einführung in Geschichte, Theorie und Praxis der handschriftlichen Gestaltung

Reinhard Kunze

DuMont Buchverlag Köln

Umschlagvorderseite:
Links: Karolingische Minuskel; Text: Baruch Spinoza
Rechts: Moderne humanistische Kursive; Text: Reinhard Kunze

Umschlagprägung: Ben Aalbers, I like books

Illustrationen von Ingrid Schade auf S. 16/17, 166, 193, 195, 196, 201, 234, 285

Frontispiz:
Karlgeorg Hoefer, Kalligraphische Pinselschrift

Die Deutsche Bibliothek – CIP-Einheitsaufnahme

Kunze, Reinhard: DuMont's Handbuch Kalligraphie: Einführung in Geschichte, Theorie und Praxis der handschriftlichen Gestaltung / Reinhard Kunze. – Köln: DuMont, 1992
ISBN 3-7701-2905-9

Farbreproduktion: Litho Miess, Köln
Satz: Fotosatz Harten, Köln
Druck: Rasch, Bramsche
Buchbinderische Verarbeitung:
Bramscher Buchbinder Betriebe, Bramsche

Printed in Germany ISBN 3-7701-2905-9

Inhalt

Dank

Für Barbara

An der Entstehung dieses Buches haben viele Menschen teilgehabt, denen ich auf diesem Wege herzlich danken möchte: Ingrid Schade hat nicht nur viele Originalillustrationen gestaltet, sondern durch zahlreiche gute Gespräche schon an der Entwicklung der Idee für das Handbuch Kalligraphie Anteil gehabt; Professor Karlgeorg Hoefer hat sich in liebenswürdigster Weise um das Buch gekümmert und selbst das Frontispiz als Original beigetragen; Professor Christian Scheffler vom Klingspor-Museum in Offenbach hat als unermüdlich helfender Geist im Hintergrund unschätzbare Dienste, besonders bei der Beschaffung der Abbildungen, geleistet.
Allen SchreiberInnen und GestalterInnen, die ihre Blätter freundlicherweise zur Abbildung freigegeben haben, möchte ich besonders danken – sie haben den anschaulichen Bezug zur Kalligraphie unserer Zeit ermöglicht und unterstützt.
Den Institutionen, die bereitwillig Abbildungsgenehmigungen erteilten und technische Hilfe leisteten, sei ebenfalls an dieser Stelle Dank; wenn hier auch nicht alle namentlich aufgeführt werden können, so gehen sie doch aus dem Abbildungsverzeichnis hervor.
Dem DuMont Buchverlag verdankt das Projekt seine Entstehung; mir bleibt die Freude, dem Team Oliver Waffender, Silvia Simon und Achim Seiffert, die Lektorat, Recherche und Produktion besorgten, für ihr Engagement zu danken, mit dem sie unser gemeinsames Vorhaben ins Werk gesetzt haben.

Reinhard Kunze

Vorwort

> Beatitudo non est virtutis praemium, sed ipsa virtus;
> Nec eadem gaudemus, quia libidines coercemus; sed contra
> quia eadem gaudemus, ideo libidines coercere possumus.
>
> Glück ist nicht Tugendlohn, sondern selbst Tugend;
> und wir erfreuen uns seiner nicht, weil wir die Begierden
> zügeln; sondern umgekehrt, weil wir uns seiner erfreuen,
> deshalb können wir die Begierden zügeln.
>
> Baruch Spinoza, Ethica/Ethik, Pars V, Propositio XLII

Schreiben gehört zu den Künsten, die ein ruhiges Glücksgefühl vermitteln können; KalligraphInnen brauchen weder Temporausch noch Materialschlacht. Das eigene Zeitgefühl, der menschliche Puls und die organische Entwicklung der inneren Vorstellung bestimmen den Rhythmus des Schreibens mit Feder und Pinsel. Schreiben ist sozial und ökologisch rücksichtsvoll: »Kein Kalligraph verunreinigt die Flüsse mit Tinte oder vergiftet die Luft, die wir atmen.« (Hermann Zapf); es verbindet leibliche motorische Aktivität mit kommunikativen und kulturellen Inhalten und wird so zu einem Schlüssel für Selbstfindung und Bildung.

Schreiben verbindet die einzelnen Menschen ebenso wie die Kulturen. Wer sich mit der Schrift anderer Kulturen beschäftigt, erweist sich als offen und wird seinerseits bereichert werden. Aber auch das Verständnis für die eigene kulturelle Identität wird sich leichter erschließen. Unsere lateinische Schrift ist sichtbarer Ausdruck einer übergreifenden europäischen Kulturtradition. Sie hat Länder- und Sprachgrenzen überwunden und einen Teil der kommunikativen Grundlagen geschaffen, auf denen sich das Europa der romanischen und germanischen Völker (Leopold von Ranke) als supranationale Einheit ausbildet. Es dürfte auf der Hand liegen, daß die verbindende Kraft der lateinischen Schrift auch die Möglichkeit eröffnet, Völker in die multikulturelle Gemeinschaft Europas einzubeziehen, die bislang durch geschichtliche Umstände peripher blieben. Unter solch ermutigenden

Vorzeichen schien es angebracht, ein Handbuch der Kalligraphie zu entwerfen, das stärker als bisherige Instruktionswerke den geschichtlichen Bezugsrahmen der Schrift thematisiert. Stanley Morison hatte in seinen Vorlesungen ›Politics and Script‹ schon 1957 diesen Weg gewiesen – wie in so vielem seiner Zeit weit voraus. Der erste Teil des vorliegenden Handbuchs folgt diesen Spuren – nach einer kurzen Einführung, die die Entfremdungen vom eigenen Schreiben abstreifen soll. Der zweite Teil basiert auf Erkenntnissen der Paläographie und dient vor allem der Schulung des Auges. Die Umsetzung der erworbenen Kenntnisse in praktische Tätigkeit steht im Mittelpunkt des dritten Teils. Im abschließenden vierten Teil werden Fragen der künstlerischen Gestaltung mit Schrift in einem allgemeinen Rahmen angerissen; so sollen Wege zu einer vertieften Beschäftigung mit Kalligraphie geebnet werden. Abbildungen, Marginalien, Literaturhinweise und die Anhänge sollen den Umgang mit dem Handbuch Kalligraphie anschaulicher und bequemer gestalten. Als Lese- und Lernbuch kann es natürlich die Fachliteratur nicht erschöpfend diskutieren; die angegebene Literatur umfaßt deshalb auch nur aktuell erhältliche Bücher sowie einige wenige ältere Standardwerke. Weiterführende Literatur, Aufsätze etc., die hier aus Platzmangel nicht erwähnt werden konnten, lassen sich aber mit Hilfe der angegebenen Werke ermitteln. Wo vieles anzusprechen ist, muß das meiste ungesagt bleiben; schon daraus ergeben sich genügend Ansatzpunkte für Verbesserungen. Für konstruktive Kritik und Anregungen sei schon im voraus aufrichtig gedankt.

Hamburg, im Mai 1992

A

DIE HANDSCHRIFT

1 Die persönliche Handschrift

Bis weit ins 20. Jahrhundert mußte Schrift von Hand erstellt werden, denn es gab keine andere Möglichkeit; Schreibmaschine oder Schreibcomputer sind, schriftgeschichtlich gesehen, Entwicklungen der Gegenwart. Vor der Erfindung des Buchdrucks wurde sogar die gesamte Literatur in handschriftlich erstellten Büchern überliefert. Eine schöne Schrift konnte daher schon eine gute Erwerbsquelle darstellen. Selbst die Sklaven der Antike kamen besser davon, wenn sie schreiben konnten: Das ersparte manchem ›niedere‹ Arbeiten. Von der Gleichförmigkeit und dem klaren Erscheinungsbild maschineller Schrift konnten die Menschen dagegen nur träumen; daß sie dies getan haben, zeigt ein Blick in die Geschichte der Schriftkunst. Die richtige und schöne Ausführung der Buchstaben machte viel Mühe und erforderte langes Üben. Die wichtigsten und wertvollsten Schriften wurden deshalb von speziell ausgebildeten Meistern mit größter Sorgfalt ausgeführt, und immer kam es darauf an, ein Schriftbild zu erzeugen, in dem jeder Buchstabe, jede Zeile, jedes Blatt der Idealform so nahe wie möglich kam. So entwickelte sich schon früh eine Schriftästhetik, die gute Formen mit Geschmack zu beurteilen wußte.

Die Hieroglyphe ›S Š‹ (schesch) bedeutet ›Schreiber‹. Nach: Sir Adam Gardiner, Egyptian Grammar, 3. Aufl., Oxford 1982

Ihre priviligierte Stellung versetzte die Schreiber in die Lage, ihre Vorhaben ruhig und ohne Hast ins Werk zu setzen. Wo Zeit keine Rolle spielte, war es möglich, sogar einzelne Buchstaben mit äußerster Sorgfalt auszuführen: So sind die ägyptischen Hieroglyphen Zeugnisse einer hohen Gestaltkunst, die nur durch einen außergewöhnlichen Aufwand erklärt werden kann. Sie zu genießen blieb allerdings nur einigen wenigen Eingeweihten und gesellschaftlich hochstehenden Personen vorbehalten. Die Masse der Bevölkerung war schriftunkundig. Ähnliches gilt auch für die meisten anderen antiken Schriftsysteme, die uns in Denkmälern begegnen. Schrift war Besitz der Priviligierten, Kunst und Geheimlehre zugleich. So ist es denn auch nicht verwunderlich, daß die Inhalte der überlieferten Texte im wesentlichen aus den Bereichen Religion und Staatsführung stammen, und es wird gleichfalls verständlich, daß die große, wichtige Sache so weit über dem Schreiber als Menschen stand, daß wir kaum noch Spuren von Persönlichkeit in den Schriftdenkmälern finden können. Wenn einmal der Name des Verfassers einer Schrift genannt wurde, so war der literarische Autor, nicht aber der Schreiber oder Kopist gemeint. Schrift hatte also, auch wenn sie notgedrungen mit der Hand ausgeführt werden mußte, etwas substantiell Normatives, etwas Allgemeines, das auch die Ästhetik der Schriftform bestimmte.

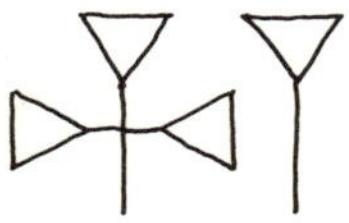

Vogel

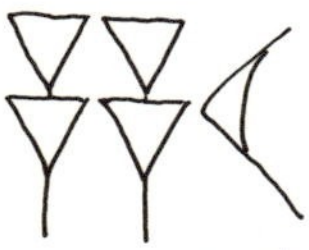

Fisch

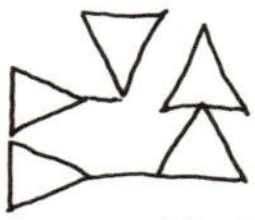

Rind

Nach: Hans Jensen, Die Schrift, 3. Aufl., Berlin 1969

Neben den Hochformen der Schrift gab es auch schon in frühester Zeit schriftliche Aufzeichnungen, die pragmatischen Zwecken dienten. Die formale Schönheit der Zeichen spielte hier sicherlich eine völlig untergeordnete Rolle. Diese Aufzeichnungen folgten vor allem kaufmännischer Zweckmäßigkeit: Elementare Buchhaltung und Lagerbestandsführung halfen beispielsweise den Menschen im Mesopotamien des 4. bzw. 3. Jahrtausends vor unserer Zeitrechnung, Besitz, Anrechte und Schulden zu überblicken, ohne die realen Dinge vor Augen zu haben (was ja gerade bei Schulden nicht einfach ist). Unsere Kenntnisse von derartige Aufzeichnungssystemen erstrecken sich vorwiegend auf die mesopotamischen Keilschriften – einfach deshalb, weil die in Lehm eingedrückten und anschließend gebrannten Zeichen erhalten geblieben und in unserer Zeit wiedergefunden worden sind. Aufzeichnungen auf schnell alterndem organischen Material wie Holz, Rinde, Pflanzenblättern, Tierhäuten usw. sind natürlich nur in äußerst seltenen Fällen auf uns gekommen.

Daher wissen wir nur sehr wenig über nichtkünstlerische Alltagsschriften, wenn wir auch mit Sicherheit davon ausgehen können, daß es sie gegeben hat. Die Paläographie, die Wissenschaft von den alten Schriften, kann solche Funde gut gebrauchen, weil viele Entwicklungen bei den ästhetischen Staats-, Prunk- und Buchschriften nur durch das Eindringen von Elementen der Gebrauchsschrift erklärt werden können.
Wie dem auch sei, die Unterscheidung nach kulturellen Hochformen und Gebrauchsformen der Schrift ist ganz offensichtlich eine Konstante, die bis in die Gegenwart Gültigkeit hat. Vereinfacht gesagt, lassen sich die beiden Formen von Schrift so charakterisieren: Die von kulturellen Zielvorstellungen geleitete Schrift stellt die *Ästhetisierung,* die von pragmatischen Zielvorstellungen her entwickelte Schrift die *Ökonomisierung* eines Zeichensystems dar. Die ästhetisierte Schrift, die Kalligraphie, ist eine teure, die ökonomisierte Gebrauchsschrift, auch Kursive (von lat. currere = laufen), ist dagegen preisgünstig. Durch die Kursiven kommen oft spontane Neuerungen auf; die Hand schreibt flink, und plötzlich sind Formen entstanden, die niemand bewußt geplant hat. Die mit künstlerischem Anspruch gestaltende Kalligraphie nimmt diese Zufallsprodukte auf, reinigt sie von Zufälligkeiten und Ungeschicklichkeiten und erweitert so ihren Formenkanon.
So war es zumindest bis zu Johannes Gutenberg (1440). Mit der Entwicklung des Buchdrucks kam es zur Verschmelzung der beiden Tendenzen, wenn es auch weiterhin Ausprägungen mehr nach der einen oder anderen Seite gegeben hat. Die gedruckte Schrift wurde so schön wie die Kalligraphie und noch schneller als die Kursive. Nun galt diese Entwicklung vorerst nur für den Buchdruck, sie macht aber deutlich, wie bedeutsam Zeitaufwand und Kosten für die Schriftentwicklung sind. Selbstverständlich wählten die Drucker schöne Schriften, weil diese begehrter waren als die flüchtiger geschriebenen Kursiven. Allgemein ist zu beobachten, daß es eine ästhetische Aufwertung der Schrift auch im rein zweckrationalen Sinne immer dann gegeben hat, wenn dies ökonomisch ohne großen Aufwand möglich wurde. So haben sich im 20. Jahrhundert zweifellos die

Formales ›A‹ der Capitalis (rustica) der jüngeren römischen Kursive und – kalligraphisiert daraus – der Unicialis (schematisch nach historischen Beispielen)

Schriften der Gebrauchstypographie und sogar der Schreibmaschine ästhetisch verbessern lassen. Auch die ursprünglich sehr klobigen Computerschriften reichen heute in manchen Fällen schon an bibliophile Druckbilder heran. Es mag banal erscheinen, entspricht aber einer klaren Logik, die man sich bewußt machen sollte: Schöne Schrift ist begehrenswert, zu entscheiden bleibt bloß, wieviel Geld oder Mühe einem die Schönheit wert ist.

Es war die Nachtigall
und nicht die Lerche

Computer/
Nadeldruckerschrift

Das Schreiben mit der Hand ist heute dank der großen Verbreitung von Schreibmaschine und Personal Computer keine Notwendigkeit mehr, dennoch oder vielleicht gerade deshalb interessieren sich inzwischen immer mehr Menschen für ihre Handschrift. Das einfachste Motiv hierfür ist sicherlich die Anonymität der maschinellen Schrift, die keine sichtbare Spur der Persönlichkeit des Schreibenden hinterläßt. Und wer möchte schon dauernd anonym sein? Man stelle sich vor, ein Gespräch wäre nur mit Hilfe einiger weniger standardisierter Stimmgeneratoren möglich. Sicher, sachliche Inhalte, etwa ›2 + 2 = 4‹, ließen sich problemlos vermitteln.

Wenn aber Julia ihrem Romeo zuflüstert: »Es war die Nachtigall und nicht die Lerche«, wie würde das wirken, ohne das ganz persönliche Timbre der Stimme, ohne die feinen Nuancierungen, die die Botschaft erst vollständig und damit menschlich machen? Was für die Sprache gilt, gilt für die Schrift nicht weniger; überall dort, wo sich der ganze Mensch als Persönlichkeit einbringt und wo ihm sein Ausdruck zum Medium der Selbstmitteilung wird, muß das Kommunikationsmittel außer der normativen und pragmatischen Funktion eine weitere Aufgabe haben, die das Spezifische der schreibenden Persönlichkeit überträgt, ohne die Grundfunktionen zu stören.

Es war die Nachtigall
und nicht die Lerche

Handschrift

Das, was eine Mitteilung über den rein sachlichen Inhalt, die sogenannte semantische Information, hinaus enthält, nennt der Informationstheoretiker Abraham Moles ›ästhetische Information‹. Erstere betrifft Sachverhalte, die von universeller Logik sind, die strukturiert, aussprechbar und in beliebige Sprachen übersetzbar sind. Mit einem Wort: Sachverhalte, die wissenschaft-

lich objektivierbar sind, zum Beispiel physikalische Daten, statistische Werte usw.
Alle diese Daten dienen der Erkenntnis im Sinne von vernünftigem Wissen. Um bei unserem Beispiel aus Romeo und Julia zu bleiben: Die semantische Information des berühmten Satzes lautet etwa so: »Es war ein Vogel der Spezies Luscinia megarynchus; es war kein Vogel der Spezies Galerida cristata«. Das mag ja für Vogelkundler auch sehr interessant sein. – Demgegenüber bezieht sich die ästhetische Information »nicht auf ein universales Repertoire von Kenntnissen, die Sender und Empfänger gemeinsam sind; sie lassen sich theoretisch nicht in eine andere ›Sprache‹ oder in ein anderes System logischer Zeichen übersetzen, weil diese Sprache nicht existiert. Sie kommt dem Begriff einer persönlichen Information nahe.« Die nicht übersetzbare persönliche Sprache besteht natürlich nur in dem Sinne nicht, daß es kein Wörterbuch und keine Grammatik für sie gibt. Die Bedeutung entsteht sozusagen erst im Moment einer Äußerung bzw. der Wahrnehmung, also im Falle Julias in der Kundgabe ihrer Liebe zu Romeo, der Angst, er müsse schon gehen.
Die ästhetische Information bezeichnet in gewisser Weise die zusätzliche Bedeutung, die eine semantische Information transportiert. Welche spezielle Form etwa der Buchstabe ›a‹ annimmt, ist für die semantische Information mit dem Inhalt ›das Zeichen a‹ gleichgültig, solange zweifelsfrei erkennbar ist, daß es sich um eben diesen und keinen anderen Buchstaben handelt. Für das ästhetische Interesse kann aber die Ausformung, die das Zeichen annimmt, voller interessanter Information sein. Ästhetische Information bezeichnet nämlich eine Form von Anregung zum Bilden einer *sinnlichen* Erkenntnis, sie regt an, daß sich der Wahrnehmende mit seinem Erkenntnisgegenstand individuell auseinandersetzt und ihn nicht nur nach allgemeinen Merkmalen registriert und einordnet. Mit anderen Worten: Es geht nicht um Kenntnis oder Erkenntnis im rationalen Sinne, sondern um *zusätzliche* Anregung und ein Geschmackserlebnis. Semantische Information beeinflußt das Verhalten, ästhetische Information die Befindlichkeit. Es leuchtet ein, daß, so verstanden, der Begriff der ästheti-

Die ästhetische Variation des Buchstabens ändert nichts an seiner (semantischen) Bezeichnungsfunktion. Nach: Abraham A. Moles, Informationstheorie und ästhetische Wahrnehmung, Köln 1971

schen Information einem zeitgemäßen Kunstbegriff zugrundeliegen kann, demzufolge ich als Kunst betrachte, was ich auf seine ästhetische Information hin wahrnehme und emotional verarbeite, ohne deswegen zu irgendwelchen Handlungen zu schreiten, oder, aus der Sicht des Künstlers, daß Kunst sei, was auf seine ästhetische Information hin wahrgenommen werden soll (also in allen seinen Aspekten wichtig ist und nicht nur Mittel zum Zweck).

Die Unterscheidung zwischen semantischer und ästhetischer Information ist der Schlüssel für ein tieferes Verständnis der Handschrift. Wer gern mit der Hand schreibt, hat offenbar ein ästhetisches Bedürfnis, das über den Willen zur trockenen Mitteilung von objektiven (kognitiven) Sachverhalten hinausgeht. Er möchte sich im Schreiben und im Geschriebenen mit seiner ganzen Persönlichkeit wiederfinden. Die Schriftpädagogik hat dem durchaus Rechnung getragen, indem sie die Ausformung der individuellen Charakterschrift zum Ziel des Schreibens in der Schule machte. Die persönliche Charakterschrift, davon kann sich jeder im Alltag überzeugen, spiegelt das Temperament des Schreibenden genauso wider wie dessen persönlicher Sprachgebrauch. Kriterien wie Lesbarkeit und formale Richtigkeit spielen da eine untergeordnete Rolle. Im Grunde genommen ist jede Charakterschrift so authentisch wie die persönliche Unterschrift.

Schrift ist, wie die Sprache, Ausdruck der Persönlichkeit

Die Charakterschrift bildet sich naturwüchsig; die bewußte Auseinandersetzung mit der eigenen Handschrift nimmt ihr – trotz Ästhetisierung – nicht den Charakter

Mit der Herausbildung der Charakterschrift ist viel für die Sicherung des persönlichen Ausdrucks erreicht worden. Andererseits aber blockiert gerade die festgelegte persönliche Charakterschrift eine bewußte Auseinandersetzung mit den ästhetischen Möglichkeiten: Der Schreibende verliert die Distanz zu seiner eigenen Schrift und ist sich nur noch dessen bewußt, was er schreibt, nicht wie er schreibt. Damit nähert sich paradoxerweise die persönliche Charakterschrift in mancher Beziehung der maschinellen Standardschrift. Die ästhetische Funktion, die das Schriftbild annehmen kann, verschwindet fast vollständig aus dem Bewußtsein und fällt bestenfalls noch Menschen auf, die zum ersten Mal mit einer besonderen Charakterschrift konfrontiert sind. Natürlich ist daran nichts schlechtes; es werden bloß Chancen zur ganz persönlichen Artikulation nicht genutzt, die durch die bewußte und gewünschte Interpretation der Ausdrucksmittel präziser und differenzierter werden kann. Mit anderen Worten: Hier wird auf Möglichkeiten der Selbsterfahrung und Selbstdarstellung verzichtet.

Kulturelle Identität

Schreiben kann nicht nur Selbsterfahrung sein, sondern es ist auch Spiegelbild der Identität. Jede menschliche Identität entwickelt sich im Rahmen einer Kommunikationsgemeinschaft; der einzelne geht immer mit Vorgefundenem um, in der Hauptsache bringt er in das Bestehende nur seine persönliche Interpretation ein. Der Gedanke einer absoluten Originalität ist daher sicherlich verfehlt; was so eigen(-artig) ist, daß es nicht mehr kommunizierbar ist, fällt aus dem Rahmen gesellschaftlicher Interaktionen. Sprache und Schrift jedoch sind gesellschaftliche Kommunikationsmittel schlechthin, und daher bleibt auch die individuellste Äußerung immer auf ihr Medium, die Sprache (auch die geschriebene Sprache) und dadurch auf die Gesellschaft und ihre Geschichte bezogen. So ist die persönliche Handschrift immer auch Interpretation eines allgemein akzeptierten Kommunikationsmittels, und dem Charakterausdruck auf der einen Seite steht die historisch und kulturell fundierte Formsprache gegenüber, die Leser und Schreiber verbindet. Jeder persönliche Schriftstil hat sich auf der Grundlage eines Alphabets entwickelt, das dem Lernenden in einer bestimmten soziokulturellen Umgebung vorgegeben wurde – ebenso wie andere Vorgaben, die sein persönliches ästhetisches Empfinden prägen und insgesamt in seine kulturelle Identität eingehen.

Schrift ist, wie die Sprache, Ausdruck der Persönlichkeit

Die verstehende Beschäftigung mit der Handschrift hat also zwei miteinander in Wechselwirkung stehende Aspekte: zum einen den individuellen, persönlichen Ausdruck, der Temperament, Emotionalität und Charakter des Schreibenden vermittelt, und zum anderen die kulturelle Repräsentanzfunktion, die vom zugrundeliegenden Schrifttypus ausgeht. Je nach persönlicher Neigung wird das Verständnisinteresse mehr nach der individuellen oder nach der kulturellen Identität tendieren. Vorrangig ist eigentlich nur, daß die Beschäftigung mit

Montage, Mittwoche und Sabbattage zu,
dem Inquisitor die übrigen Wochentage.
Seit einem halben Jahr besteht dieser Vertrag.
Es ging indessen nicht ohne Streitigkeiten
ab, denn oft blieb unentschieden, ob die Nacht
vom Samstag zum Sonntag dem Alten oder
dem Neuen Testament gehören solle. Was
mich betrifft, so habe ich bis jetzt beiden
widerstanden, und aus diesem Grunde,
glaube ich, werde ich von beiden noch immer
geliebt.

Um die Landplage der Erdbeben
abzuwenden, jedoch auch um Don Isaschar
zu erschrecken, beschloß Seine Eminenz,
ein Autodafé zu veranstalten. Er erwies
mir die Ehre, mich dazu einzuladen. Ich
bekam einen vortrefflichen Platz angewie-
sen, zwischen der Messe und der Urteils=

1 Voltaire, ›Candide‹, von Ingrid Schade; Auszug aus einem handgeschriebenen Buch mit Federzeichnungen. Die ästhetisch verbesserte, sonst aber ganz alltägliche Handschrift verleiht dem Text eine persönliche Interpretation, ohne die Aussage zu verfälschen

vollstreckung wurden den Damen sogar Erfrischungen gereicht. Wahrhaftig, Grausen packte mich, als ich die beiden Juden und jenen ehrenwerten Biskayer, der seine Gevatterin geheiratet hatte, brennen sah: doch wie groß waren meine Überraschung, mein Schrecken, meine Bestürzung, als ich in einem Sabenito und unter einer Mitra eine Gestalt erblickte, die Pangloß ähnelte! Ich rieb mir die Augen, ich betrachtete ihn aufmerksam, sah, wie er gehängt wurde, und fiel in Ohnmacht. Kaum war ich zur Besinnung gekommen, als ich Sie nackt bis auf die Haut vor mir sah —: das war der Gipfel meines Schreckens, meiner Bestürzung, meines Schmerzes. Wahrhaftig, ich muß Ihnen offen sagen, daß Ihre Haut noch weicher und zarter getönt ist, als die meines bulgarischen Hauptmanns. Dieser Anblick verstärkte noch die Gefühle, die mich überstürzten und zerrissen. Ich schrie auf, ich wollte rufen: Haltet ein, ihr Barbaren! Doch meine Stimme versagte, auch wäre mein Rufen unnütz verhallt. Als Sie dann ausgepeitscht wurden, fragte ich mich: Wie kann es sein, daß der liebenswerte Candid und der weise Pangloß sich hier in Lissabon befinden, der eine, um hundert Rutenstreiche zu bekommen, der

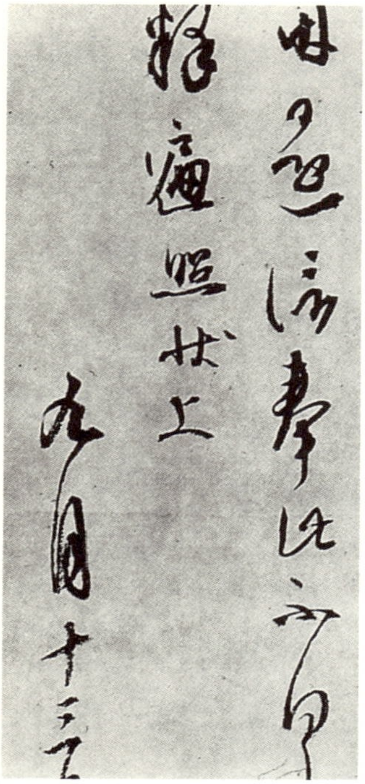

Die japanische Kalligraphie ist ein glänzendes Beispiel für die kulturelle Mittlerfunktion der Schrift: das Beispiel aus der Briefsammlung des Kūkai aus dem 9. Jh. repräsentiert den Einfluß Chinas auf die japanische Schreibkunst

Schreiben und Schrift Wege öffnen kann, die den Zugang zum Reichtum ästhetischen Ausdrucks ermöglichen.

Wer sich für künstlerische Schrift interessiert, wird von Hause aus zuerst zur kulturellen Seite der Schriftästhetik tendieren und die individuellen Aspekte dann unter stilistischen Gesichtspunkten betrachten. Nach und nach erschließen sich so die Tiefen der geschichtlichen Entwicklung. Schon bald, nachdem man die ersten Beispiele historischer Schriftzeugnisse gesehen hat, wird man mehr Fragen als Antworten formulieren und sich ein erweitertes Verständnis über die Zeit und ihre Umstände bilden wollen, in denen eine Handschrift entstanden ist. Man wird anfangen, die ästhetische Sprache jener anderen Kulturepoche zu erwerben und wird dadurch bereichert werden: so viele Sprachen, so viele Kulturen.

Wer also beginnt, mit Formwillen seine Handschrift zu üben, kommuniziert im ästhetischen Raum, formt seine Identität im Austausch mit kulturellen Manifestationen. Er schreibt dann nicht mehr nur unbewußt, gewissermaßen naturwüchsig, sondern interpretiert. Wenn er Voraussetzungen, wie ästhetisches Sehen, Einübung der Motorik usw., durch die Schreibpraxis erfüllt hat, wird der Schriftinteressierte eine neue Freiheit des ästhetischen Ausdrucks gewinnen, die ihm gestattet, seinen eigenen Stil bewußt zu formen. Die Spielräume für den persönlichen Geschmack sind groß: Von der Interpretation historischer Schriften bis zur mediativen Ausdrucksschrift nach Art der japanischen Kalligraphie sind der Phantasie keine Grenzen gesetzt.

2 Meditation: Der Brief

Schrift ist wie die Sprache Ausdruck der Persönlichkeit, dabei ist sie mehr als nur die passive Spur, die der dauerhafte Charakter des Schreibenden auf dem Papier hinterläßt. Es steckt – mehr oder weniger unbewußt – auch der Wunsch des Schreibenden dahinter, sich in einer gegebenen Situation so oder so zu präsentieren. Wo ein Schreiben wichtig für seinen Verfasser ist, wird dieser nicht darauf verzichten wollen, Einfluß auf das Bild zu nehmen, das der Leser von ihm und seinem Anliegen hat. Eine Bewerbung oder gar einen Liebesbrief wird wohl niemand flüchtig aufs Papier werfen, sondern sorgfältig und mit Bedacht schreiben. Im Unterschied zum Schreiben in der gewohnten, automatisierten Handschrift treten Form und Inhalt des Schreibens erneut in das Bewußtsein des Verfassers. Das Grundanliegen aller Kunst, gestaltend zu wirken, tritt hervor. Die Gestaltung eines selbst geschriebenen Briefes gibt uns nun die Gelegenheit, uns mit einigen Problematiken des Schreibens auseinanderzusetzen und sie mit den Mitteln unserer ›gewöhnlichen‹ Charakterschrift praktisch zu lösen, ohne daß Auge und Motorik schon kalligraphisch geschult wären. Zugleich wird auf diese Weise vermieden, daß Schriftformen nur äußerlich imitiert, im gestalterischen Sinne aber nicht verstanden werden. Schreiben beginnt und endet im Kopf!

Die Situation ›Briefe schreiben‹

Ein Brief, der mehr transportieren soll als semantische Information, der also über einen nüchternen sachlichen Tatbestand hinaus die persönliche Ansprache des Schreibenden (ästhetische Information) herüberbringen soll, setzt eine besondere Entstehungssituation voraus: die Situation ›Briefe schreiben‹. Innerhalb dieser Situation entsteht der Brief zunächst als Monolog des Schreibenden, so paradox dies angesichts der verbindenden Wirkung von Briefen auch klingen mag. Für den Schreiber stellt dies eine nicht unerhebliche Schwierigkeit dar: Anders als im Gespräch muß er auf rückkoppelnde Äußerungen des Partners verzichten und kann sich nicht laufend vergewissern, ob sein Anliegen auch so verstanden wird, wie er es beabsichtigt. Der Briefeschreiber wird daher die Rolle des Empfängers probeweise übernehmen, um seine eigenen Äußerungen auf ihre Wirkung hin zu überprüfen. Das bekannte Phänomen, daß man einen Brief immer wieder beginnt und etliche mißlungene Sätze in den Papierkorb wirft, zeigt die gesteigerte Aufmerksamkeit beim Schreiben. Jeder kennt auch eine zweite Standardsituation, nämlich die, daß eine endlich gefundene Formulierung so ›schlecht‹ oder unansehnlich niedergeschrieben wurde, daß das Ganze nochmals abgeschrieben werden muß. Form

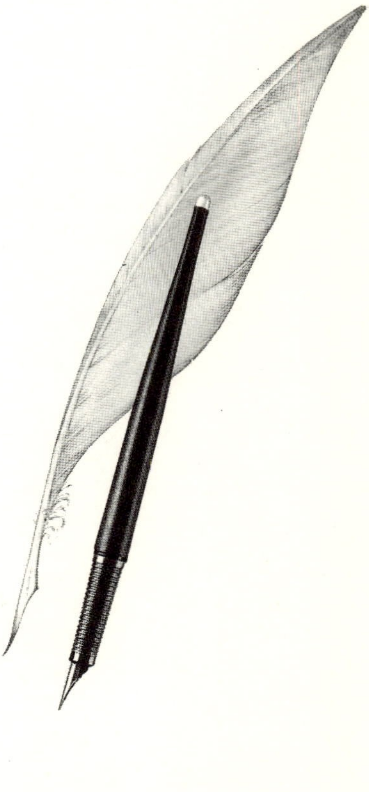

und Inhalt, die beiden Hauptaspekte einer jeden Äußerung, finden sich also in einer Wechselbeziehung, die für eine ganzheitliche Entwicklung der Schreibfähigkeiten wünschenswert ist. Vielleicht ist es sinnvoll, an dieser Stelle zu Füllfederhalter und Papier zu greifen und selbst einen kurzen Brief zu schreiben, um ihn anschließend bewußt und kritisch anzusehen. Aus der Diskussion der Frage: »Wie habe ich mein Anliegen gestaltet?« lassen sich dann leicht Ansatzpunkte für Verbesserungen gewinnen.

Vergleichen und Auswählen

Bewußtes Gestalten beginnt langsam und schafft nicht im Ausnahmefall spontan den ›großen Wurf‹. Meistens geht der Entwicklung der endgültigen Form eine Phase des Suchens und Probierens voraus: Die Vorstellungskraft sucht nach handfesten ›gelungenen‹ Beispielen, die sie bewerten und als Ausgangspunkt für Weiterentwicklungen verwenden kann. Es ist daher sehr nützlich, mehrere geschriebene Ansätze miteinander zu vergleichen. In der Regel wird keiner davon alle positiven Gestaltungselemente auf sich vereinigen. Der Vergleich der verschiedenen Ansätze gestattet aber nun, bewußt zu entscheiden, was wir für gelungen halten und was nicht. Der Plan sollte in jedem Fall sein, eine optimierte Version niederzuschreiben, die alle als gut betrachteten Elemente enthält und die weniger gelungenen vermeidet.

Das Problem der Reproduktion

Der praktische Versuch, diesen Plan umzusetzen, führt zu einer neuen Schwierigkeit. Wird es gelingen, die gewünschten Passagen so zu reproduzieren, daß sie dem Vorbild entsprechen? Es ist ganz natürlich, daß der bewußt gefaßte Plan lockeres Schreiben hemmt, daß das, was zuerst so selbstverständlich funktionierte, durch Verkrampfen nicht zu wiederholen ist. Selbstverständlich läßt sich dieses Verkrampfen durch Praxis überwinden; zunächst aber ist es gar nicht so schlecht: Wir wissen nun, was wir entwickeln und verbessern wollen und haben so einen konkreten Ausgangspunkt in dem, was wir bisher schaffen können. Das ist angemessener und motivierender, als der – allzu häufig resignierende – Vergleich mit Schriftbeispielen von Meisterschreibern, auf die wir natürlich als Anregung gern zurückgreifen, die aber kein sklavisch nachzuahmendes

Schriftästhetik ist etwas anderes als ›Schönschrift‹. Ein Brief mit der eigenen Handschrift kann ästhetisch ungeheuer ausdrucksvoll sein (vgl. Ft. I)

Vorbild sein sollten: Die Handschrift, auch die kultivierte, sollte immer Ausdruck der eigenen Persönlichkeit bleiben.

Frische Perspektive durch Verfremdung

Der erste, aber sicherlich wichtigste Schritt zur Entwicklung von Schriftbewußtsein ist die Auseinandersetzung mit dem Funktionieren der eigenen Handschrift. Hierzu ist es nötig, die Schreibsituation gegenüber der schon fast automatischen Gewohnheit zu verändern: Erst die Verfremdung des Gewohnten ermöglicht eine frische Perspektive. Wählen Sie einen kleinen Text, den Sie in Ihrem Brief verwenden wollen, und schreiben Sie ihn besonders langsam. Benutzen Sie einen Füllfederhalter, am besten einen mit Breitfeder (ArtPen o. ä.), schauen Sie beim Schreiben auf die Federspitze, nicht, wie gewohnt, auf den Text. Schreiben Sie einen kurzen Abschnitt mit geschlossenen Augen – in jedem der genannten Fälle wird das Schreiben anders sein als bisher üblich, und auch im Schriftbild dürften sich einige Unterschiede aufzeigen lassen. Beim Schreiben mit dem ArtPen nimmt jeder einzelne Buchstabe eine neue Form an, ohne daß Sie etwas dazu beigetragen hätten. Die spezifische Formprägung geht vom Gerät aus. Diese einfache Beobachtung bezeichnet den Übergang zwischen allgemeiner schriftlicher Kommunikation und Schriftkultur, denn die Formprägung der Schrift hat unsere kulturelle Identität mitbestimmt: Der gerätebedingte Unterschied zwischen breiten und schmalen Strichen ist die Grundlage für die Auseinandersetzung mit der abendländischen Schrift, weil ihre Alphabete von den prägenden Eigenschaften der breiten Schreibspitzen ästhetisch determiniert worden sind.

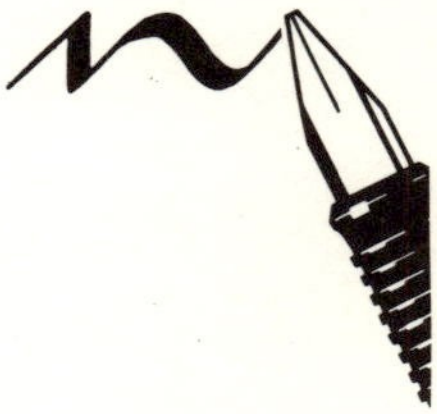

Der Blick auf die Federspitze zeigt den Wechsel der Strichstärke bei der Breitfeder

Duktus, Motorik und Übung

Die bewußte Verfremdung der eigenen Handschrift beweist zunächst nicht mehr als die Möglichkeit, anders zu schreiben als gewohnt. Wenn uns das Geschriebene ansehnlicher vorkommt, so liegt dies vielleicht daran, daß es uns wichtiger geworden ist, als sonst Geschriebenes, vielleicht auch daran, daß die Schreibweise mit dem ArtPen der Schrift einen deutlicheren Duktus verleiht. Bis zur bewußten ästhetischen Gestaltung des Schriftbilds ist es jedoch noch ein weiter Weg. Kaum etwas ist schwieriger, als zu wissen, was man wie schreiben will; und die Intuition, die sich spontan in eine

Äußerung umsetzt, kommt nur zustande, wenn wir über Erfahrungen verfügen, aus denen sich im kreativen Prozeß eine neue ganzheitliche Gestaltung entwickeln läßt. Wie bei jedem Handwerk geht die Lehre der Meisterschaft voraus, und der werdende Schreiber muß zuerst lernen, die Schrift und ihre Elemente richtig zu sehen, um sie zu erkennen und sie schließlich in Eigenes umzusetzen. Dazu ist es natürlich auch nötig, seinen Körper und das Schreibgerät so zu beherrschen, daß zu Papier gebracht wird, was Intuition und Spontanität entwerfen. Eine ungeübte Motorik führt nur allzu leicht zu enttäuschenden Schriftbildern, und der Schreibende wird sich sagen: »So wollte ich das eigentlich nicht machen«. Wie bei anderen Instrumenten, Sportgeräten oder Handwerkszeugen auch muß das Organ der Äußerung so lange ›trainiert‹ werden, bis es zum unverfälschten Ausdruck unseres Formwillens in der Lage ist. Es kann im Extremfall Jahre dauern, bis eine gewisse Meisterschaft erreicht ist, wenn wir uns allerdings als erkennend und gestaltend verstehen, so kann auch der Weg hin zur Beherrschung des schriftlichen Ausdrucks eine genußreiche Reise sein. Das Handbuch Kalligraphie ist entsprechend aufgebaut und gestattet eine anregende Beschäftigung mit Schrift und Schreiben in allen Stadien der theoretischen Auseinandersetzung wie der praktischen Vervollkommnung. Die Handschrift, so wie sie ist, ist unser Ausgangspunkt.

Die kleine Meditation über das Briefeschreiben hat ihren Zweck erfüllt, wenn Auge und Bewußtsein dafür geschärft worden sind, was verändert, verbessert und neu gestaltet werden soll. Nichts behindert den Zugang zum kalligraphischen Denken und Tun so sehr, wie versteinerte Vorstellungen von der Schrift und bis zum Automatismus eingeschliffene Bewegungsabläufe. Die hier gezeigten Beispiele von Briefen (siehe Ft. I, II) sollen dazu anregen, sich mit den Möglichkeiten von Schriftgestaltung ganz allgemein auseinanderzusetzen.

3 Schreiben und Zeichnen

Ein ästhetisches Schriftbild, so könnte man meinen, läßt sich am besten erzielen, wenn alle Buchstaben sauber gezeichnet werden; die rasch dahineilende Hand des Schreibenden wird jedoch immer dazu neigen, den einzelnen Strich zu verbiegen, Rundungen unvollkommen zu gestalten und dergleichen mehr. Eine solche Betrachtungsweise wird aber der Ästhetik des Schreibens nicht gerecht. Zwar läßt sich theoretisch jedes geschriebene Blatt in lauter einzelne Buchstabenzeichnungen auflösen, unser Blick jedoch erfaßt als erstes das Blatt und nicht das einzelne Zeichen. Noch wesentlicher ist, daß ein Schriftblatt anders gelesen wird als eine Zeichnung. Schrift wird linear Zeile für Zeile erfaßt; eine Zeichnung wird dagegen nach der vom Künstler angelegten Gewichtung innerhalb seines Sujets (und entsprechend der kulturell geprägten, aber nicht bindenden Gewohnheit) ›abgetastet‹. Gezeichnete Schriften haben fast immer etwas Künstliches, dem Schreiben Fremdes. Daher werden gezeichnete Schriften auch vorwiegend im Sinne grafischer Bildwerke verwendet, wie zum Beispiel in Titeln, Überschriften, Markenbezeichnungen usw. Der eigentliche Duktus des Schreibens ist aber etwas durchaus Selbständiges, an das wir uns im Laufe einer mehrtausendjährigen Kulturgeschichte gewöhnt haben. Ein Hinweis auf Sprache und Musik mag dies vielleicht erhellen: Ein und derselbe Text als gesprochene Prosa stellt etwas ganz anderes dar als in einer Arie.

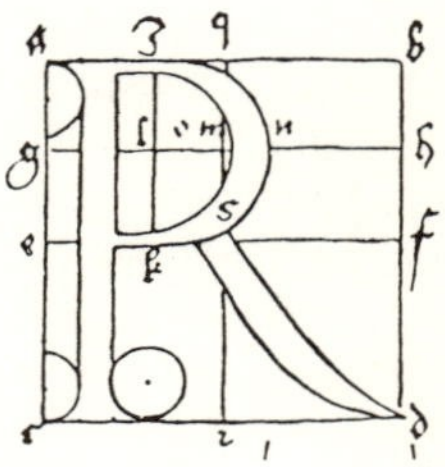

Konstruierter Buchstabe von Albrecht Dürer, 1525

Herkunft der Begriffe ›Schreiben‹ und ›Zeichnen‹

Um Schreiben und Zeichnen zu unterscheiden, ist es sinnvoll, die Entwicklung der beiden Begriffe und die historischen Ursprünge dieser Ausdrucksformen näher zu untersuchen. Schreiben und Zeichnen sind die grundlegenden Formen grafischer Darstellung. Die sprachliche Etymologie weist ihre nahe Verwandschaft nach. Das deutsche Verb ›schreiben‹ ist, ebenso wie das französische ›écrire‹, dem lateinischen ›scribere‹ entlehnt, das zunächst Ritzen, Reißen, Kratzen bedeutet und dann die Bedeutungen Schreiben/Zeichnen annimmt. Ebenso ist es beim griechischen Verb ›graphein‹, und auch das englische ›to write‹ geht auf ein angelsächsisches Verb ›ritan‹, das Ritzen (namentlich von Runen) bezeichnet, zurück. Die Verbbedeutung bezieht sich demnach primär auf die technische Ausführung und nicht auf die Art der darzustellenden Zeichen. Unser heutiges Verständnis betrachtet die Schrift als visuelles Äquivalent zum Klang des Gesprochenen; die Linguistik subsumiert visuelle ebenso wie akustische Kommunikation unter dem Oberbegriff Sprache. In ihren Anfängen hat sich die Schrift jedoch nicht am Sprechen orientiert; sie hat keineswegs versucht, das flüchtig gesprochene Wort festzuhalten, sondern bezog sich auf gemeinte Gegenstände. Dies geschah oft nur als Erinnerungsstütze, nicht aber in Form eines Protokolls. Archaische Bilderschriften, wie zum Beispiel die ägyptischen Hieroglyphen, stellten zunächst erinnernde *Aufzeichnungen* im wahrsten Sinne des Wortes dar. Bei den amerikanischen Indianern gab es erinnernde Bilderschriften, wobei eine komplexe Zeichnung stellvertretend für einen genau festgelegten Text stand. Dieser wurde allerdings mündlich weitergegeben und getreulich auswendig gelernt.

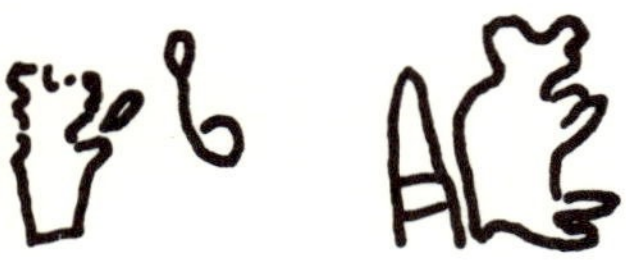

Indianische Erinnerungsschrift; die beiden Bildgruppen erzählen die Geschichte »Der böse Bär (Name) starb bei der Büffeljagd«. Nach: Hans Jensen, Die Schrift, 3. Aufl., Berlin 1969

Ideographische und phonographische Schriften

Während ›Schriften‹, wie die genannte indianische, auf dem Niveau von Merkhilfen verblieben, entwickelten sich die Schriften der Hochkulturen mit der Zeit zu komplexen Zeichensystemen. Dies gilt für die Völker des Mittelmeerraums, denen wir unsere Schreibkultur verdanken, ebenso wie für die Chinesen. Die weitere Entwicklung velief dann jedoch in unterschiedlicher Weise: Während die chinesische Schrift in immer umfangreicherer Form und stilistischer Verfeinerung Gegenstände und veranschaulichte Begriffe abbildete, gingen die semitischen Völker dazu über, den Klang der Sprache durch Zeichen zu repräsentieren. Die kulturhistorische Bedeutung dieser Trennung in *ideographische* (begriffabbildende) und *phonographische* (klangabbildene) Schriften ist enorm: Es wird verständlich, warum in Asien die traditionelle Schreib-, Zeichen- und sogar Maltechnik gleiche Wurzeln und gleiche Grundmaterialien – Pinsel und Tusche – verwendet: Die Schrift war ja ursprünglich das Bild des repräsentierten Begriffs. Dagegen bildeten die semitischen und indogermanischen Kulturen Alphabete aus, die das (unsichtbare) gesprochene Wort mit Zeichen für Klänge darstellten. Schrift wurde deshalb auch in der Geschichte der antiken und abendländischen Kultur kategorial anders verstanden als Zeichnen und Malen, die zu den ›mechanischen‹, also niederen Künsten (im Sinne von Handwerken) gerechnet wurden. Schrift gehörte dagegen zur ›höheren‹ geistigen Sphäre von Wort bzw. Gedanken. Es sei noch hinzugefügt, daß das Zeichnen bis zur Renaissance als Vorstufe des Malens betrachtet wurde, so daß für Antike und Abendland die Trennung: Schrift = sichtbares Festhalten der Sprache, Malerei = bildliche Darstellung, maßgeblich wurde.

Schreibmaterialien in Antike und Mittelalter

Demgemäß entwickelten sich in Europa spezielle Materialien und Werkstoffe für die jeweiligen Zwecke, während die Hochkulturen Asiens Schreiben und Malen mit demselben Pinsel meisterten. Schon die Ägypter hatten neben den hochzeremoniellen Hieroglyphen (die gezeichnet und gemalt wurden) mehrere Gebrauchsschriften entwickelt, die mit flach abgekappten Binsenstengeln auf Papyrus geschrieben wurden (die sogenannte hieratische und demotische Schrift). In der griechisch/römischen Antike wurde mit dem ›Calamus‹, einem zugespitzten (später auch geschlitzten) Schreibrohr auf Papyrus geschrieben. Daneben war der Schreibgriffel (›Stilos‹ – daher unser Wort ›Stil‹) weit verbreitet. Mit seiner scharfen Spitze wurden die Buchstaben in Täfelchen eingeritzt, die mit einer dünnen Wachsschicht überzogen waren.

Literatur: Bernhard Bischoff, Paläographie des römischen Altertums und des abendländischen Mittelalters, 2. Aufl., Berlin 1986

Im Mittelalter wurde die Vogelfeder zum allgemeinen Schreibgerät. Der Papyrus wurde vom Pergament (präparierte Tierhaut) abgelöst. Als Schreibflüssigkeit diente überwiegend eine wäßrige Rußtinte, der als Bindemittel Gummiarabikum (ein wasserlösliches Akazienharz) hinzugefügt wurde.

Die Entwicklung des Schriftduktus aus der breiten Schreibspitze

Die ägyptischen Binsen, den Calamus und die Schreibfeder – sowie den seltener für große Inschriften verwendeten Flachpinsel – verbindet die grundsätzlich gleiche Form der Spitze: Sie besitzen eine breite flache Kante, die dazu führt, daß der Strich, je nach Handhaltung und Bewegung, breiter oder schmaler ausfällt. Technisch gesehen, handelt es sich in allen Fällen um Rakel. Durch die Charakteristik der abgeflachten Schreibspitze ließen sich die Schriftzeichen besser unterscheidbar darstel-

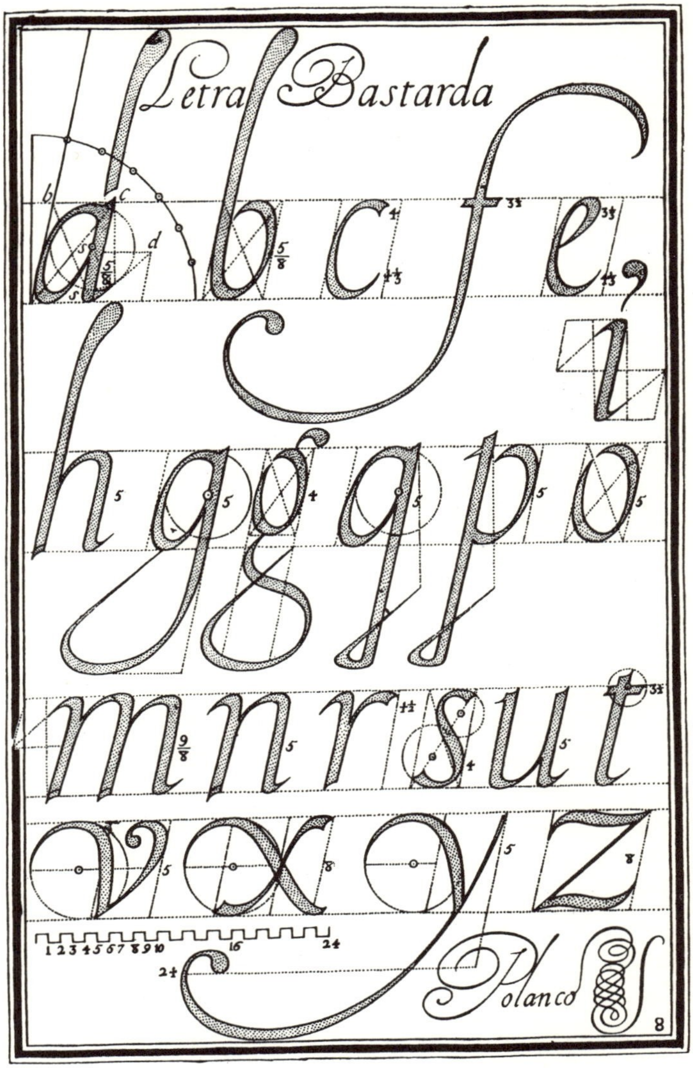

2 Zeichnerische Schriftkonstruktion: Juan de Polanco, ›Arte nuevo de escribir‹, Madrid 1719; konstruktive Darstellung der Bastarda als gezeichnete Schrift, die den Duktus des Schreibens beachtet

len, auch mag die Problematik eines kontrollierten Tintenflusses eine Rolle gespielt haben; wir sind hier allerdings weitgehend auf Vermutungen angewiesen, da die überlieferte Literatur sich zu diesem Thema nicht äußert. Eine bedeutsame Tatsache aber bleibt, daß die vorherrschenden Schreibwerkzeuge die Entwicklung der Schriftästhetik entscheidend beeinflußt haben, wobei Stilus und Wachstafeln ruhig außer acht gelassen werden dürfen, da sie nur zu rein pragmatischen Zwekken, nie dagegen zur ästhetisierenden Schriftbildung

Breitfederduktus (ArtPen)

verwendet wurden. Es liegt auf der Hand, daß die über 2000 Jahre währende Verwendung von Schreibwerkzeugen mit einer solch markanten Spitzencharakteristik nicht ohne Folge für die Entwicklung von Schriftbild und Schriftästhetik bleiben konnte. Selbst die Ästhetik unserer heutigen Druckschriften spiegelt den charakteristischen Wechsel von breiten und schmalen Strichen wider; die Typographie des vorliegenden Buches mag dies veranschaulichen. Erst die Erfindung der spitzen Stahlfeder im 19. Jahrhundert hat hier einen Bruch bewirkt, der Kugelschreiber hat dann das seinige zum Verfall der Schriftkultur beigetragen. Wenn es nun hier um eine Hinleitung zum künstlerischen Schreiben geht, so gilt es zunächst, das Bewußtsein für die spezifische Schriftästhetik (wieder) zu gewinnen. Es ist also wesentlich, die Entstehung der Buchstaben und der daraus aufgebauten Verbindung als Funktion des Schreibgeräts ebenso wie des anatomischen Bewegungsablaufs zu verstehen. Das bereits erwähnte Schreiben mit einem ArtPen mag den ersten Einstieg bilden.

Breitfeder eines ArtPen

Es ist zwar nicht zu bestreiten, daß man unsere Schrift auch zeichnen kann, und es mag oftmals auch der Vertiefung des Verständnisses für die Form des Buchstabens dienen, wenn er zeichnerisch rekonstruiert wird; jedoch ist es eine unabdingbare Voraussetzung, daß ein gezeichneter Buchstabe nicht gegen die Grundregeln der schreibenden Darstellung verstößt. Wenn dem so wäre, sollte man besser von einem grafischen Zeichen sprechen, das zwar noch die Form eines Buchstabens thematisiert, aber nicht mehr Schrift im eminenten Sinne des Wortes repräsentiert. Unser kulturell geprägtes Bewußtsein scheint im übrigen auf nicht schriftgerecht gezeichnete Buchstaben irritiert zu reagieren.

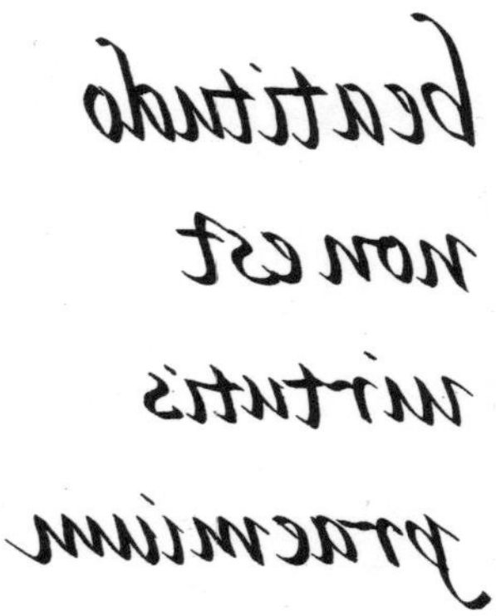

Die Strichbreiten lassen sich nicht einfach umkehren; Breitfeder und Laufrichtung ergeben gemeinsam die spezifische Schriftästhetik

Die unterschiedlichen Auswirkungen der verwendeten Geräte beim Schreiben und Zeichnen sollen an einem kleinen Beispiel dargestellt werden. Ein wesentliches Element aller abendländischen Schriften bis zum 19. Jahrhundert ist der rhythmische Wechsel zwischen breitem und schmalem Strich (wodurch sie sich auch von den einfachen antiken Buchstaben unterscheiden). Das Beispiel eines kurzen Textes mit seitenverkehrter Darstellung läßt sich nur mühselig nachbilden.

Demgegenüber lassen sich die Umrißzeichnungen der altägyptischen Hieroglyphen ziemlich problemlos kontern, wie der Vergleich zeigt. Die heutigen Ägyptologen machen sich diese Möglichkeit des Umzeichnens übrigens zunutze, indem sie die Hieroglyphen einfach seitenverkehrt von links nach rechts schreiben, während die alten Ägypter überwiegend von rechts nach links schrieben. So schaut das niedliche Wachtelküken, das den Buchstaben ›W‹ repräsentiert, in Lehrbüchern nach links, während es auf den Altertümern meist nach rechts schaut. Zeichnen und (abendländisches) Schreiben haben sich also gerätebedingt zu unterschiedlichen grafischen Ausdrucksformen entwickelt. Um Auge und Verständnis zu schulen ist es daher nützlich, zunächst eine Anschauung von der Entwicklung der abendländischen Schrift zu gewinnen.

Hieroglyphe ›W‹ (Wachtelküken)

4 Ein bißchen Mittelalter

Die meisten schönen Schriften, die wir heute bewundern, sind im Mittelalter entstanden, über einen Zeitraum von vielen Jahrhunderten haben sie sich langsam herausgebildet. Die Beiträge der einzelnen Schreiber waren oft nur mikroskopisch kleine Veränderungen, die das ungeübte Auge nicht bemerkt. Und doch hat die Summe aller dieser kleinen Beiträge dazu geführt, daß sich die alte römische Schrift zu etwas völlig neuem gewandelt hat. Diesen Wandlungsprozeß und die dahinter stehenden materiellen und geistigen Entwicklungen geschichtlich zu verstehen ist für uns moderne Menschen schwierig. Dennoch ist es für jeden, der sich mit Kalligraphie ernsthaft auseinandersetzt, anregend und sinnvoll, wenigstens in Grundzügen ein Verständnis für die Faktoren zu gewinnen, die in der damaligen Zeit die Menschen bewegt haben – die Menschen, die die Tradition der Schrift bewahrt und entwickelt haben. Wie bereits erwähnt, gehört zum ästhetischen Verständnis der Schrift die Kenntnis der Schreibsituation, der Welt, in der der Schreiber lebte, und wie er sie verstand. Für das Mittelalter als Schriftepoche gilt dies in besonders hohem Maße.

Die antike Welt, aus der das Mittelalter hervorging, war eine hoch entwickelte Kommunikationsgemeinschaft. Rings um das Mittelmeer war Rom die beherrschende Macht. In der Kaiserzeit – in den ersten Jahrhunderten unserer Zeitrechnung – waren der Kommunikation kaum Grenzen gesetzt: Vielbefahrene Schiffsrouten und gut ausgebaute Landwege ermöglichten nicht nur verhältnismäßig bequemes Reisen und einen umfangreichen Güteraustausch, sondern auch die Übermittlung von Informationen in geradezu modern anmutendem Tempo. Es gab ein regelrechtes Postwesen für staatliche, wirtschaftliche, militärische und private Zwecke, und Nachrichten verbreiteten sich im ganzen Reich schnell und für viele verständlich, weil es mit dem hellenistischen Griechisch (der sogenannten Koiné) eine Verkehrssprache gab, die neben dem Lateinischen, der Amtssprache, ungefähr so benutzt wurde wie heute das Englische. Der allgemeine Reichtum der Gesellschaft gestattete den führenden Klassen, ihre Kinder von guten Lehrern unterrichten zu lassen, und selbstverständlich standen Lesen und Schreiben an erster Stelle. Der Beruf des Schreibers oder Kopisten war ziemlich verbreitet; ebenso wie Privatsekretäre, die Briefe und literarischen Werke ihrer Herren schrieben, waren die Kopisten in der Regel Sklaven. Das Schreiben nach Diktat erforderte eine flüssige und schnell zu schreibende Schrift, hierzu wurde die Kursive entwickelt, zu der später noch mehr zu sagen ist. Die Ausstrahlung der römischen Zivilisation war so groß, daß sich die lateinische Sprache und ihre Äußerungsformen über den ganzen westlichen Teil des römischen Reiches ausbreiteten, so daß zum Beispiel die Kelten, die jahrhundertelang diesen Teil Europas beherrscht hatten, die eigene Sprache mit der Zeit aufgaben und ›romanisiert‹ wurden. In Gallien (dem größten Teil des heutigen Frankreich), in den südlichen Teilen Germaniens, auf der iberischen Halbinsel und sogar in Britannien waren lateinische Sprache und mit ihr die römische Schriftkultur Ausdruck einer überlegenen Zivilisation.

Schreiben in der Antike

Literatur: Giulia Bologna, Handschriften und Miniaturen. Das Buch vor Gutenberg, München 1989

Aber das römische Reich verfiel. Die alten Führungsschichten waren längst nicht mehr in der Lage, ein so großes Reich zusammenzuhalten, das Kaisertum fiel in

Verfall der römischen Zivilisation – Aufstieg des Christentums die Hände von Militärdespoten, der Glanz und vor allem der Reichtum der Zivilisation lockte ›barbarische‹ Völker von jenseits der römischen Grenzen an. Im Norden bedrängten jahrhundertelang immer neue Schübe von südwärts wandernden Germanenstämmen das römische Reich. Gleichzeitig befand sich die Zivilisation von innen in geistiger Auflösung. Der antike Götterglaube, der in Griechenland und Rom für fast 1000 Jahre die herrschende Ideologie gewesen war, verfiel. Jahrhundertelange intellektuelle Verfeinerung und die subtile Arbeit der Philosophen hatten das, was einstmals allgemeiner Mythos gewesen war, zu einer Geisteswelt überhöht, die eigentlich nur noch von Hochgebildeten mit Verständnis nachvollzogen werden konnte. Aus dem Osten des Reiches drängten neue geheimnisumwobene Religionen vor und eroberten sich nach und nach breite Volksschichten, sogar in der Stadt Rom selbst. Die Akteure auf der politischen Bühne machten sich diese Religionen bzw. Kulte in ihrem Kampf um die Herrschaft zunutze. An der Wende vom 3. zum 4. Jahrhundert gelang es dem Feldherrn Konstantin mit durchaus fragwürdigen Methoden (u. a. Vertragsbruch und Verwandtenmord), die Macht im ganzen Reich an sich zu reißen. Er hatte erkannt, daß die Einheit des Reiches nur durch eine einheitliche ›Ideologie‹ aufrechtzuerhalten war. Daher erklärte er im Jahre 313 das Christentum, das bis dahin einer von vielen aus dem Osten des Reiches gekommenen Kulte war, zur Staatsreligion. Geistig war das römische Reich damit am Ende; dennoch bewirkte die von Konstantin eingeführte ideologische ›Gleichschaltung‹ noch einmal einen Aufschwung des Schriftwesens. Die neue Staatsreligion mußte verbreitet werden, die Argumente gegen den alten römischen ebenso wie gegen andere Kulte oder christliche ›Abweichler‹ mußten propagiert werden. Heidnische Schriften wurden verboten, verfolgt und verbrannt, an ihre Stelle trat die christliche Botschaft.

Literatur: Karlheinz Deschner, Kriminalgeschichte des Christentums, Bd, 1: Die Frühzeit, Reinbek bei Hamburg 1986

Germanensturm und Islam

Die Erhebung des Christentums zur Staatsreligion war aber mehr Ausdruck des Verfalls römischer Zivilisation als ihr Anlaß. Die wirtschaftliche Lage wurde immer schlechter, seit die Grenzen des römischen Reiches nicht weiter vorgeschoben werden konnten. Im

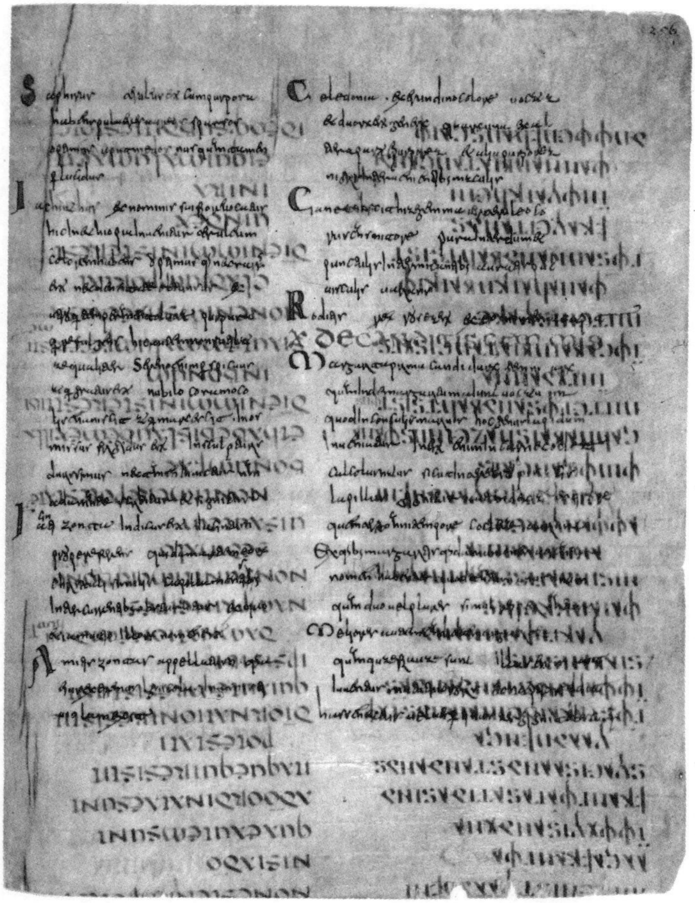

3 Palimpsest: Isidor von Sevilla, ›Etymologiae‹; Pergament mit alter zweisprachiger Wiedergabe von Römer 13, 1-5 (gotisch und lateinisch – Uncialis) unter der nichtkalligraphischen Minuskelkursive; 8. Jh.

Gefolge der Eroberungsfeldzüge hatte es immer genug Kriegsgefangene gegeben, die zu Sklaven gemacht werden konnten. Die beginnende Völkerwanderung führte zudem zu lang anhaltenden Grenzkonflikten, deren hohe Verluste den allgemeinen Arbeitskräftemangel deutlich verschärften. So waren beispielsweise auch gebildete Sklaven als Schreiber oder Vorleser immer schwerer zu bekommen. Die gewachsene militärische Bedrohung hatte schließlich zur Folge, daß sich die Oberschicht in immer höherem Maße aus vergleichsweise ungebildeten Militärs, später sogar aus den Herrschern der Germanenvölker rekrutierte. Die Auflösung der Nordgrenze hat man lange mit dem Beginn des ›finsteren‹ Mittelalters gleichgesetzt. Den letzten Schlag versetzte der römischen Zivilisation die Ausbreitung des Islam: Die Gebiete südlich des Mittelmeeres, die seit Jahrhunderten die reichsten römischen Provinzen gewesen waren, gingen verloren, die Verbindung nach Asien wurde unterbrochen, der Handel über das Mittelmeer versiegte, blühende Hafenstädte verfielen, mit dem Niedergang des Warenaustauschs ging auch der Geldumlauf drastisch zurück. Wer sollte da noch teure Bücher kaufen?

Die Franken und die lateinische Schrift

Die Schriftkultur wäre möglicherweise ganz zum Erliegen gekommen, hätte sich nicht das Christentum als Staatsreligion so gut bewährt, daß es den neuen, germanischen Herrschern als geeignetes Machtinstrument ins Auge gefallen wäre. Den Frankenkönigen, die im 6. und 7. Jahrhundert den größten Teil von Westeuropa unter ihre Herrschaft gebracht hatten, war dies am deutlichsten klar geworden. Um 500 wurden die Franken katholisch und übernahmen neben dem Ritus auch die lateinische Schrift.

Es gab aber nur noch wenige Schreiber, und nur noch wenige Menschen verstanden das alte Latein. Die ganze Gesellschaft wurde zunehmend ländlich, der Horizont des einzelnen – und dies betraf die Herrschenden genauso wie das ganze Volk – beschränkte sich auf sein Heimatgebiet. Kaum jemand hatte Erfahrungen aus anderen Ländern und Kulturen, Nachrichten flossen spärlich und nahmen bei der Übermittlung die wunderlichsten Formen an. Das Weltbild wurde, über den beschränkten eigenen Erfahrungsbereich hinaus, bei der führenden Schicht, soweit sie den Priestern und Mönchen Gehör verlieh, von der Bibel geprägt – das einfache Volk verharrte zum größten Teil in seinem Aberglauben.

Die Heilige Schrift

Durch die geschilderte Verengung des Gesichtskreises erhielt die Heilige Schrift ein enormes Gewicht: Sie wurde zur Quelle für alles, was die Erfahrung überstieg – und das war ja fast alles. Mit dieser Aufwertung der Schrift ging eine immer intensivere Ausdeutung einher. Jedes biblische Wort wurde genauestens ausgelegt, und hinter dem alltäglichen Wortsinn wurde der verborgene Sinn einer umfassenden göttlichen Botschaft gesucht. Gerade weil es kaum noch Bücher gab (die reiche antike Literatur war ja zum größten Teil vernichtet worden bzw. verloren gegangen), wurden die biblischen Schriften um so wichtiger. Die wenigen, die die Fähigkeit hatten, und berufen waren, die Überlieferung durch Abschreiben der biblischen Texte zu bewahren, näherten sich ihrem Gegenstand in großer Ehrfurcht. Dabei war alles wichtig: Nicht nur das, was geschrieben stand, sondern auch wie es geschrieben war, mußte dem göttlichen Anspruch der Heilsverkündung gerecht werden. So ist es denn wenig verwunderlich, daß die Bibeln des frühen Mittelalters jede einzelne Letter wie eine Kostbarkeit behandelten, und ganz offensichtlich haben die Schreiber jedem Buchstaben ihre volle Aufmerksamkeit zuteil werden lassen, damit ja nicht nur das kleinste Element der Heiligen Schrift durch Nachlässigkeit entweiht würde.

Literatur: Le livre au moyen âge. Sous la direction de Jean Glenisson, Paris 1988

Das Mittelalter interessiert uns für die Kalligraphie besonders deshalb, weil es nicht nur – wie schon Antike und Spätantike – Quelle schöner Schrifttypen ist, sondern weil sich in dieser Zeit ein Verhältnis zum Schreiben als Tätigkeit herausgebildet hat, das über die rein handwerkliche Meisterschaft hinausgeht und uns dabei helfen kann, Sinndimensionen der ästhetischen Beschäftigung zu verstehen, die uns durch das tägliche Leben nicht unbedingt zugänglich sind. Aus unserer heutigen Situation der dauernden Reizüberflutung können wir die mittelalterliche Beschränktheit, sowohl im räumlichen Sinne (wer konnte schon reisen?), als auch hinsichtlich der verfügbaren Informationen nur als Armut empfinden. Die mittelalterlichen Menschen haben aber sicherlich ihre Zeit nicht so gesehen: Es gab andere Wahrnehmungsgewohnheiten, andere Haltungen und ein anderes Verständnis der Welt. Diesen Eigenschaften des Mittelalters müssen wir auf die Spur kommen, wenn wir die mittelalterliche Schrift und ihre Entwicklung in ihrem Wesen verstehen wollen. Es geht dabei darum, etwas für unsere eigene Einstellung zum Schreiben und für den geistigen Prozeß beim Schreiben zu gewinnen.

Ästhetik im Mittelalter

Zunächst gilt es, sich von unserem Verständnis von Ästhetik zu trennen. Wir haben uns daran gewöhnt, Form und Inhalt separat zu betrachten. Zwar heißt es landläufig, die Form sollte dem Inhalt entsprechen, doch was bedeutet das? Für ernste Anlässe gesetzte Worte zu wählen? Für wichtige Briefe gutes Papier zu verwenden? – Im Prinzip besitzen wir zwei Listen, eine, auf der die Inhalte abgespeichert sind und eine, die die formalen Möglichkeiten enthält, und diese beiden Listen werden verwendet, indem wir nach übergeordneten Begriffen einmal im inhaltlichen und einmal im formalen Register wählen. So banal es klingen mag, die Unterscheidung zwischen Form und Inhalt setzt voraus, daß wir beides für prinzipiell voneinander unterscheidbar halten. Dies hat weitreichende Folgerungen: Wenn es möglich ist, einen bestimmten Inhalt absolut, das heißt ohne festen Formbezug, zu setzen, dann können wir Informationen auf eben diesen Inhaltskern beschränken. Die Form, zum Beispiel das geschriebene Wort, kann als Medium des Inhalts funktionalisiert werden. Informationstheoretisch ausgedrückt bedeutet dies, daß die Schrift lediglich der Übermittlungskanal für die gesendete Information ist. Im Extremfall interessiert uns die Schrift dann etwa soviel wie die Leitung bei einem Telefongespräch. Es dürfte auch *daran* liegen, daß man mit einer solchen Einstellung der Eigenart mittelalterlicher Kalligraphie keinen Schritt näher kommen würde.

Literatur: Rosario Assunto, Die Theorie des Schönen im Mittelalter, Köln 1982

Form und Sinn der Schrift

Aber warum sollte einem bestimmten Inhalt nicht eine beliebige Form gegeben werden, die dem individuellen Geschmacksempfinden entspricht? Das Mittelalter hat – wenn auch nicht explizit – eine einfache Antwort auf diese Frage: Die Bedeutung einer Mitteilung umfaßt sämtliche wahrnehmbaren Elemente, also auch das, was wir heute als ›Form‹ bezeichnen. Die Wahrnehmung war zunächst einmal offen, das heißt, sie war nicht verstellt durch Auswahlmechanismen, die Information auf einen bestimmten Zweck hin untersuchte. Dadurch erhielt auch das geschriebene Wort den Charakter einer eigenen Wesenheit, die als solche verstanden sein wollte. Der wahrgenommene Gegenstand, in diesem Fall die Schrift, war nicht nur Ausdruck einer Persönlichkeit, sondern selbst Persönlichkeit in dem Sinne, daß ihr Wesen in der Anschauung erlebt wurde. Schrift transportierte nicht nur eine Bedeutung, sie war Bedeutung, und in diesem Sinne war Schrift eminent wichtig. Sie teilte ihrem Betrachter einen Sinn mit, der über den vordergründigen Wortsinn weit hinaus ging. Es ist nun wichtig zu beachten, daß das Wort ›Sinn‹ nicht mit dem Wort ›Information‹ gleichgesetzt wird. Sinn umfaßt unter anderem auch den Aspekt der Wichtigkeit für den Betrachter (in unserem Fall der Leser), Information bezieht sich nur auf den wertneutralen, sachlichen Inhalt einer Äußerung. Insofern entpersonalisiert der moderne Informationsbegriff nicht nur den Sender (Gegenstand der Betrachtung), sondern auch den Empfänger einer Nachricht. Ganz anders sah das mittelalterliche Verständnis aus: Sowohl der Gegenstand als auch der Betrachter sind ganzheitlich in den Prozeß der Wahrnehmung eingebunden. Es ist sehr schwierig, dies in den Worten moderner Sprache auszudrücken, aber vielleicht kann man sagen, daß der Wahrnehmungsprozeß ein umfassendes ›Schauen‹, ein distanzloses ›Innewerden‹ des Gegenstands war. Diese Wahrnehmungshaltung wird auch als ›Kontemplation‹ bezeichnet.

Der ›vierfache Wortsinn‹

In Hinsicht auf die Betrachtung der Schrift wurde diese Einstellung im Mittelalter noch dadurch verstärkt, daß das geschriebene Wort fast ausschließlich von religiösen Gegenständen handelte, was sich im übrigen auch für die Bildwerke sagen läßt. Alles aber, was mit Glauben (und auch mit Aberglauben) zusammenhängt, war für die mittelalterlichen Menschen von existentieller Bedeutung, zumindest hatte es einen sehr starken Einfluß auf die Befindlichkeit. Das Vordringen des Christentums und seiner Schriften begünstigte nun die kontemplative Grundhaltung der Menschen durch die Schwierigkeit, die rechte Bedeutung der Worte zu verstehen. Auch wir sprechen oftmals von einem Wortsinn und einem übertragenem Sinn, jedoch wählen wir in der Regel eine der möglichen Sinnkategorien als gültige aus und geben der anderen dann nur eine untergeordnete Rolle. Im Mittelalter aber lassen sich zumindest vier Sinnebenen unterscheiden, die zusammengefaßt werden müssen und auch nur zusammen das richtige Verständnis des Wortes ermöglichen. Auch hier also geht es – im Unterschied zur heutigen Betrachtungsweise – um Komplexität und Ganzheitlichkeit der Auffassung. Der ›historische‹ Sinn eines Wortes bezieht sich auf den mit

Literatur: Friedrich Ohly, Schriften zur mittelalterlichen Bedeutungsforschung, Darmstadt 1977

4 Kloster St. Albans, England, Federzeichnung und späte karolingische Minuskel, 13. Jh.; die Abbildung zeigt Platon und Sokrates in der Schreibsituation

den Augen wahrnehmbaren Gegenstand, der durch das Wort repräsentiert wird: ›Jerusalem‹ bedeutet die konkrete Stadt in Israel. Bei den übertragenen Bedeutungen sind drei zu unterscheiden: Der allegorische Sinn, der die geistige Vorstellung bezeichnet; der moralische (oder tropologische) Sinn, der den Betrachter auf sein Verhalten in dieser Welt verweist: ›Jerusalem‹ steht hier für die Seele des Gläubigen; und schließlich der anagogische Sinn, bei dem ›Jerusalem‹ die himmlische Gottesstadt (das Paradies) bezeichnet: In diesem Fall wird der Gläubige auf die Frage des Todes bzw. des ewigen Lebens aufmerksam gemacht.

Substantialität des Materials

Diese Ausführungen zeigen die Bedeutungsschwere des geschriebenen und insbesondere des biblischen

Wortes im Mittelalter. Es war nicht einfach der Name eines Gegenstands, sondern selbst eine Wesenheit, materielle Substanz und Beschaffenheit, Gestalt und Aussage in einem. So wichtig war das geschriebene Wort in seinem Wesen, daß sogar das Material, aus dem es gemacht war, Tinte und Papier, als notwendige und konkret bestimmbare Eigenschaft des Gegenstands wahrgenommen wurde. Die Größe zum Beispiel der Unzialen (die einzelnen Buchstaben waren laut einem Lamento des Hl. Hieronymus bis zu einem Zoll hoch); mehr dazu in Kap. B 1) hatte etwas mit der Bedeutungsschwere des Wortes zu tun; und diese war um so größer, je ›wahrer‹ die Botschaft war. Hiermit stoßen wir nun auf einen weiteren Begriff, den der ›Realität‹, der uns zwar vom Wortlaut her selbstverständlich geläufig ist, dessen Bedeutung im Mittelalter jedoch anders interpretiert wurde, was wichtige und fruchtbare Auswirkungen auf die künstlerische Schriftgestaltung hatte.

›Wahr‹, ›schön‹ und ›gut‹ ließen sich als Aspekte eines Gegenstands ebensowenig voneinander trennen wie Form, Inhalt und Material, ohne den Sinn der Wahrnehmung zu zerstören. Es kann zwar kaum unterstellt werden, daß die mittelalterlichen Menschen in ihrer großen Zahl auch nur eine blasse Ahnung von den Theorien ihrer zeitgenössischen Philosophen (oder sollte man man besser noch sagen: Theologen?) hatten, doch bei aller geistigen Distanz verband sowohl das einfache Volk als auch die Geistesgrößen der Zeit eine gemeinsame Mentalität. Wenn wir uns also im weiteren Verlauf unserer Überlegungen zur Kalligraphie im Mittelalter mit einigen philosophischen Gedanken befassen, so nur deshalb, weil sie uns als Quelle und Beleg überliefert sind und zugleich in schöner Klarheit das sagen, worum es uns geht.

Philosophie und Ästhetik

Wir hatten gesagt, daß sich die Begriffe wahr, gut und schön nicht trennen ließen. Warum? Ganz allgemein ausgedrückt deshalb, weil das Wahre, das Schöne und Gute nicht als abstrakte Begriffe aufgefaßt wurden, wie das uns modernen Menschen selbstverständlich vorkommt, sondern als wirklich Seiendes, als Substanz. Das Mittelalter verwendete für den Begriff Substanz das lateinische Wort ›res‹, von dem unsere Worte Realität,

Literatur: Ernst R. Sandvoss, Philosophie, Selbstverständnis, Selbsterkenntnis, Selbstkritik, Darmstadt 1991

real, reell usw. abgeleitet sind. Etwas hatte um so mehr Substanz (bzw. nach dem mittelalterlichen Sprachgebrauch Realität), je vollkommener es war. Am vollkommensten war selbstverständlich Gott. Und zu seiner Vollkommenheit gehörte – als logische Ableitung seiner Idee vom höchsten Wesen –, daß er alle Substanzen in höchster Reinheit unter sich begriff. Dadurch waren alle Allgemeinbegriffe (die ja als reale Wesenheiten verstanden wurden) auf Gott bezogen und nicht isoliert voneinander zu verstehen. Die hier behandelten Beispiele ›wahr‹, ›schön‹ und ›gut‹ stellen also etwas voneinander Untrennbares dar. Selbstverständlich sind diese Begriffe nicht willkürlich gewählt. Bei ›wahr‹ geht es um die Frage nach der Erkenntnis des Wesens; bei der ›Schönheit‹ um die Erkenntnis der Form, und bei der Frage nach der ›Gutheit‹ geht es um die ethisch-moralische Einschätzung. Für den mittelalterlichen Kalligraphen war es selbstverständlich, daß seine Tätigkeit gut war, wenn er durch die wahre Erkenntnis zur Schönheit der Schrift gelangte. Dies impliziert, daß er sich in Hinsicht auf die Zufälligkeit seines Daseins, also auch auf das, was wir heute als Persönlichkeit bezeichnen, überhaupt nicht wichtig nahm. Da das Allgemeine soviel mehr Substanz als das individuelle oder zufällige Dasein hatte, war es das Ziel, das Allgemeine in seiner reinsten Form abzubilden. Dahinter steckt die neuplatonische Ideenlehre, also der Gedanke, daß jeder Vorstellung eine ewige Idee zugrunde liegt, wobei unsere Vorstellung und selbst die Formen der Natur nur unvollständige Nachbildungen der perfekten Idee sind. Es dürfte ziemlich klar sein, daß dies für den Schreiber bedeutete, seine Vorstellungen der Buchstaben usw. nach einem formalen Ideal auszurichten, das er entweder in Vorbildern kennengelernt hatte oder, quasi visionär, als Erfassen der allgemeinen Idee nachvollzog.

Der Philosoph Plotin (205-270) systematisierte die neuplatonischen Lehren. Wegen seiner Leibfeindlichkeit wurde er von den Kirchenvätern geschätzt und übte prägenden Einfluß auf die mittelalterliche Philosophie aus

Die Skriptorien

In den klösterlichen Schreibstuben (den sogenannten Skriptorien) des Mittelalters wurden die Bibel und andere wichtige Schriften wieder und wieder kopiert. Mit welcher Sorgfalt und Ausdauer die Mönche geschrieben haben, davon künden noch heute die prachtvollen Kodizes, die wir in den großen Sammlungen bewundern können. Einige Beispiele aus dem Farb-

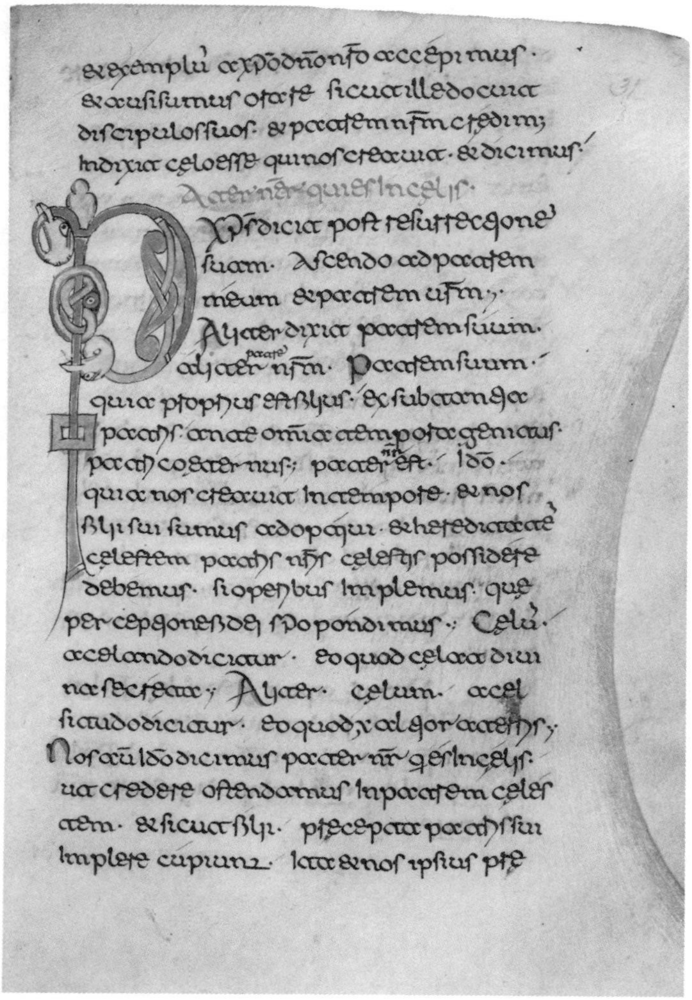

5 Beneventanische Minuskel: ›Prologus Sacramentorii‹; beneventanische Minuskel mit organischem Initial; bei dieser Schrift handelt es sich um eine zu dieser Zeit bereits überlebte Form der karolingischen Minuskel, die in Monte Cassino, dem Stammkloster der Benediktiner, noch geschrieben wurde; Anfang 9. Jh.

teil geben davon einen Eindruck wider. Auf prominenten Seiten, zum Beispiel dem Beginn eines Evangeliums, läßt sich sehr gut zeigen, daß die Schriftkunst zusammen mit der malerischen Ausschmückung und dem Material des Buches ein Ganzes bildete, hinter dem ein klares Konzept stand. Dieses Konzept wurde oft in Zusammenarbeit mit einem Auftraggeber entwickelt. Die Skriptorien einiger Klöster waren hochberühmt für ihre kalligraphischen Leistungen und gewannen von kirchlichen und weltlichen Würdenträgern Aufträge zur Anfertigung von besonders kostbaren Büchern. Klöster, die über größere Sammlungen von Büchern verfügten,

Literatur: Vera Trost, Die Buchherstellung im Mittelalter, Stuttgart 1991

erhielten Aufträge für Kopien aus ihrem Bibliotheksschatz. Die Kopisten arbeiteten oft monatelang, wenn nicht gar Jahre an der Abschrift eines Buches. Sie lebten regelrecht mit ihren Büchern. Noch heute können wir dies zum Teil nachvollziehen, indem wir in kleingeschriebenen Randbemerkungen Kommentare der Schreibmönche wiederfinden, in denen sie nicht nur ihre Bemerkungen zum Text einfließen lassen (was ja eigentlich nicht die Aufgabe eines Kopisten ist), sondern Stoßseufzer über die Mühseligkeit des Schreibens der Nachwelt übermitteln. Noch während des späten Mittelalters verlagerte sich der Schwerpunkt der Schrifttätigkeit von den Klöstern zu den städtischen Universitäten, eine Entwicklung, unter der das kontemplative Verhältnis zur Schrift litt (Armut der Studenten, eingeschränkte Studienzeit usw.; siehe auch Kapitel B).
Dieser kleine Ausflug in die mittelalterliche Mentalität, besonders in Hinsicht auf die ganzheitliche, kontemplative Grundeinstellung mag genügen, um unser heutiges Verständnis von Schrift zu ›entfunktionalisieren‹: Kalligraphie ›lesen‹ zu können, ist genauso wichtig, wie sie zu schreiben. Der Zugang zu ihr erfolgt also über das ›Schauen‹ der Schrift. Erst wenn wir uns davon lösen, im Geschriebenen nur Zeichen für etwas zu sehen, werden wir der Kalligraphie im ganzheitlichen Sinne gerecht.

5 Humanistisches Schreiben

Gegen Ende des Mittelalters nahm die Buchproduktion deutlich zu. Damit ist nicht nur das Kopieren vorhandener, überlieferter Bücher gemeint; es kamen wichtige neue Werke hinzu, die sowohl von geistlichen als auch weltlichen Gelehrten (die es nunmehr in größerer Zahl gab) mit großem Interesse aufgenommen wurden. Die neuen Bücher verdankte das christliche Abendland zum großen Teil dem Islam, und dies in mehrfacher Weise: einmal, indem auf der Iberischen Halbinsel, unter dem Kalifat von Cordoba, Wissenschaften und Literatur blühten und bedeutende Autoren hervorbrachten; zum anderen, indem Schriften aus dem zerfallenen byzantinischen Reich von griechischen Gelehrten nach Italien gerettet wurden. Zur erstgenannten Gruppe neuer Bücher gehören Werke der arabischen Philosophen Averroes und Avicenna ebenso wie Werke bedeutender jüdischer Schriftsteller, die sich in Spanien unter den Mauren einer Toleranz erfreuten, wie sie sie in christlichen Gegenden niemals hatten erleben dürfen. Auf dem Umweg über die arabische Literatur kamen auch Werke der antiken Philosophen wieder ins Abendland, die dort für fast tausend Jahre verschollen waren, weil sie von fanatischen Christen verfolgt, verbrannt und ausgerottet worden waren. Hierzu gehören viele Werke von Platon und Aristoteles, und gerade letzterer befruchtete das geistige Leben des Abendlands außerordentlich. Die theologisch-philosophische Arbeit der sogenannten Scholastik, die in Thomas von Aquin als dem größten christlichen Denker des Mittelalters gipfelte, wäre ohne die Vermittlung der Schriften des Aristoteles durch die Araber nicht denkbar gewesen.

Der Humanismus

Unter dem Eindruck der wiederentdeckten antiken Schriften bildete sich insbesondere in Italien eine neue Gruppe von Gelehrten heraus, die im allgemeinen unter dem Namen Humanisten bekannt ist. Sie bemühten sich um eine klare (lateinische) Sprache, die dem antiken Ideal des rechten Maßes nachstrebte und Klarheit und Schlichtheit des Ausdrucks mehr würdigte als eine mystische Verdunkelung, die aus unauflösbaren Verflechtungen von Gedanken wie von Formen herrührte. Diese starke Verwobenheit war dagegen ein Grundprinzip der gotischen Formsprache. Ähnlich wie in der Architektur durch metrisches Wiederholen immer gleichartiger Bauglieder eine homogene Grundstruktur entstand, die Dunkelheit schuf, damit das Licht um so stärker erstrahlte, wo es aus diesem Hintergrund heraustrat, war es bei der Schrift: Sie hatte sich im Laufe der Jahrhunderte des Mittelalters immer mehr zu einem dunklen ›Gewebe‹ entwickelt (daher auch der Name Textura), in dem die Elemente der einzelnen Buchstaben so ähnlich waren, daß man den Text kaum noch lesen konnte. Bei Werken, die keinen außerordentlichen Prunkcharakter hatten, war die gotische Schrift außerdem sehr klein geworden. Buchstabenhöhen von

6 Humanistenschrift (früh): Biondo Flavio, ›Brutus (Cicero)‹; Apograph in früher Humanistenschrift, an karolingische Beispiele des 9. Jh.s angelehnt. Hier zeigt sich die bewußte Erarbeitung der humanistischen Antiqua aus der karolingischen Minuskel

nicht mehr als zwei Millimetern waren keine Seltenheit. Die Humanisten waren leidenschaftliche Buchsammler und hatten für ihre Zeit sicherlich die größten privaten Bibliotheken, allerdings nicht groß im heutigen Sinne: Petrarca mag etwa zwischen 100 und 150 Büchern besessen haben (man hat noch Inventare seiner Bücher gefunden). Für die damalige Zeit war das jedoch ungeheuer viel. Unter diesen Büchern schätzen die Humanisten besonders ›alte‹ Schriften, die etwa aus der Zeit Karls des Großen und seiner Nachfolger stammten. Sie waren in einer klaren, runden, großen Schrift geschrieben, der sogenannten karolingischen Minuskel (mehr dazu in Kapitel B), und meist waren es Bücher antiker Autoren, an erster Stelle Vergil. Die meisten Humanisten hielten diese alte Schrift für die ›antike‹ Schrift der Römer. Daher bezeichnet man noch heute die von der karolingischen Minuskel abgeleiteten Schriften im deutschen Sprachraum als ›Antiqua‹, im englischsprachigen Bereich als ›Roman‹.

Das Problem der Lesbarkeit

Die Vorliebe der Humanisten für die Antiquaschrift hatte neben ästhetischen auch sehr praktische Gründe. Wie der Schriftforscher Berthold Ullman nachgewiesen hat, wuchs das Interesse der Humanisten an der alten Schrift mit ihren großen und klaren Lettern mit zunehmendem Alter der ehrwürdigen Herren. So sind Korrespondenzen von Petrarca und anderen überliefert, in denen sie sich über die Unleserlichkeit zeitgenössischer Schrift beschweren und ausdrücklich um Kopien von Büchern in der alten Schrift bitten – einfach weil sie nicht mehr so gut sehen konnten. Zum ersten Mal in der abendländischen Schriftgeschichte spielte das Kriterium der Lesbarkeit für uns erkennbar eine ganz entscheidende Rolle. Wenn man so will, hat die weitere Geschichte der europäischen Schrift also auch dadurch eine Wendung genommen, daß eine Gruppe von etwa sechzigjährigen älteren Herren nach einer Schrift suchte, die sie trotz ihrer Altersweitsichtigkeit gut lesen konnte. Wie bei der Entwicklung der gotischen Schrift, die auch deshalb immer enger und kleiner wurde, weil die Studenten wenig Geld und auch nicht viel Zeit zum Abschreiben der ausgeliehenen Bücher hatten, so lassen sich also auch für die Zeit des Humanismus eine

Literatur: Berthold Louis Ullman, The Origin and Development of Humanistic Script, Rom 1960

nius · Crassus · post Cotta · Sulpicius · hortensius · nihil dico
amplius · tantum dico · si mihi accidisset ut numera
rer in multis si operosa est concursatio magis oportu
norum

Non erat amplius in exemplari · quo a quo abscisse sunt charte
due · quamquam ut mihi uidetur, nedum charte · sed pauca
admodum uerba deficiunt ·

Scripsi hunc brutum Mediolani a nonis ad idus Octobris · 1422 ·
Ad exemplar uetustissimum repertum nuper · laude; In quo
quidem codice sunt · Rhetoricarum · ad herennium rhetorica ·
De oratore · Orator ad brutum · et brutus de oratoribus claris · M ·
T. Ciceronis;

GUAR · Flauio suo sal ·

Gratias et quidem ingentis tibi Flaui tueque peregrinationi habeo · quando
huius occasione et tua in primis industria factum est · ut sessione
una per tam remotos orbis tractus ἀποδημίαν, adeo diuersis
natos etatibus oratores uisere potuerim; Qua in re, me quidem proprium
est amicitie · in tuarum uoluptatum partem uocare delegisti · ut
ueteris institutione prouerbii · τὰ τῶν φίλων κοινὰ
faceres. Itaque et absens presens et longinquus propinquus fui.

Cessi & sublato montem genitore petiui:

PVB: VERGILII MARONIS
AENEIDOS LIBER III:

POSTQVAM RES
ASIAE PRIA
MIQVE EVER
TERE GENTEM
IMMERITAM VISVM SVPE
RIS CECIDITQVE SVPERBVM
Ilium et omnis humo fumat neptunia troia
Diuersa exilia: et diuersas querere terras
Auguriis agimur diuum: classemque sub ipsa
Antandro: et phrigie molimur montibus Ide
Incerti quo fata ferant ubi sistere detur
Contrahimusque uiros uix prima ceperat estas
Et pater Anchises dare uentis uela iubebat
Littora tum patrie lachrimans portusque relinquo
Et campos ubi troia fuit feror exul in altum
Cum sociis natoque penatibus et magnis diis
Terra procul uastis colitur mauortia campis

Reihe materieller Motive nennen, die die Schriftentwicklung maßgeblich beeinflußt haben.
Selbstverständlich wäre es aber zu oberflächlich, die Entwicklung der Humanistenschrift allein auf das Problem der Weitsichtigkeit gelehrter Greise zu reduzieren. Es steckte auch eine geistige Grundhaltung dahinter, und diese kommt besonders in der Entwicklung einer neuen runden Schrift, der sogenannten Humanistenschrift, zum Ausdruck. In ihrer geraden Form als Buchschrift ähnelte diese sehr stark der karolingischen Minuskel aus dem 9. Jahrhundert. Sie war auch entsprechend aufwendig zu schreiben.

7 Humanistische Kursive: ›Vergil, Aeneis II 805, II 1-13‹; Blatt in humanistischer Kursive mit linkem Anstrich der Oberlängen, Ausgleichszierstrichen u.a.m.

Die humanistische Kursive

Es war geradezu eine Revolution, daß man sich nunmehr bemühte, eine Schrift zu finden, die drei Eigenschaften miteinander verband: erstens kalligraphische Schönheit (auch zwischen dem 14. und 16. Jahrhundert immer noch eine Grundvoraussetzung für Schriftästhetik), zweitens Klarheit bzw. gute Lesbarkeit und drittens sollte diese Schrift schnell und zügig zu schreiben sein. Es liegt auf der Hand, daß eine solche Schrift ein ganz neues Herangehen an das Problem Schrift bedeutete. Schon seit der Antike hatte es immer sogenannte kursive, also geläufige (vom lateinischen Verb currere = laufen) Schriften gegeben. Diese sogenannten Kursiven waren aber in der Regel eben nicht kalligraphisch. Zwar hat die Kalligraphie immer wieder Impulse von der Kurrentschrift aufgenommen und diese Schrifttypen kalligraphisiert, jedoch hat es vor dem Humanismus nach heutigem Erkenntnisstand kein über längere Zeit erfolgreiches Beispiel einer Schrift gegeben, die sozusagen als ›kalligraphische‹ Kurrentschrift (Kursive) konzipiert und verwirklicht wurde.
Die zugrundeliegende Idee der humanistischen Kursive ist denkbar einfach: Alle Buchstaben sollen mit einer oder zwei (maximal und ausnahmsweise drei) Strichen zu schreiben sein, wobei die entsprechenden Strichfolgen auf einem minimalen Repertoire von Elementen beruhen. Diese Schrift war so genial, so klar und einfach, dabei aber so schön, daß sie sich in Italien sofort durchsetzte. Schließlich wurde sie auch von der päpstlichen Kanzlei übernommen, eine bemerkenswerte Tatsache, wenn man bedenkt, wie ungeheuer langsam sich die

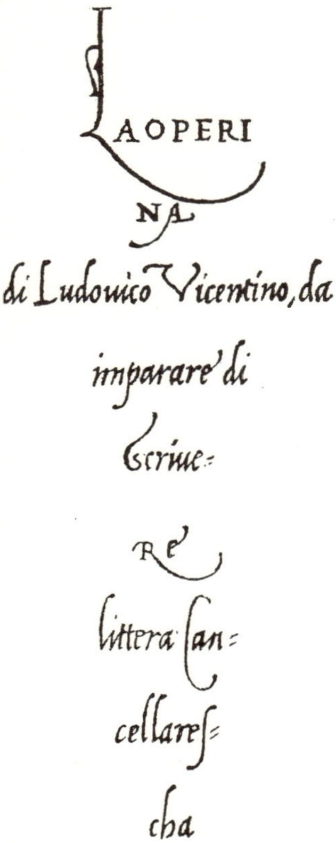
LA OPERINA di Ludovico Vicentino, da imparare di scrivere littera cancellarescha

La Operina
von Ludovico Vicentino
darüber, wie man die
Kanzleischrift erlernt

Traditionen gerade in dieser Instanz änderten. Immerhin wurde noch bis ins 10. Jahrhundert im Vatikan auf Papyrus geschrieben, einer Zeit, in der das Pergament schon seit 600 Jahren allgemeiner Beschreibstoff für Dokumente und Bücher war. Aber, wie gesagt, die neue Kursive vereinbarte gute Schreibbarkeit und kalligraphische Schönheit.

Das erste Schreiblehrbuch

Die neue Schrift erlaubte auch erstmals Schriftlaien, innerhalb verhältnismäßig kurzer Zeit eine schöne lesbare Handschrift zu entwickeln. Es war Ludovico degli Arrighi – genannt Vicentino, weil er aus Vicenza stammte –, der als erster ein Lehrbuch für die Cancellaresca (humanistische Kursive) herausgab. Die ›Operina‹, das erste Schreibbuch, stellt einen Kursus der humanistischen Kursive in wenigen Lektionen dar (im folgenden einige Seiten aus diesem Buch mit den entsprechenden Anweisungen in deutscher Übersetzung. Wer einen Art-Pen, am besten mit der Federbreite 1.1, zur Hand hat, kann schon an dieser Stelle die Grundlagen des schönen Schreibens nach den Anweisungen eines Büchleins aus dem Jahre 1522 erwerben, ein Büchlein, das bis heute nichts von seiner Frische und Aktualität verloren hat).

Literatur: John Howard Benson, The first Writing Book. Arrighi's Operina, New Haven/London 1954

Nach Arrighi gab es noch eine ganze Reihe von Schreibmeistern, die ihre Schriftanleitungen in Holzschnitt (Xylographie) oder in Kupfer gestochen veröffentlichten. Schließlich hatte der von Gutenberg erfundene Buchdruck den Bedarf an individuellen Schreibern keineswegs verringert. Die berühmtesten Schreibmeister waren die Italiener Tagliente und Palatino, der Holländer Mercator, der Franzose Barbedor; von den Deutschen dürfen Johann Neudörffer und Wolfgang Fugger aus Nürnberg nicht vergessen werden. Keiner der späteren Virtuosen hat jedoch wieder eine so geniale und stilbildende Schrift wie die humanistische Kursive geschaffen. In den angelsächsischen Ländern wurde sie seit Beginn unseres Jahrhunderts wiederbelebt und zum Ausgangspunkt der ›Italic Writing‹-Bewegung gemacht. Auf dem Kontinent macht sich gegenwärtig eine ähnliche Bewegung bemerkbar: Ein gutes Zeichen, daß in einer Zeit, in der das einstmals karolingische Europa wieder zusammenwächst, eine Handschrift, die auf die karolingische

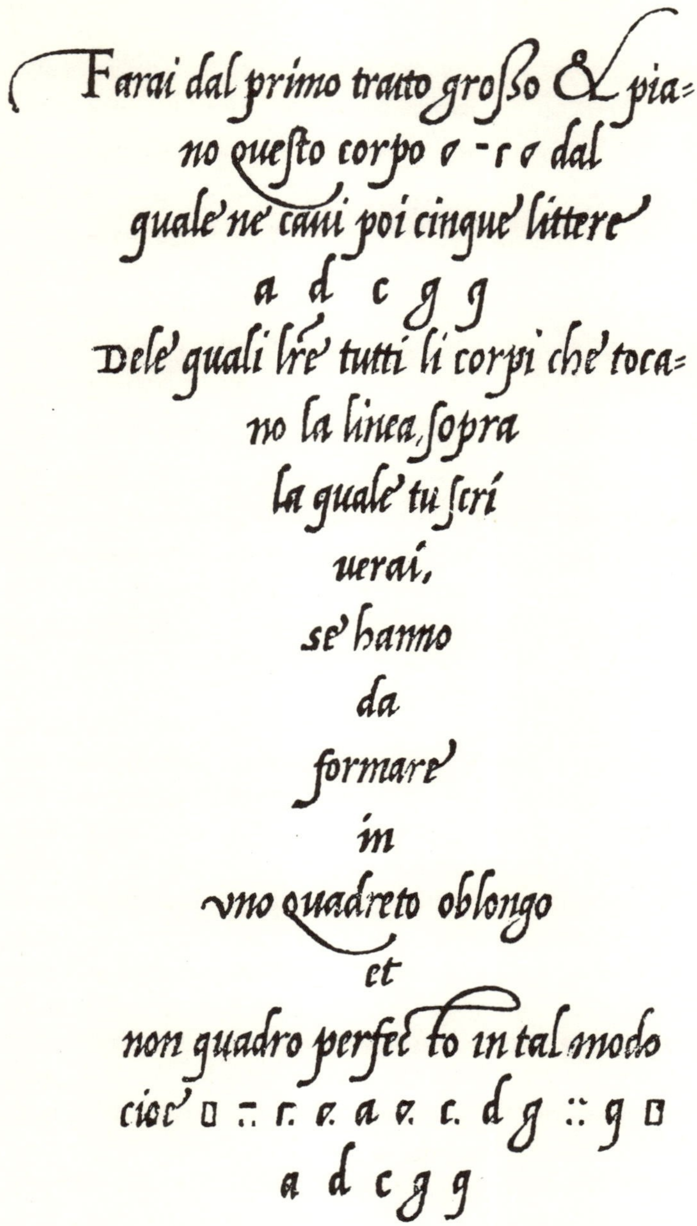

8 Cancellaresca – Arrighi: Ludovico degli Arrighis Schreibanweisung für die Schritte, in denen die Grundformen der Cancellaresca-Buchstaben erzeugt werden; schwarz auf weiß (Xylographie), um 1522

Forme aus dem ersten dicken und flachen Strich diesen Körper, aus dem du dann fünf Buchstaben ziehst:
a d c g j
Von diesen Buchstaben müssen alle Körper, die die Linie berühren, auf der zu schreiben wirst, sich einfügen in ein Rechteck und nicht in ein richtiges Quadrat …

Minuskel zurückgeht, die Völker des Abendlands verbindet.
Unsere Einführung in die Kalligraphie hat mit der persönlichen Handschrift begonnen und endet bei ihr. Wer ein Interesse an der Weiterentwicklung seiner Handschrift hat, kann noch vor der weiteren Lektüre damit beginnen, die Cancellaresca zu üben. Das Studium der

Literatur: Peter Jessen, Hg., Masterpieces of Calligraphy. 261 Examples, 1500-1800, New York 1981 (Nachdruck von: Meister der Schreibkunst aus drei Jahrhunderten, Stuttgart 1923)

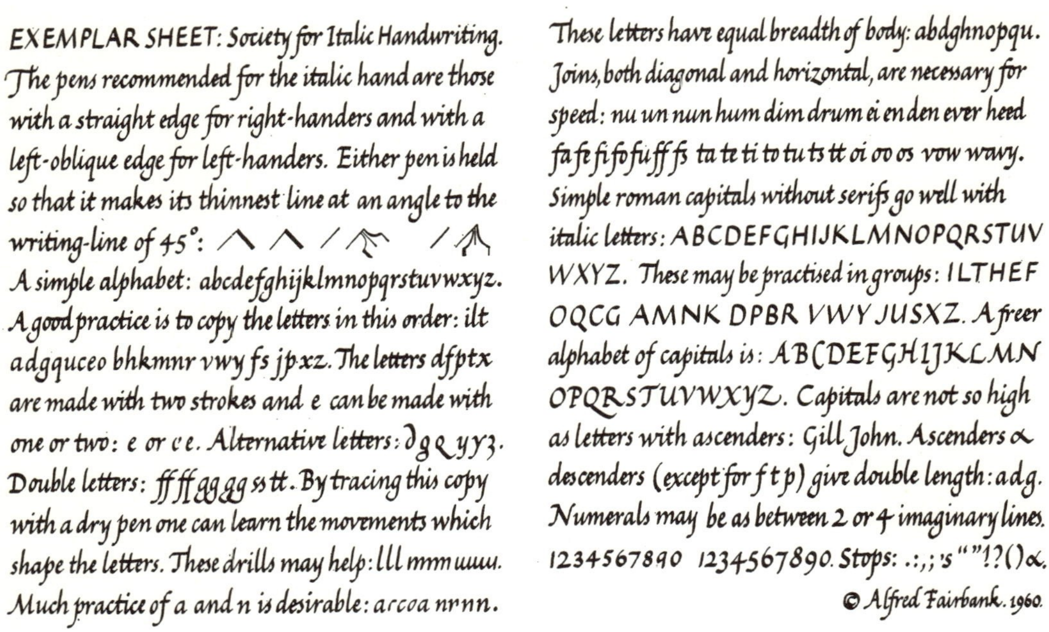
EXEMPLAR SHEET: Society for Italic Handwriting. The pens recommended for the italic hand are those with a straight edge for right-handers and with a left-oblique edge for left-handers. Either pen is held so that it makes its thinnest line at an angle to the writing-line of 45°:

A simple alphabet: abcdefghijklmnopqrstuvwxyz. A good practice is to copy the letters in this order: ilt adgquceo bhkmnr vwy fs jpxz. The letters dfptx are made with two strokes and e can be made with one or two: e or e. Alternative letters: d g q y y z. Double letters: ff ff gg gg ss tt. By tracing this copy with a dry pen one can learn the movements which shape the letters. These drills may help: lll mmm uuuu. Much practice of a and n is desirable: arcoa nrnn.

These letters have equal breadth of body: abdghnopqu. Joins, both diagonal and horizontal, are necessary for speed: nu un nun hum dim drum ei en den ever heed fa fe fi fo fu ff fs ta te ti to tu ts tt oi ov os vow wavy. Simple roman capitals without serifs go well with italic letters: ABCDEFGHIJKLMNOPQRSTUV WXYZ. These may be practised in groups: ILTHEF OQCG AMNK DPBR VWY JUSXZ. A freer alphabet of capitals is: ABCDEFGHIJKLMN OPQRSTUVWXYZ. Capitals are not so high as letters with ascenders: Gill John. Ascenders & descenders (except for f t p) give double length: adg. Numerals may be as between 2 or 4 imaginary lines. 1234567890 1234567890. Stops: .:,;'s""!?()&.

© Alfred Fairbank. 1960.

9 Italic Writing – Alfred Fairbank: ›Exemplar Sheet‹ von Alfred Fairbank, eine Kurzinstruktion für die ›Society for Italic Handwriting‹ mit Erläuterungen aller Grundregeln, 1960

Kalligraphie wird erheblich erleichtert, wenn bestimmte Erklärungen im Text schreibend nachvollzogen werden können. Skizzenblock und ein Kalligraphiefüller sollten daher immer griffbereit sein.

Die persönliche Handschrift ist die unmittelbarste Form des Schreibens. Eine an der humanistischen Kursiven geschulte Charakterschrift verbindet den typischen Duktus der lateinischen Minuskel mit persönlichem Rhythmus und Gestus. Damit enthält schon die Handschrift alle Elemente, die die Kalligraphie auszeichnen. Auf der Grundlage eines an Arrighi oder Fairbank ausgebildeten Schreibgefühls lassen sich die großen Schriften der Kulturgeschichte Stück für Stück erlernen, interpretieren und in Eigenes umsetzen.

From Paris — to Prince Henry of Reinbek
on the occasion of his sixtieth anniversary, praise the Lord!

60 A beautiful man, a tender soul, an understanding heart.
A voracious reader with a keen sense of values.
Reads everything, including the New York Times. Can eat and drink all night, sing, dance, do somersaults, back-flips, even the cakewalk if he feels like it. Always on time at his office, dictating to three secretaries at once. Full of verve, reeling with ideas. A sort of Julius Caesar but without an army at his beck and call.

We met at Sommières en plein air. One look at him and I knew we were blood brothers. Nous avons fait des petits voyages ensemble, en France, en Allemagne. Strange places, like Chaos (dans le Gard), Mölln on the other side of the moon, the Camargue (on horseback), smothered by mosquitos. A special visit to the tomb of Paul Valéry à Sete, where we sat and talked about Brother Death and the transmigration of souls. Wherever we ate or drank Prince Henry talks and talks, as if reading from the Arabian Nights or the Last Days of Pompeii. Musical talk — for the viola, the harmonica, the celesta. Everything he touches on has that magical quality of remembrance, of nostalgia, of the déjà vu.

And then, but not least, ping pong. Ping pong chez le Rowohlt Verlag! Tous ses employées invités, commandés même, de jouer avec son auteur, c'est à dire, moi. Where could one find another such publisher? Il n'y a pas d'autres comme lui. They disappeared with the buffalo!

And so, my dear Ledig, my valiant Prince Charming, my very wonderful, kind, generous friend and editor, may God bless you always and preserve you from harm. Vous meritez tous que Lui (unser Gott im Himmel) peut vous donner!

Henry Miller
29/9/67
Paris

1 Henry Miller, Brief an Heinrich Maria Ledig-Rowohlt, aus: ›Heinrich Maria Ledig-Rowohlt zuliebe. Festschrift zu seinem 60. Geburtstag am 12. März 1968‹

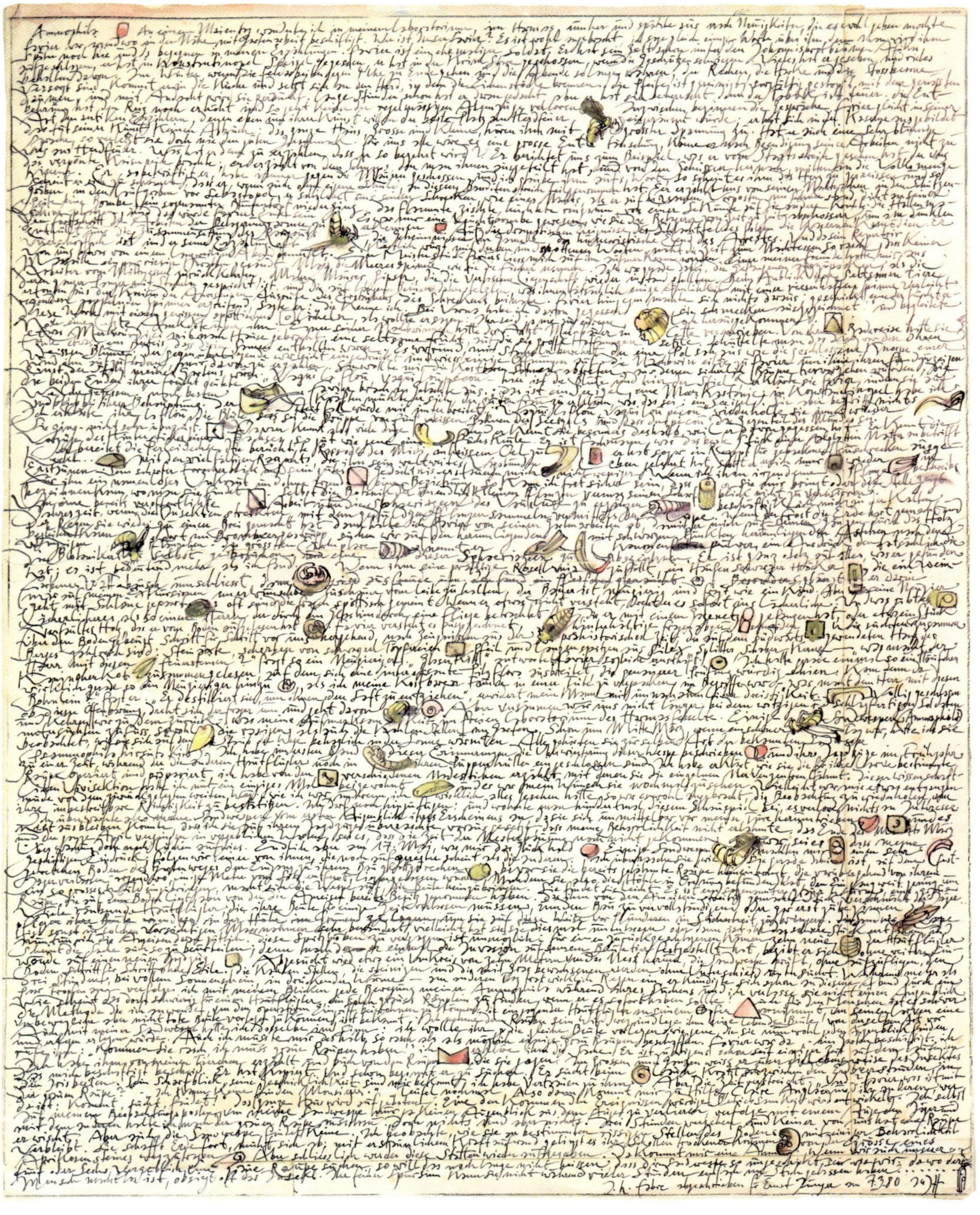

II Horst Janssen, ›Nigromontanus‹ für Ernst Jünger zum 29. März 1980

ETIAM SVMMA PROCVL VILLARVM CVLMINA FVMANT
MAIORESQVE CADVNT ALTIS DE MONTIBVS VMBRAE
POETA CORYDON
POE FORMONSVM CORYDON PASTOR ARDEBAT ALEXIN
DELICIAS DOMINI NEC QVID SPERARET HABEBAT
TANTVM INTER DENSAS VMBROSA CACVMINA FAGOS
ADSIDVE VENIEBAT IBI HAEC INCONDITA SOLVS

III ›Vergilius Romanus‹: elegante Capitalis rustica, Feder, schwarze und rote Tinte, wahrscheinlich 2. Hälfte 5. Jh.

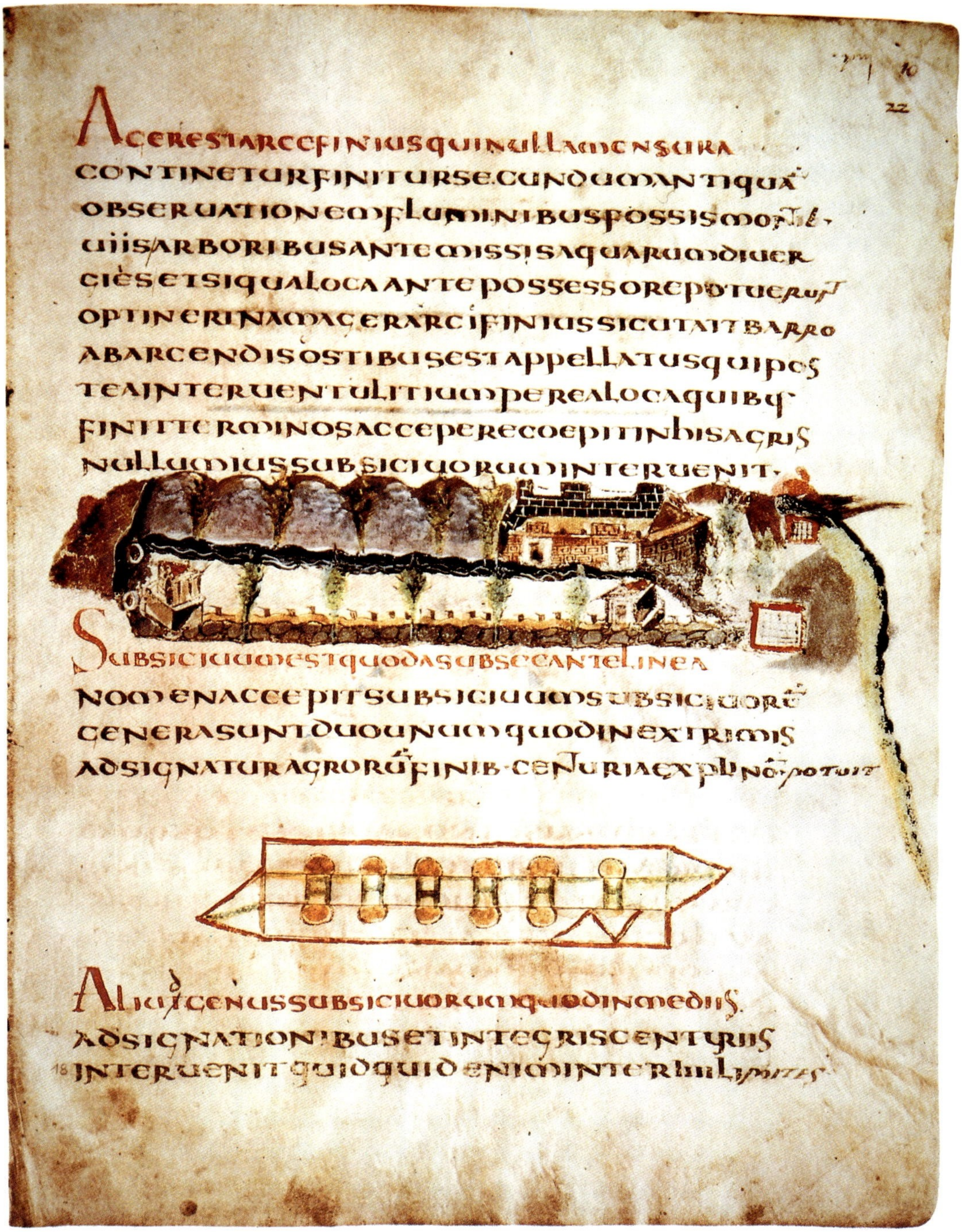

IV Schreiber des ›Corpus agrimensorum Romanorum‹: Kodexblatt, Tinte, Schrift in Uncialis, Anfang 6. Jh.

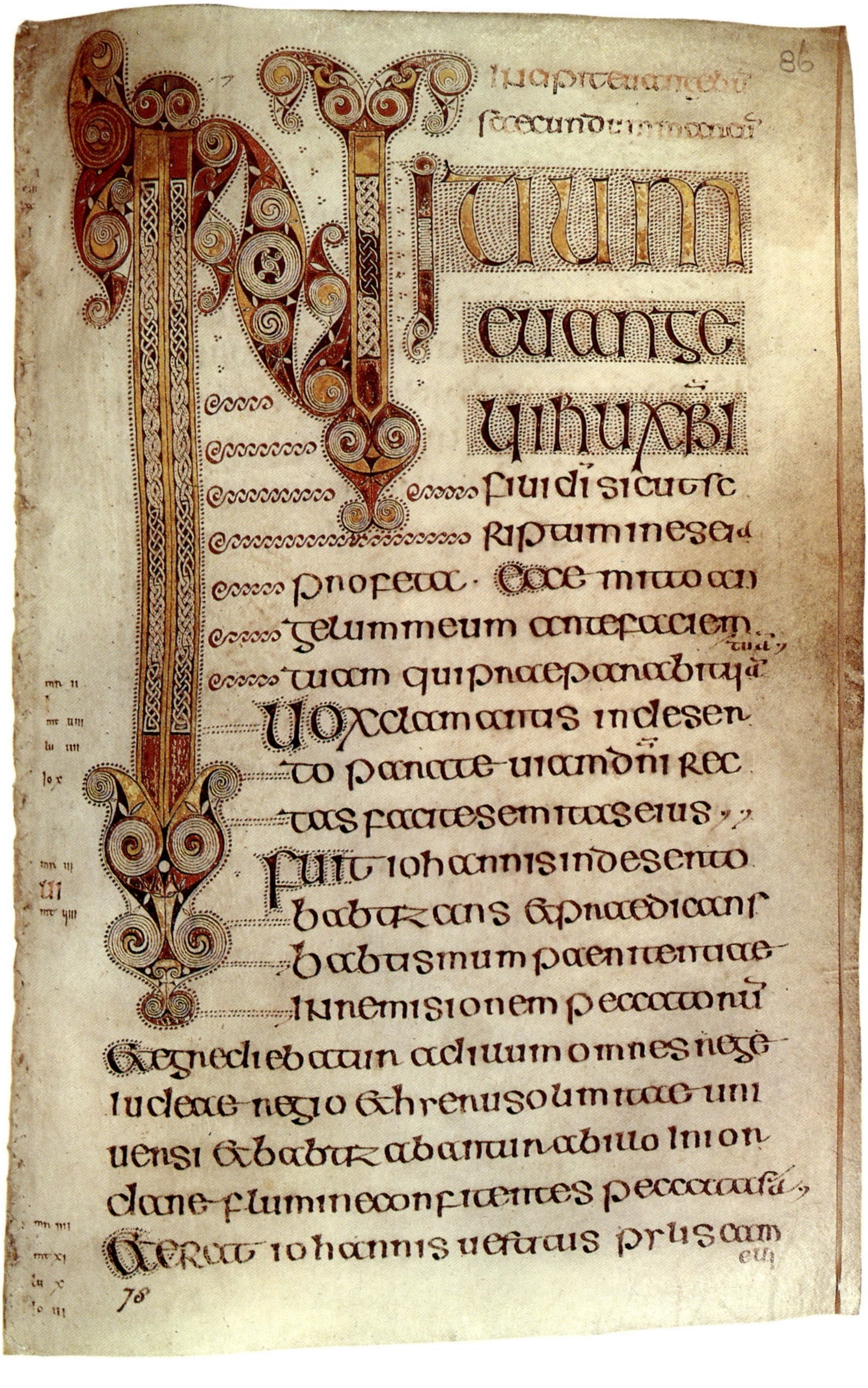

V ›The Book of Durrow‹: Anfang des Markusevangeliums in insularer Halbunziale mit Flechtwerk und Spiralornamentik, abgestufte Brauntöne, schwärzlich bis rot und gelblich, 2. Hälfte 7. Jh.

VI ›Evangeliar von Lindisfarne‹: insulare Majuskel und Minuskel, vielfarbig auf Pergament, um 700

VII ›The Book of Kells‹: Evangelienbuch, insulare Halbuncialis mit ›mikroskopischen‹ Ornamenten, etwa spätes 8. Jh., Irland oder Nordengland

ACT APLOS

Incipit prefacio beati ieronimi presbiteri in librum actuum apostolorum.

Canit psalmista: ambulabunt de virtutibus in virtutes. Post apostoli pauli epistolas dudum uno vobis volumine translatas · domnion et rogatiane carissimi · actus apostolorum compellitis ut transferam in latinum: quem librum nulli dubium est a luca anthioceno arte medico · qui postea insecutus paulo apostolo cristi factus est discipulus fuisse editum. Et eo citius premit imposita sepius oneris magnitudo: quia studia invidorum reprehensione digna putant ea que scribimus. Illorum nunquam odio et detractione · iuvante cristo meum silebit eloquium. Lucas igitur anthiocensis natione sirus · cuius laus in euangelio canitur · apud antiochiam medicine artis egregius · et apostolorum cristi discipulus fuit: postea usque ad confessionem paulum secutus apostolum · sine crimine in virginitate permanens · deo maluit servire. Qui octoginta et quatuor annos etatis agens in bithinia obiit plenus spiritu sancto: quo instigante in achaie partibus euangelium scribens · grecis fidelibus incarnacionem domini fideli narratione ostendit: eundemque ex stirpe david descendisse monstravit. Cui non immerito scribendorum actuum apostolicorum potestas in ministerio datur: ut deo in deum pleno · et filio perdicionis extincto · oratione ab apostolis facta · sorte dominice electionis numerus compleretur: sicque paulum consummationem apostolicis actibus daret · quem diu contra stimulum calcitrantem dominus elegisset. Quod legentibus et requirentibus deum brevi volui ostendere sermone: quam prolixius aliquid fastidientibus prodidisse: sciens quod operantem agricolam oportet de suis fructibus edere. Quem ita divina subsecuta est gratia: ut non solum corporibus sed etiam animabus eius proficeret medicina. Explicit prefacio. Incipit liber actuum apostolorum.

Primum quidem sermonem feci de omnibus o theophile que cepit ihesus facere et docere: usque in diem qua precipiens apostolis per spiritum sanctum quos elegit assumptus est. Quibus et prebuit seipsum vivum post passionem suam in multis argumentis per dies quadraginta apparens eis: et loquens de regno dei. Et convescens precepit eis ab iherosolimis ne discederent · sed expectarent promissionem patris quam audistis inquit per os meum: quia iohannes quidem baptizavit aqua: vos autem baptizabimini spiritu sancto non post multos hos dies. Igitur qui convenerant interrogabant eum dicentes. Domine: si in tempore hoc restitues regnum israel? Dixit autem eis. Non est vestrum nosse tempora vel momenta que pater posuit in sua potestate: sed accipietis virtutem supervenientis spiritus sancti in vos: et eritis michi testes in iherusalem et in omni iudea et samaria · et usque ad ultimum terre. Et cum hec dixisset: videntibus illis elevatus est: et nubes suscepit eum ab oculis eorum. Cumque intuerentur in celum euntem illum: ecce duo viri astiterunt iuxta illos in vestibus albis: qui et dixerunt. Viri galilei quid statis aspicientes in celum? Hic ihesus qui assumptus est a vobis in celum: sic veniet quemadmodum vidistis eum euntem in celum. Tunc reversi sunt iherosolimam a monte qui vocatur oliveti qui est iuxta iherusalem sabbati habens iter. Et cum

VIII Gutenberg-Bibel: 42zeilige, zweispaltig gedruckte Bibel, Textura, mit farbigen Auszierungen, 1455

IX Johannes de Janua, Seite aus dem ›Catholicon‹: gotische Buchschrift, Ende 14. Jh.

X Schreiber des Sakramentars von Gellone, vorkarolingische Minuskel, 8. Jh.

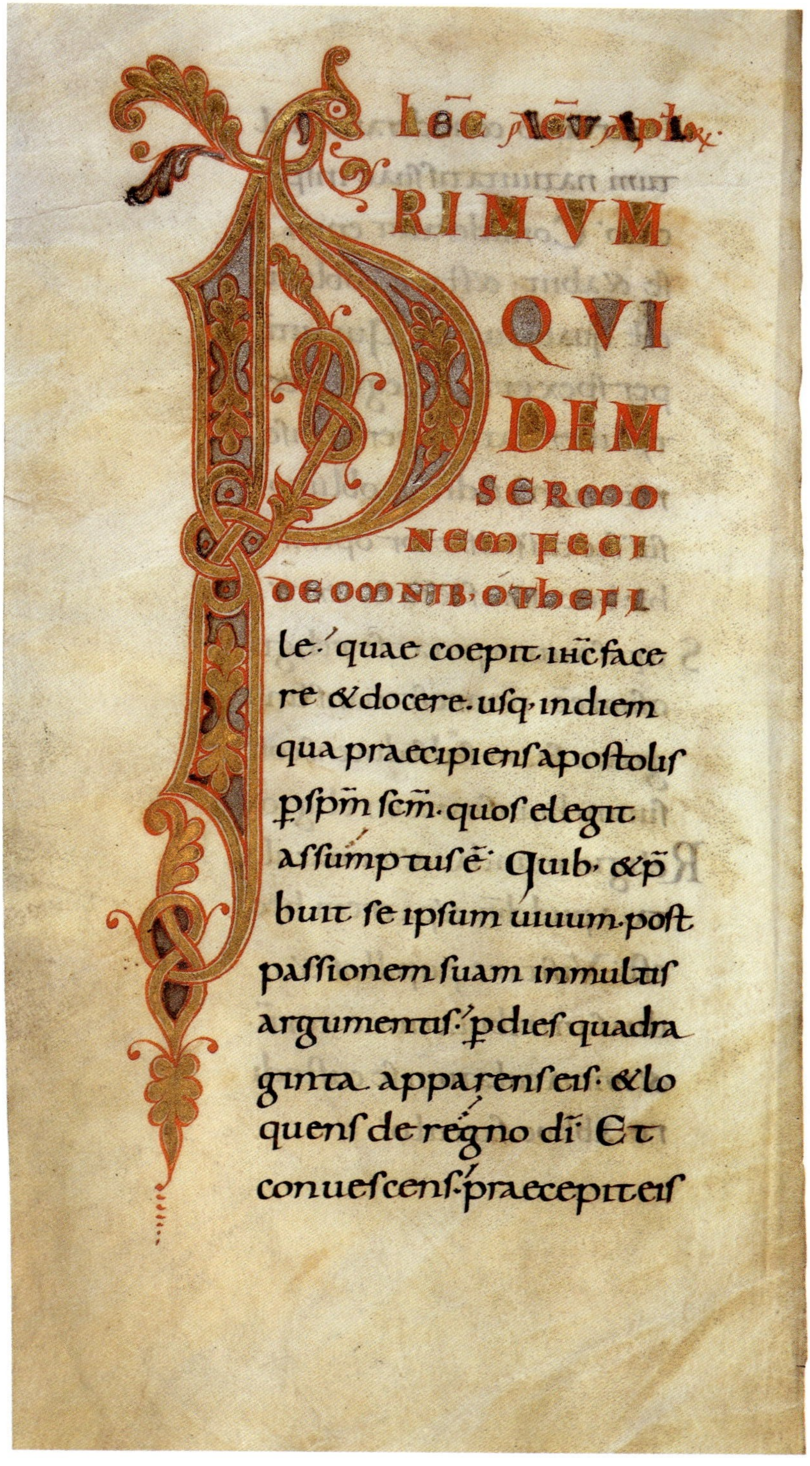

XI Seite aus einem Lektionar mit Zierinitiale, Antiqua-Versalien und Unzialen im Rubrum sowie schwarzer karolingischer Minuskel im Text auf Pergament, Schule von St. Gallen, 9. Jh.

XII Bulle Pabst Leos IX. zugunsten der Abtei Andlau, 1049, nach dem 10. November

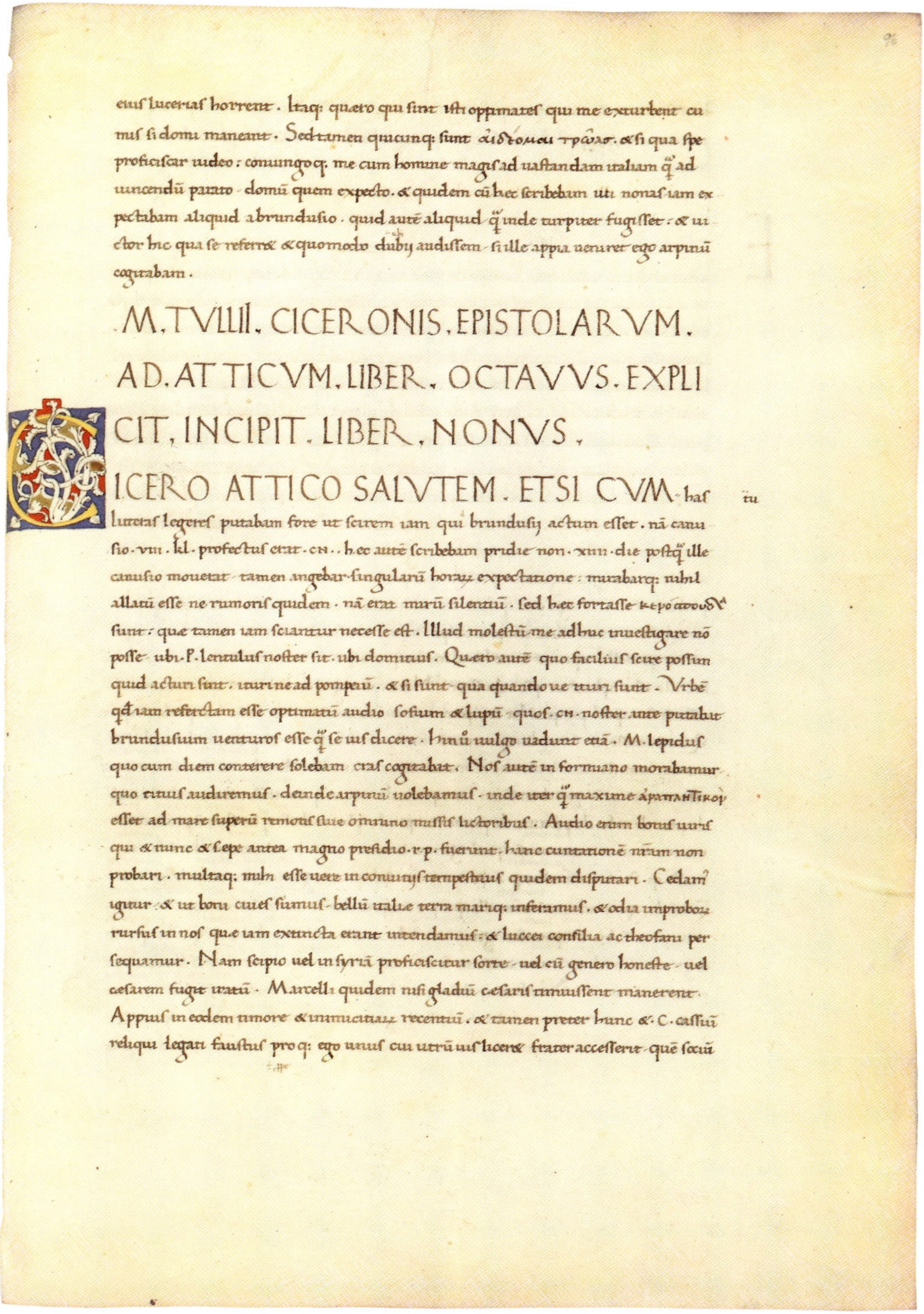
eius lucerias horrent. Itaq: quero qui sint isti optimates qui me exturbent cu
mis si domi maneant. Sed tamen quicunq: sint αιδεομαι τρωασ. & si qua spe
proficiscar video: coniungoq: me cum homine magis ad vastandam italiam q̄ ad
vincendū parato. dominū quem expecto. & quidem cū hec scribebam iam nonas iam ex
pectabam aliquid a brundusio. quid autē aliquid q̄ inde turpiter fugisset: & vi
ctor hic qua se referret & quomodo dubij audissem. si ille appia veniret ego arpinū
cogitabam.

M. TULLII. CICERONIS. EPISTOLARUM.
AD. ATTICUM. LIBER. OCTAVUS. EXPLI
CIT. INCIPIT. LIBER. NONUS.

CICERO ATTICO SALUTEM. ETSI CUM has
litteras legeres putabam fore ut scirem iam qui brundusij actum esset. nā canu
sio. viii. kl. profectus erat. cn.. hec autē scribebam pridie non. xiiii. die postq̄ ille
canusio moverat. tamen angebar singularū horaȝ expectatione: mirabarq: nihil
allatū esse ne rumoris quidem. nā erat mirū silentiū. sed hec fortasse κενοσπουδα
sunt: que tamen iam sciantur necesse est. Illud molestū me adhuc investigare nō
posse ubi. P. lentulus noster sit. ubi domitius. Quero autē quo facilius scire possim
quid acturi sint. ituri ne ad pompeiū. & si sint qua quando ve ituri sint. Urbē
q̄dē iam refertam esse optimatū audio sosium & lupū quos. cn. noster ante putabat
brundusium venturos esse q̄ se ius dicere. hinc uero vulgo vadunt etiā. M. lepidus
quo cum diem conterere solebam cras cogitabat. Nos autē in formiano morabamur
quo citius audiremus. deinde arpinū volebamus. inde iter q̄ maxime απαντητικον
esset ad mare superū remotis sive omnino missis lictoribus. Audio enim bonis viris
qui & nunc & sepe antea magno presidio r. p. fuerunt. hanc cunctationē nrām non
probari. multaq: mihi esse vere in conviviis tempestivis quidem disputari. Cedam
igitur. & ut boni cives simus. bellū italie terra mariq: inferamus. & odia improboȝ
rursus in nos que iam extincta erant incendamus: & lucceii consilia ac theofani per
sequamur. Nam scipio vel in syriā proficiscitur sorte. vel cū genero honeste. vel
cesarem fugit iratū. Marcelli quidem nisi gladiū cesaris timuissent manerent.
Appius in eodem timore & inimicitiaȝ recentiū. & tamen preter hunc & C. cassiū
reliqui legati faustus pro q: ego unus cui utrū vis liceret frater accesserit quē sociū

XIII Poggio Bracciolini: Titel einer Handschrift, frühestes Beispiel für die von Poggio erfundene Humanistenschrift, Florenz 1408

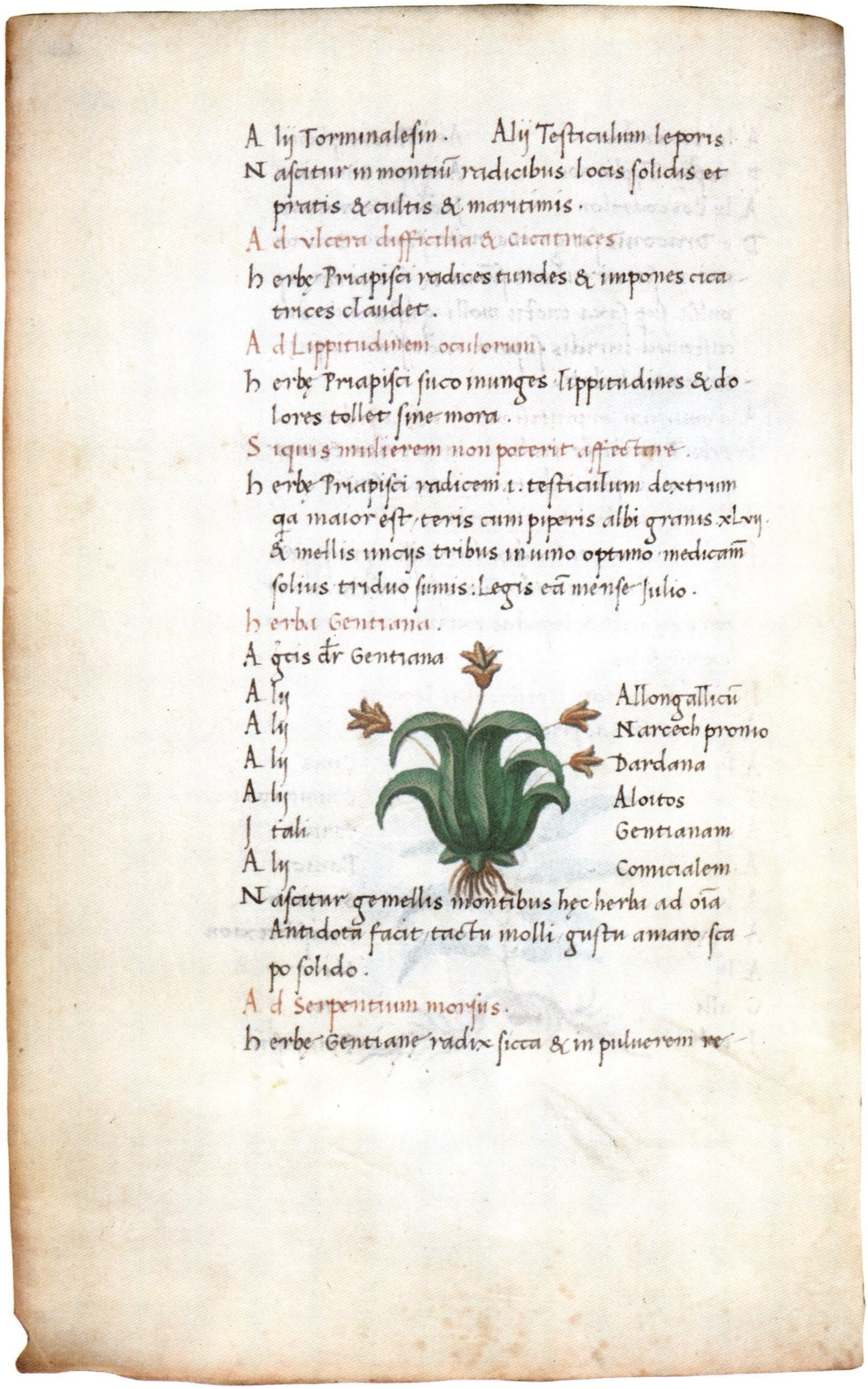

A lij Torminalesin. Alij Testiculum leporis.
N ascitur in montiũ radicibus locis solidis et
pratis & cultis & maritimis.
A d ulcera difficilia & cicatrices
h erbe Priapisci radices tundes & impones cica
trices claudet.
A d Lippitudinem oculorum.
h erbe Priapisci suco inunges lippitudines & do
lores tollet sine mora.
S i quis mulierem non poterit affectare.
h erbe Priapisci radicem i. testiculum dextrum
qa maior est teris cum piperis albi granis xlvij
& mellis uncijs tribus in uino optimo medicam
solius triduo sumis: Legis eũ mense Iulio.
h erba Gentiana.
A grecis dr Gentiana
A lij Allongallicũ
A lij Narcech pronio
A lij Dardana
A lij Aloitos
I tali Gentianam
A lij Comicialem
N ascitur gemellis montibus hec herba ad oĩa
Antidota facit tactu molli gustu amaro sca
po solido.
A d Serpentium morsus.
h erbe Gentiane radix sicca & in puluerem re-

XIV Niccolò Niccoli, ›Apuleus Platonicus‹: Herbal, humanistische Buchkursive, Italien, 2. Hälfte 15. Jh.

Cantate domino
canticum no
uum: quia mirabilia
fecit.
Saluauit sibi dexte
ra eius: et brachium
sanctum eius.
Notum fecit domin[us]
salutare suum ante
spectum gentium reue
lauit iusticiam eius.
Recordatus est mie
sue et ueritati sue domui
israel.
Viderunt omnes fi
nes terre salutare dei
nostri.
Iubilate deo omnis
terra cantate et exalta
te et psallite.
Psallite domino in
cythara et uoce psalmi
in tubis ductilibus
et uoce tube cornee.
Iubilate in conspec
tu regis domini moue
atur mare et plenitu
do eius orbis terrarum
et uniuersi qui habitant
in eo.
Flumina plaudent

XV Brüder Limburg, ›Très riches heures‹: illustrierte Stundenbuchseite mit exzellenter Textualis quadrata, um 1415/16

XVI ›Queen Mary Psalter‹: anonym, Magnificat mit Textualis prescissa, England, ca. 1310-1320

B

SCHRIFTEN

1 Systematik und Geschichte

Die Gestalt der Schrift

Die Untersuchung der Schriftformen hat eine strukturale (synchronische) und eine historische (diachronische) Dimension. Erstere betrachtet die Elemente eines Gegenstands in Hinsicht auf ihre formale Abgrenzung voneinander, sie stellt bedeutungsrelevante Merkmale und die spezifischen Verbindungen fest, die zwischen den Elementen eines Systems bestehen. Im Falle der Schrift heißt dies: Die Bestandteile der Buchstaben müssen erkannt und ihre Bezüge analysiert werden, damit aus diesen Teilen Ganzheiten wie Buchstaben, Wörter, Zeilen und Seiten entstehen können, Ganzheiten, die erkennbar *mehr* sind als die Summe ihrer Teile; mit anderen Worten: Es geht um die Gestalt der Schrift.

Die historische Dimension

Eine gute Gestalt in der Schrift ist immer das Ergebnis der Auseinandersetzung mit vorgefundenen Formen: Das Auge hat gesehen, bevor die Hand geformt hat. Daher gehört das Studium der Schriftgeschichte zum tieferen Verstehen der Schrift wie das historische Bewußtsein zur kulturellen Identität überhaupt. Schrift wie Sprache entsprechen nicht der Zielsetzung und Ökonomie einer technokratisch interpretierten Informationstheorie; wie schon zu Anfang diese Buches angedeutet, erstreckt sich Schrift auch – und gerade! – auf den Bereich der ästhetischen, also sehr persönlichen ›Botschaft‹. Insofern bewahrt die Handschrift das Humanum und setzt der entfremdeten Faszination Technik das Authentisch-Menschliche entgegen. Zu diesem Menschlichen gehört vorrangig die kulturelle Identität und daher auch die spezifische Schriftgeschichte eines jeden Kulturkreises. Den Hintergrund und die Bedingtheit der eigenen Identität verstehen heißt, ihren *Sinn* zu verstehen. So wie die strukturale Methode die *Gestalt* bewußt macht, hinterlegt die historische Methode diese Gestalt mit ihrem identitätsstiftenden Sinn.

Die Bestandteile der Buchstaben

Die genaue Beschreibung der Gestalt der Buchstaben wird durch die Benennung ihrer Hauptbestandteile möglich; diese Teile analytisch zu sehen, schult nicht nur das ›kalligraphische‹ Auge, sondern erleichtert auch die Steuerung der Schreibhand durch das Bewußtsein: Schließlich kann ich nur das üben, was ich präzise anstrebe. Die wesentlichen Termini zur Beschreibung der Buchstaben sind:

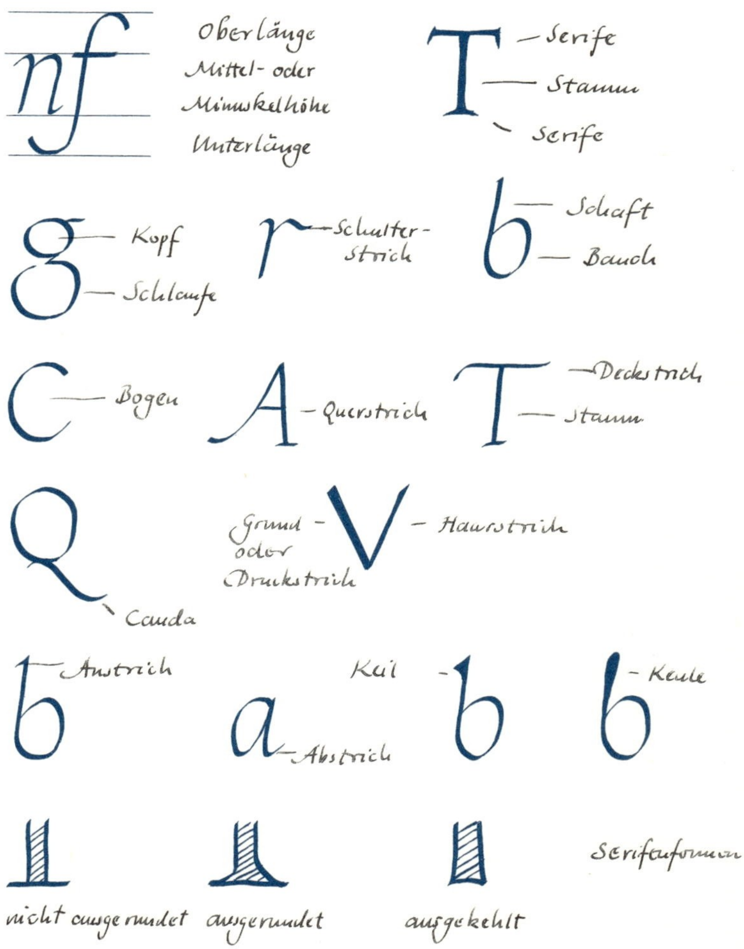

Die Analyse der Elemente unserer abendländischen Schrift, ihrer Grundstruktur (der ›Skelettform‹, nach Edward Johnston), gestattet die Bildung zweier Grundklassen: Gerade Linien und gebogene Linien.

Gerade: A E F H I K L M N T V W X Z

Gebogene: C G O Q S U

Gemischte: B D J P R

Der innere Rhythmus des Wortbildes

Die Ästhetik dieser Schrift beruht auf dem Wechsel zwischen Gerade und Kurve: Monotonie wird vermieden, und es entsteht ein spezifischer Rhythmus für jedes Wort. Das geschulte Auge kann die Gestalt eines Wortes als Ganzheit auffassen und braucht nicht seine Elemente zusammenzubuchstabieren. Dies wäre im übrigen eine einfache gestalttheoretische Antwort auf die Frage, wieso Griechen und Römer der Antike es ertragen konnten, Texte zu lesen, in denen die Worte ohne Zwischenräume aneinandergereiht wurden (vgl. die Inschrift der Trajansäule, Abb. 10).
Die entwickelte geschriebene Schrift hat natürlich mehr Kennzeichen als die genannten geraden Linien und Bögen. Die weitergehenden Merkmale unterscheiden sich von den grundlegenden aber dadurch, daß sie nicht bedeutungsrelevant sind, sondern ›verschönernde‹ Wirkung haben. Während die Strukturelemente der Buchstaben die semantische Information transportieren, vermitteln die darüber hinausgehenden Merkmale ästhetische Information.

Duktus

Die auffälligste formale Eigenschaft der mit Feder oder Calamus (Rohrfeder) geschriebenen Schrift ist ihr Duktus: der Wechsel zwischen dem breiten Druckstrich und dem feinen Haarstrich, der durch den Schnitt der Federspitze bewirkt wird. Nur bei extrem spitz zugeschnittener Spitze läßt sich ein gleichmäßig starker Strich nach allen Richtungen erzielen – diese aber nutzt sich schnell ab. Die mehr oder weniger ausgeprägte Breitspitze war also eine materialbedingte Eigenschaft der Tintenschreibgeräte Calamus und Feder.

Definition von ›kalligraphisch‹

Schriften, zumindest historische, die die gerätebedingte Eigenschaft der wechselnden Strichstärke bewußt als ästhetisches Mittel einsetzen, können wir kalligraphisch nennen. Ihnen gegenüber stehen die sogenannten Kursivschriften, die für pragmatische Zwecke verwendet wurden und bei denen formästhetische Fragen (zumindest für ihre Entstehung) keine wesentliche Rolle spielen. Dennoch haben die Kursivschriften immer als Inspirationsquelle auch für das Schöner-Schreiben gedient. Es ist sicher nicht übertrieben zu sagen, daß der Prozeß der ›Kalligraphisierung von Kursivschriften‹ der wichtigste Beweggrund in der Entwicklung des künstlerischen Schreibens war.

Der Federwinkel

Die elementaren Bausteine der Buchstaben, die in der Kursive nur den Bedürfnissen der Unterscheidbarkeit und der unaufwendigen Schreibbarkeit unterliegen, erfahren durch die Kalligraphisierung eine Ordnung, die auf ein übergeordnetes Formprinzip und einen entsprechenden Formwillen verweisen. Das einfachste Beispiel hierfür sind kalligraphische Regeln über den konstanten Federwinkel: Wenn die Feder unwandelbar im gleichen Winkel gehalten wird, haben alle Formen gleicher Richtung gleichbreite Striche. Dadurch erhalten Buchstaben unabhängig von ihrer geometrischen Form eine augenfällige Verwandschaftsbeziehung, zum Beispiel ›A‹ und ›V‹ bei 45 Grad Federwinkel: Der Strich von links unten nach rechts oben ist bei langen Buchstaben als Haarstrich ausgebildet, der von links oben nach rechts unten als Druckstrich, obwohl die Buchstaben sich – aus Sicht der Leserichtung – dadurch unterscheiden, daß das ›A‹ mit dem dünnen und das ›V‹ mit dem dicken Strich beginnt.

Striche gleicher Richtung sind gleich stark

Bewußte Regelverstöße

Abweichungen vom Standard-Federwinkel innerhalb einer Schrift kommen häufig vor, jedoch ist es für die Kalligraphie geradezu kennzeichnend, daß es sich hierbei um bewußte ›Verstöße‹ handelt, die besonders intensiv auf die Regel Bezug nehmen und aus ästhetischen Gründen eine Form dann verbessern, wenn eine mechanische Befolgung der Regel zu unorganischen oder leblosen Schriftbildern führen würde. Als klassische Beispiele möchte ich ›N‹ und ›Z‹ in der lateinischen Großbuchstabenschrift anführen (bei Federwinkel 30°), die ein Verlassen des Standard-Federwinkels verlangen. Ohne diese Regelverletzung würde das ›N‹ im Umfeld

Bei den Querbalken von ›N‹ und ›Z‹ verlangt die Ästhetik, den konstanten Federwinkel zu verlassen

zu massiv und undifferenziert wirken, während eine zu dünne Diagonale beim ›Z‹ den Eindruck erwecken würde, als könne sie das Gewicht des oberen Querbalkens nicht tragen.
Bei entwickelten kalligraphischen Schriften wird die Abweichung vom Standard-Federwinkel genutzt, um zu Rhythmus und Phrasierung als Mitteln von Ausdruck und Interpretation zu gelangen. Dabei steuert die Regel die Erwartung des Lesers, während die künstlerische Regelverletzung jene Differenzqualität erzeugt, die die Aufmerksamkeit und die ästhetische Verarbeitung durch den Betrachter stimuliert. Es dürfte auf der Hand liegen, daß die Schriftgestaltung mit der Hand schon aufgrund dieser ästhetischen Grundbedingungen als eine Kunstgattung zu betrachten ist, die durch Druck- und Computerentwicklung nicht obsolet geworden ist, sondern im Gegenteil gerade durch die Loslösung des Handschreibens von seiner Funktion im Produktionsprozeß erst ihre Freiheit ganz gewonnen hat.

Perzeptive, nichtkonstruktive Ästhetik

In diesem Zusammenhang mag auch zu denken geben, daß die unübertrefflich gelungenen Buchstaben der antiken römischen Inschriften keineswegs auf der Zusammensetzung einer kleinen Gruppe von Grundformen beruhen. Umfangreiche Messungen haben ergeben, daß sich die Buchstaben zwar durchaus mit Lineal und Zirkel konstruieren lassen, daß aber die jeweiligen Längen und Radien sich keinen einheitlichen mathematischen Verhältnissen (›Modulo‹) unterordnen, wie es seit der Renaissance (Albrecht Dürer!) immer wieder angenommen wurde. Es handelt sich bei der Schrift also wohl eher um eine *perzeptive*, nach der Wahrnehmung entwickelte, als um eine *konstruktive* Ästhetik.

Literatur: Johannes Muess, Das römische Alphabet. Entwicklung, Form und Konstruktion, München 1989

Serifen

Eine dritte Merkmalsgruppe betrifft die mehr oder minder ornamentalen Ansätze und Abschlüsse von Buchstabenlinien. Die sogenannten Serifen der klassischen römischen Kapitalschrift (z.B. auf der Trajansäule, siehe Abb. 10) verleihen den Buchstabenformen eine große Geschlossenheit der Gestalt. Besonders deutlich wird dies beim Buchstaben ›I‹, der nach seiner Skelettform als senkrechter Strich ohne spürbare Beziehung zum Schriftraum als Höhe und Breite bleibt. Die Serifen als gruppenspezifisches Formmerkmal ordnen das eigent-

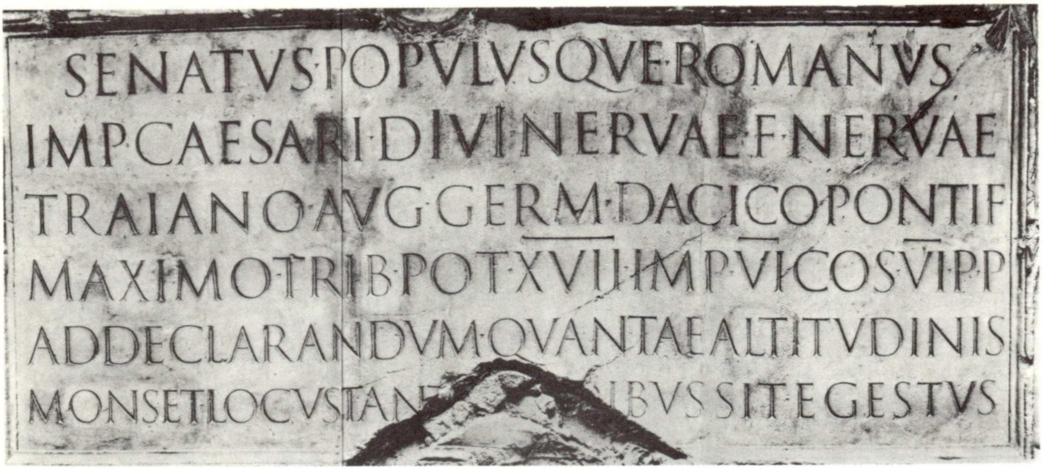

10 Capitalis quadrata monumentalis: in Stein gemeißelte Inschrift der Trajansäule, Rom, 133 n. Chr.

lich eindimensionale ›I‹ den anderen Buchstaben zu, die alle eine *räumliche* Breite haben.

Anstriche und Schlußstriche

Ein anderes Merkmal der dritten Gruppe sind die Anstriche, die für Alphabete als formprägend verwendet werden. Bei vielen Schriften findet sich ein mehr oder minder ausgeprägter, meist schräger Ansatz, der dann in den abwärts gerichteten Druckstrich übergeht. Technisch gesehen dürfte dieser Anstrich aus der Notwendigkeit entstanden sein, den Tintenfluß an der Federspitze in Gang zu setzen, wofür ein kurzer Haarstrich gut geeignet ist. Als Indiz für diese technische Bedingtheit mag die Tatsache dienen, daß die Anstriche – anders als die Serifen – immer nur auf einer Seite des Druckstrichs ausgebildet sind. Das Pendant des Anstrichs, der Schlußstrich (dieser nun wiederum rechts des Druckstrichs), dürfte ebenfalls aus Gründen der leichteren Ausführbarkeit entstanden sein, da ein Absetzen am Fuß des Druckstrichs schnell zur Ansammlung von zuviel Tinte führt, während sie mit Hilfe eines Schlußstrichs kontrolliert ›ausgezogen‹ werden kann.

Die technische Herkunft von An- und Schlußstrichen ändert nichts daran, daß ihr gestalterischer Erfolg auf der stilbildenden Vereinheitlichung diverser Elemente beruht. Die schrägen Anstriche etwa der Humanistenhandschrift Niccolò Niccolis und Poggio Bracciolinis aus der ersten Hälfte des 15. Jahrhunderts finden sich in der zweiten Hälfte des gleichen Jahrhunderts in den venezianischen Drucktypen von Nicolaus Jenson und anderen wieder, obwohl bei den Lettern natürlich keinerlei schreibtechnischer Hintergrund zur Erklärung der Stilmittel herangezogen werden kann.

Antiqua und gebrochene Schriften

Die Systematik der Schriften erstreckt sich schließlich auf eine vierte Merkmalsklasse, die in übergreifender Weise die stilistischen Grundformen der Schriften betrifft: die Einteilung nach Antiqua- und sogenannten gebrochenen Schriften. Struktural gesehen unterscheiden sie sich dadurch, daß bei den ersteren die Buchstabenschäfte aus einfachen Strichen bestehen und die Bögen aus einer echten Kurvenbewegung hervorgehen, während bei gebrochenen Schriften sowohl die Schäfte als zumeist auch die Bögen zusammengesetzt sind – in der Regel aus mehreren geraden Stücken unterschiedlicher Schreibrichtung. Es gibt jedoch so viele Übergänge und Zwischenformen, daß eine rein strukturanalytische Systematik dem Reichtum der historischen Formen nicht gerecht werden würde. Antiqua und gebrochene Schriften sollen daher in den folgenden Abschnitten unter geschichtlichem Blickwinkel untersucht werden.

Die Klassifikation der (Druck-) Schriften ist in DIN 16518 niedergelegt

Geschichtlicher Überblick

Am Anfang jedoch soll ein kurzgefaßter Überblick über die Schriftgeschichte stehen; zum einen, weil sich einige Schriften nicht leicht in die Systematik einordnen lassen, zum anderen, weil weder Antiqua- noch gebrochene Schriften sich kontinuierlich entwickelten, und die beiden Schriftgruppen nicht in einer logischen Abfolge zueinander stehen.

Die lateinische Schrift

Ursprung der lateinischen Schrift ist das griechische Alphabet, das, wahrscheinlich durch Vermittlung der Etrusker, schon ein halbes Jahrtausend vor unserer Zeitrechnung von den Römern übernommen und für die eigene Sprache modifiziert wurde. Diese Schrift war zunächst rein linear, und die wenigen erhaltenen Denkmäler zeugen von keiner kalligraphischen Durchformung. Die römische Kapitalschrift, die zum noch heute gültigen Maßstab für Schriftgestaltung wurde (siehe die Inschrift der Trajansäule), entstand erst in der Kaiserzeit, also in den ersten Jahrhunderten unserer Zeitrechnung. Da nur äußerst wenige lateinische Schriftzeugnisse auf Papyrus erhalten geblieben sind, sind die Paläographen

Literatur: Die Textüberlieferung der antiken Literatur und der Bibel, 2. Aufl., München 1988

Stanley Morison, Politics and Script, Oxford 1972

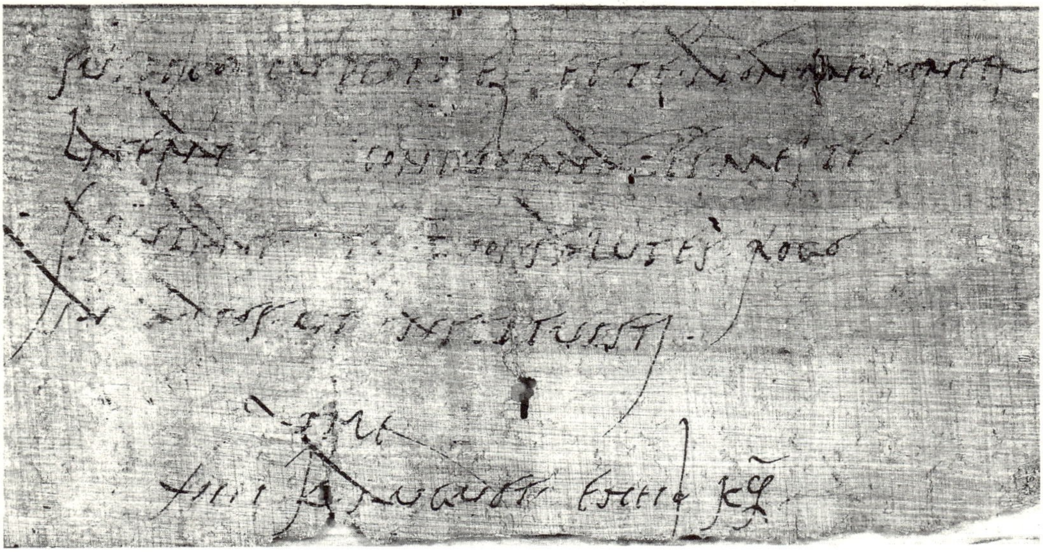

11 Ältere römische Kursive: Briefsammlung des Macedo, Papyrus, um 25 v. Chr.

12 Capitalis quadrata: Vergil, ›Georgica‹, aus dem ›Codex Augusteus‹; ein seltenes Exemplar einer geschriebenen Capitalis quadrata. Abgesehen vom Initial-›A‹ herrscht monumentale Zeilenführung vor; frühes 4. Jh.

für die Antike im wesentlichen auf Inschriften angewiesen (der Spezialzweig der Schriftwissenschaft, der sich mit Inschriften befaßt, heißt Epigraphik).

Die monumentale Großbuchstabenschrift der Inschriften war selbstverständlich vor allem eine ästhetisch überaus verfeinerte Variante der idealisierten Linearschrift. Viel häufiger waren kursive Schriften für den alltäglichen Gebrauch und sogenannte ›Buchschriften‹, die für die Vervielfältigung von Literatur und Dokumenten verwendet wurden. Wie groß der Unterschied zwischen diesen verschiedenen Schriften war, mögen die Beispiele belegen, die in den Abbildungen 10 und 11 dargestellt sind.

Die Buchschrift

Die Schrift, die uns vorrangig beschäftigen soll, ist aber weder die monumentale Inschriftenform noch die Kursive, sondern die Buchschrift. Als kalligraphische Schrift war sie ästhetisch durchgebildet und stand damit der monumentalen Schrift nahe, dennoch gewann sie, bedingt durch die Spezifik der Schreibgeräte, einen ausgeprägten Eigencharakter.

Capitalis quadrata

Der ›Codex Augusteus‹ (Abb. 12) zeigt vielleicht die stärkste Annäherung an die Inschriften-Schrift; dennoch tritt der Breitfeder-Charakter deutlich hervor: Die Druckstriche sind durch eine Flächigkeit gekennzeich-

ATQ·ALIVSLATVMFVNDAIAMVERBERATAMNEM
ALTAPETENSPELAGOQ·ALIVSTRAHITVMIDALINA
TVMFERRIRIGORATQ·ARGVTAELAMMINASERRAE
NAMPRIMICVNEISSCINDEBANTFISSILELIGNVM
TVMVARIAEVENEREARTESLABOROMNIAVICIT
IMPROB·ETDVRISSVRGENSINREB·AEGESTAS
PRIMACERESFERROMORTALISVERTERETERRAM
INSTITVITCVMIAMGLANDESATQ·ARBVTASACRAE
DEFICERENTSILVAEETVICTVMDODONANEGARET
MOXETFRVMENTISLABORADDITVSVTMALACVLMOS
ESSETROBIGOSEGNISQ·HORRERETINARVIS
CARDVVSINTEREVNTSEGETESSVBITASPERASILVA
LAPPAEQ·TRIBOLIQ·INTERQ·NITENTIACVLTA
INFELIXLOLIVMETSTERILESDOMINANTVRAVENAE
QVODNISIETADSIDVISTERRAMINSECTABERERASTRIS
ETSONITVTERREBISAVESETRVRISOPACI
FALCEPREMESVMBRASVOTISQ·VOCAVERISIMBREM
HEVMAGNVMALTERIVSFRVSTRASPECTABISACERVVM
CONCVSSAQ·FAMEMINSILVISSOLABEREQVERCV
DICENDVMETQVAESINTDVRISAGRESTIB·ARMA

net, die ganz selbständig ist und jegliche Imitation eingemeißelter Buchstaben souverän – und sicherlich bewußt – vermeidet. Die geradezu überwältigende Schönheit der Schrift des ›Augusteus‹ ist allerdings ein seltener Gipfel antiker Schriftgestaltung; sehr gebräuchlich kann sie als Buchschrift nicht gewesen sein. Dies ist wohl auch dadurch zu belegen, daß die erhaltenen Buchfragmente alle aus Vergil stammen, dem römischen ›Reichsdichter‹ der Kaiserzeit: in seiner ›Aenaeis‹ und den ›Georgica‹ feierten sich Rom und die Kaiser selbst.

Capitalis (rustica)

Eine ebenfalls sehr schöne Schrift – so schön, daß sie des Vergil für würdig befunden wurde – zeigt Farbtafel III (›Vergilius Romanus‹). Hier wird der Charakter von Feder und Tinte schon sehr deutlich. Die erstaunlichste Eigenschaft dieser, Capitalis rustica genannten, Schrift ist, daß sie leicht zu schreiben ist (vgl. Kap. C).

Wenn wir die drei Schriften: die der Trajansäule, die der ›Georgica‹ und die des ›Vergilius Romanus‹ zusammenfassen, lassen sie sich als Kalligraphisierungen der lateinischen linearen Großbuchstaben klassifizieren. Alle Buchstaben hatten die gleiche Höhe, ließen sich also zwischen zwei Linien schreiben, so daß der schriftwissenschaftliche Terminus ›Zweilinienschrift‹ hier zutrifft. Die bewußten leichten Regelverstöße (z.B. das lange ›L‹ der ›Georgica‹-Illustration und das hohe ›B‹ im ›Vergilius Romanus‹) stellen Beispiele für die schon oben beschriebenen Verfeinerungen dar, die eine Strukturregel erst ins ästhetische Bewußtsein heben und der Schrift ein ›Hautgout‹ verleihen, das die Monotonie technischer Perfektion durch den Appell an den menschlichen Geschmack überwindet.

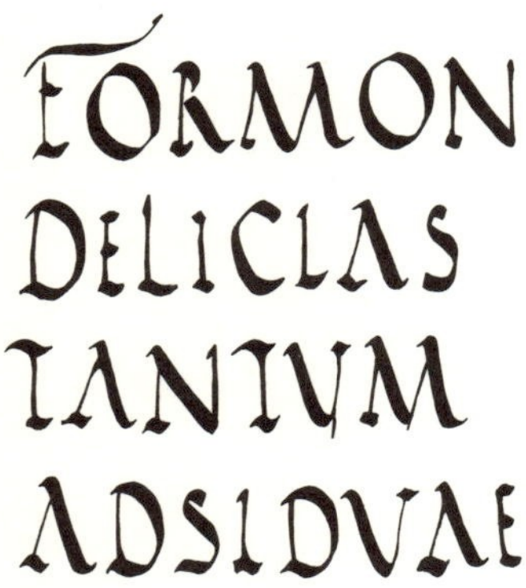

Ausschnitt aus Farbtafel III

Wie bereits im vorigen Kapitel beschrieben, brachte die Auflösung des römischen Reiches einen Verfall der Schriftkultur mit sich. Zwar war es Konstantin gelungen, das Reich noch einmal zu konsolidieren, unter anderem, indem er ihm mit der Erhebung des Christentums zur Staatsreligion eine neue Klammer gab; die Kirchenväter aber lehnten neben vielen anderen Errungenschaften der antiken Zivilisation auch Schriften ab, die dem Lobpreis des ›heidnischen Rom‹ und seiner Kaiser gedient hatten. An ihrer Stelle bevorzugten Christen die

Unziale

sogenannte Unzialschrift, die sich aus der älteren römi-

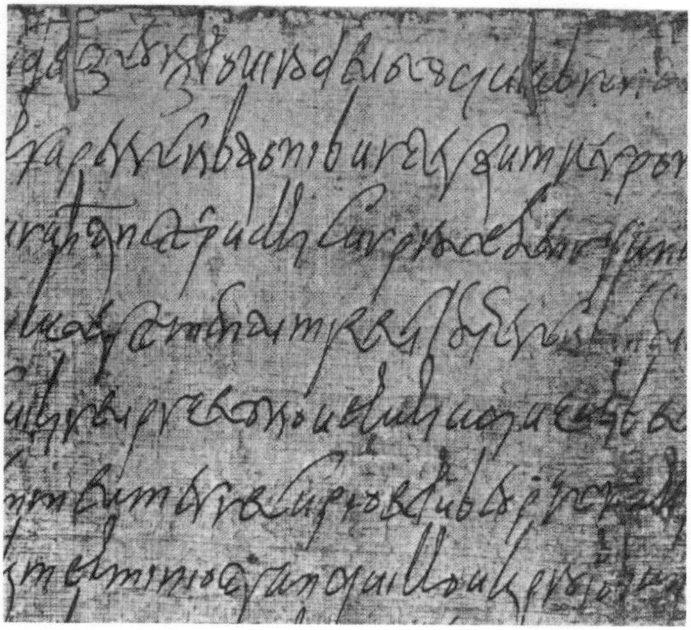

13 Jüngere römische Kursive: Papyrus, 5. Jh.

schen Kursive (Abb. 11 und Ft. IV) entwickelt hatte, also ihrerseits die Kalligraphisierung einer linearen Schrift darstellte. Gegenüber der Capitalis ist die Unziale in ihrer Gesamtgestalt sehr viel runder und in ihren verschiedenen Ausformungen erheblich variabler. Besonders auffällig ist, daß das Zweilinienprinzip schon recht weitgehend verlassen wird, wie im Beispiel aus dem ›Corpus Agrimensuum Romanorum‹ deutlich wird: ›L‹, ›D‹ und ›S‹ am Ende der Zeile haben regelmäßige Oberlängen, ›F‹, ›G‹, ›P‹ und ›Q‹ haben Unterlängen. Dennoch ist die Unziale immer noch eine reine Großbuchstabenschrift.

Der Übergang zur echten Vierlinienschrift und damit zur Unterscheidung von Großbuchstaben (Majuskeln) und Kleinbuchstaben (Minuskeln) wurde erst durch die Halbunzialschrift erreicht. Dabei handelt es sich um die Kalligraphisierung der sogenannten jüngeren Kursive (vgl. Abb. 13), einer wahrscheinlich in den nordafrikanischen Provinzen entstandenen Kanzleischrift. Zunächst hatte diese Schrift keine große Verbreitung, kam aber ab dem 5. Jahrhundert nach Irland und England, wo sie in zahlreichen Schmuckformen als Insulare Minuskel außerordentlich fruchtbar wurde. Irische und angelsächsische Mönche, die zur Mission in das fränkische Reich berufen wurden, brachten sie auf den europäischen Kontinent, und so wurde die Halbunziale zur Keimzelle der modernen abendländischen Schrift.

›Nationalschriften‹

Nach dem Niedergang der antiken Zivilisation gab es in Europa keine einheitliche politische Struktur, sondern eine Reihe von germanischen Stammesgesellschaften. Für die Schriftentwicklung bedeutete dies, daß sich neben der vorherrschenden Unziale eine Reihe von Varianten bildete. Einer Gepflogenheit des 19. Jahrhunderts folgend, werden diese heute noch häufig als ›Nationalschriften‹ bezeichnet, wenn auch in der Zeit zwischen dem 5. und 7. Jahrhundert von Nationen keinesfalls die Rede sein kann. Bei den fraglichen Schriften handelt es sich vielmehr um regionale und lokale Varianten in den verschiedenen Siedlungsgebieten.

Wesentlich für die allgemeine Entwicklung der abendländischen Kalligraphie ist nur die irisch/angelsächsische Schrift geworden; oft genannte Schriftarten wie die westgotische, merowingische, langobardische usw. sind überwiegend wohl nur von paläographischem Interesse.

Insulare Schriften

Die Schriften Irlands und Großbritanniens aus der Zeit vor der normannischen Eroberung gelten als Beispiele für die schöpferische Kraft der keltischen Kunst. Irland hatte – anders als Großbritannien – nie zum römischen Einflußgebiet gehört. Christentum, lateinische Sprache und Schrift wurde den Iren durch britische und möglicherweise italienische Mönche vermittelt, wobei die Halbunziale als Bibelschrift maßgeblich die weitere Entwicklung beeinflußte. Unter dem Einfluß keltischer Ornamentik entwickelten sich Schrift und Buchkunst bei den irischen und bald auch schottischen Mönchen zu einer ungeahnten Blüte. Die Beispiele aus dem ›Book of Durrow‹ (Ft. V), dem Evangeliar von Lindisfarne (Ft. VI) und dem ›Book of Kells‹ (Ft. VII) legen hiervon Zeugnis ab.

Literatur: Françoise Henry, Early Irish Christian Art, Dublin 1963

Im 7. und 8. Jahrhundert stellten die britischen Inseln die berühmtesten Schreiber ihrer Zeit. Sie wurden von Klöstern auf dem Kontinent umworben und reformierten zahlreiche Skriptorien. Die großartigen Handschriften der Skriptorien von Sankt Gallen, der Bodenseeinsel Reichenau, von Bobbio in Norditalien, von Luxeuil über Corbie bis zu St. Martin in Tours entstanden unter dem Einfluß irischer und angelsächsischer Schreiber.

Karolingische Minuskel

Der Epoche der insularen Schreiber folgte die der karolingischen Minuskel, auf die im Kapitel über die Antiqua besonders eingegangen wird. Diese imperiale Schrift repräsentiert eine neue Epoche. Nach Jahrhunderten der Differenzierung, Regionalisierung und Verselbständigung von Schriftvarianten stellte die Schrift des fränkischen Imperiums einen neuen Ansatz zur Vereinheitlichung in ganz Westeuropa dar, der immerhin ca. drei Jahrhunderte überdauerte.

Übergang zu gebrochenen Schriften

Im hohen Mittelalter entwickelten sich aus der karolingischen Minuskel allmählich die gebrochenen Schriften, deren wesentliche Charakteristika eine mehr oder weniger starke Modifikation der geraden Schäfte durch rautenförmige Köpfe bzw. Füße sowie zusammengesetzte Bogenlinien sind. Unter dem Einfluß der Formprinzipien der französischen Gotik wurden die Buchstaben schmaler und höher; man schrieb sie sehr eng aneinander und ließ sie sich sogar überschneiden. Damit verminderte sich die Lesbarkeit zugunsten des grafischen Gesamteindrucks: Die Schrift als ›Gewebe‹ war geboren. Die Textura wurde zur beherrschenden Buchschrift, und sie diente schließlich auch Gutenberg als Vorbild für seine 42-zeilige Bibel (Ft. VIII). Ihre Weiterentwicklung als Fraktur, Schwabacher usw. wurde bestimmend für die Entwicklung des deutschen Schriftraums. Seit dem Ende des Zweiten Weltkriegs wird die gebrochene ›deutsche‹ Schrift nur noch wenig gebraucht – zu sehr wurde sie von den nationalsozialistischen ›Blut und Boden‹-Ideologen geliebt.

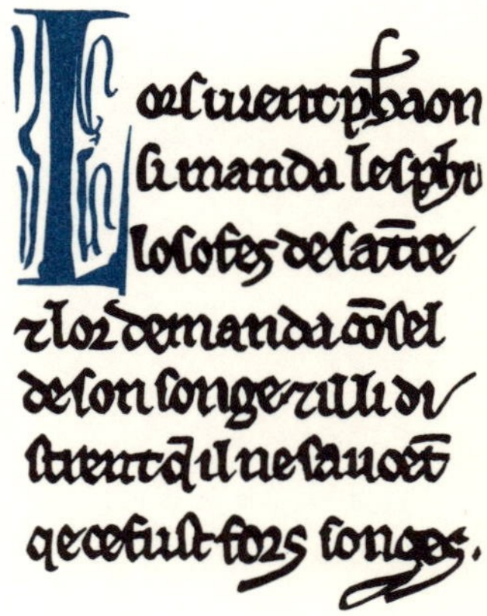

Ausschnitt aus Farbtafel XXXVII

Rotunda

Italien machte die gesamteuropäische Bewegung zur Gotik nicht mit; hierfür waren unter anderem politische Gründe verantwortlich, zum Beispiel die starke Rivalität mit Frankreich. Maßgeblich waren aber sicherlich auch ästhetische Faktoren wie das Fortwirken der Antike über die erhaltenen Denkmäler. Ebenso wie sich die aus der Ile de France stammende gotische Architektur mit ihrer Betonung der Vertikalen in Italien nicht durchsetzen konnte, fand der schmalhohe Schriftduktus der

Textura in Italien wenig Freunde. Statt dessen entwickelte sich eine sehr gut lesbare gotische Schrift mit breitem, runden Charakter, die sogenannte Rotunda, die die vielleicht gelungenste Synthese der karolingisch-runden mit den gotisch-gebrochenen Schriften darstellte. Farbtafel IX zeigt ein hervorragende Beispiel dieser Schrift, und in Kapitel C wird die Rotunda als Lernschrift dargestellt.

Die Rolle der Universitäten

Der entscheidende Impuls zur Weiterentwicklung der Schrift kam von den Universitäten und ihrem unstillbarem Bedarf an Büchern. War das geistliche Buch im wesentlichen Bestandteil der liturgischen Handlung gewesen und als solcher in eine Gesamtästhetik eingebunden, so kam es im Universitätsbetrieb auf die Beschaffbarkeit und Bezahlbarkeit des Buches an, nicht zuletzt auch auf ein transportierbares Format. Die Schrift wurde konsequenterweise kleiner und enger, um Material und Zeit zu sparen. Für die Vervielfältigung sorgten Lohnschreiber oder – seltener – die Studenten selbst. In der Regel wurde ein Buch nicht im Ganzen abgeschrieben, sondern in Abteilungen, den sogenannten ›Pecien‹. Diese entlieh man gegen eine Gebühr bei einem ›Stationarius‹, einem lizensiertem Buchhändler, der von den Fakultäten freigegebene ›Normalexemplare‹ verwahrte.

Bastarda

Ebenso wie der universitäre Bedarf an Lesebüchern zunehmend von weltlichen Schreibern befriedigt wurde, verlagerte sich auch die Produktion von Luxusbänden seit dem hohen Mittelalter mehr und mehr von den Klöstern hin zu kunsthandwerklichen Ateliers. Die höfischen Sitten und Gebräuche verfeinerten sich erheblich, und der Adel – Frauen ebenso wie Männer – war nun in der Regel des Lesens kundig. Dies führte zu einer Kalligraphisierung höfischer, kursiver (Kanzlei-) Gebrauchsschriften, die unter der Bezeichnung (gotische) Bastarda zusammengefaßt werden. Dieser Name deutet schon darauf hin, daß diese Schrift zunächst als illegitimer Ableger der vorwiegend sakralen gotischen Buchschrift verstanden wurde. Jedoch ist auch in diesem Fall aus einer Kursiven eine durchaus eigenständige kalligraphische Gattung erwachsen. Die Bastarda ist auf den ersten Blick durch kräftige Druckstriche gekenn-

zeichnet, unter denen das lange ›s‹ besonders auffällig ist. Anders als die Texturalis formata, die klassische gotische Buchschrift, erfordert die Bastarda bei einigen Buchstabenfiguren Druck auf die Feder und deren gleichzeitige Drehung, um einen bestimmten Effekt zu erzielen. Der Eigenwiderstand des Papiers, das nunmehr zum gewöhnlichen Beschreibstoff der Kanzleien geworden war und das sich längst nicht so glatt wie das Pergament herstellen ließ, mag Ursprung der kräftigeren Federführung gewesen sein.
Spätgotik im Norden und Renaissance in Italien fielen zeitlich zusammen. In beiden Fällen erreichte die Buchschrift ihren Gipfel um die Wende vom 15. zum 16. Jahrhundert, als gebrochene Schrift auf der einen und als Antiqua auf der anderen Seite der Alpen. Schon aber begann die Drucktechnik, dem kalligraphisch geschriebenen Buch Konkurrenz zu machen. Die Drucker übernahmen zunächst den Formenkanon der Handschriften; erst nach und nach löste sich die Ästhetik der Druckschriften vom Vorbild der Feder.
Handschrift und Kalligraphie wurden in den folgenden Jahrhunderten nur noch von den Schreibmeistern gepflegt; mit der aufkommenden Industrialisierung rückten ökonomische Aspekte immer stärker in den Mittelpunkt der Schriftgestaltung. Eine Rückbesinnung auf echtes kalligraphisches Schreiben begann als Reaktion auf die rein nutzenorientierte kapitalistische Verwertung der Schrift im industriell am weitesten fortgeschrittenen Land, Großbritannien. Sie erfaßte auch die Buchkunst, für die hier nur der Name des Sozialreformers William Morris genannt sei. Mit Edward Johnston erschloß sich das 20. Jahrhundert den Schatz der historischen Kalligraphie als Kunsthandwerk, an die sich Handschriftbewegungen in vielen Ländern anschlossen.

2 Antiqua

Die Bezeichnung Antiqua für die lateinischen Buchstaben stammt aus der Zeit des Humanismus in Italien (dem ›Trecento‹ = dem 14. Jh.), aus dem Umkreis der Dichter und Gelehrten Petrarca und Boccacio. ›Littera antiqua‹ meinte aber nicht – wie man heute zu vermuten geneigt ist – das Alphabet der römischen Antike, das in Italien und besonders in Rom noch in vielen Inschriften zu sehen war, sondern eine Buchschrift, die schon seit dem 13. Jahrhundert als altertümlich galt – der beherrschende Stil der Zeit war die Gotik, und der gotische Stil galt auch in der Schrift als modern. Dennoch hatte die als Antiqua bezeichnete Schrift inhaltlich eine Verbindung zur römischen Antike: In ihr waren die literarischen Werke der lateinischen Klassiker ebenso wie die der Kirchenväter geschrieben, die die Humanisten vorfanden – genannt seien nur Cicero, Tacitus und Seneca. So lag die Vermutung nahe, es handle sich um die originäre Schrift der Römer.

Karolingische Minuskel

In Wirklichkeit war die von den Humanisten für antik gehaltene Schrift nicht viel älter als 500 Jahre und stammte aus der Zeit Karls des Großen, daher die Bezeichnung karolingische Minuskel. Sie war ein Ergebnis der politisch-kulturellen Rückbesinnung auf die Antike, die Hand in Hand ging mit der Vollendung der fränkischen Herrschaft auf dem (west-)europäischen Kontinent. Die sogenannte karolingische Renaissance ging aus von der Hofschule Karls des Großen in Aachen und bezog sowohl die weltlichen Schreibstuben als auch die klösterlichen Skriptorien ein (ausgenommen war das politische Kanzleiwesen bzw. das Notariat, wo eine alte Schrift aus merowingischer Zeit fortlebte). Der karolingischen Renaissance verdanken wir die Überlieferung der wichtigsten lateinischen Autoren ebenso wie der Kirchenväter; die Kopisten des 8. und 9. Jahrhunderts schrieben die wenigen erhaltenen antiken Manuskripte ab. Schon im Mittelalter gab es praktisch keine wirklichen Originale mehr, und so ist es auch nicht verwunderlich, daß die Humanisten die karolingische für die originale römische Buchschrift hielten.

Literatur: Karl der Große. Ausstellungskatalog, Aachen 1965

Schrift und Politik

Erstmals seit dem Ende der Antike wurde mit der karolingischen Minuskel eine Schrift politisch als Mittel zur Vereinheitlichung des Lebens in allen Reichsteilen eingesetzt. Hatten bis dahin die Klöster und Kanzleien die Schrift eigenständig entwickelt, so wurde unter Pippin, Karl dem Großen und Ludwig dem Frommen die Frage der Schriftkultur ebenso mit der Politik verknüpft, wie

die Religion als staatstragende und vom Staat getragene Ideologie wiederentdeckt wurde. Die schnörkellose Klarheit der karolingischen Minuskel, der jede folkloristische Verspielheit abgeht, machte sie zu einem universalen Kommunikationsmittel im fränkischen ›Vielvölkerstaat‹. Ihr schlichter und dabei reiner Duktus verkörpert den imperialen Geist der karolingischen Renaissance: die Wiedergeburt des römischen Reichsgedankens.
Es ist geradezu bezeichnend für diese Epoche, daß die Macht des Königs und – ab dem 25.Dezember des Jahres 800 – Kaisers sich ebenso auf das profane wie auf das geistliche Leben erstreckte. Den karolingischen Herrschern war klar, daß ein Großreich, in dem viele Völkerschaften lebten, einer ideologischen Verklammerung und einer verwaltungsmäßigen Durchdringung bedurfte. Militärische Mittel allein konnten den Zusammenhalt nicht gewährleisten; die Legitimität der karolingischen Herrschaft mußte den Untertanen einleuchten. So wurden die Geistlichen dazu herangezogen, die ideologische ›Gleichschaltung‹ durchzusetzen. Die im gesamten Reich einheitliche Schrift war sichtbarer Ausdruck dieses Bemühens. Wie im Rom der Antike manifestierte sich im karolingischen Imperium die Reichsidee durch die angestrebte Einheitlichkeit der Ideologie, des Rechts, der Verwaltung und, hierdurch vermittelt, auch der Schrift.

Literatur: Rosamond McKitterick, The Carolingians and the Written Word, Cambridge 1989

Herkunft der karolingischen Minuskel

Im Prinzip läßt sich die karolingische Minuskel als Kalligraphisierung von Weiterentwicklungen der jüngeren römischen Kursive bezeichnen (Abb. 13), wenn auch manche Paläographen an der These ihrer Entstehung aus der Halbunziale festhalten. Hier würde eine detaillierte Untersuchung zu weit führen; eine Feindifferenzierung nach den durchaus vorhandenen ›Hausvarianten‹ verschiedener Skriptorien wäre ebensowenig angebracht. Schließlich zeichnet sich die karolingische Minuskel, verglichen mit den Schriften anderer Epochen, durch eine sehr geschlossene Formbildung aus.

Struktureigenschaften der karolingischen Minuskel

Gegenüber den bis zum Ende des 9. Jahrhunderts gebräuchlichsten Buchschriften läßt sich ein wesentlicher Unterschied im Alphabet beobachten: Sowohl die jüngere Kursive und die für Buchschriften verwendete Halbkursive als auch die Halbunziale schreiben das ›a‹

in der Form von zwei eng hintereinandergesetzten ›c‹ (sog. ›cc-Form‹), wie in unserer Schulschreibschrift, während die karolingische Minuskel das unziale ›a‹ bevorzugt, offensichtlich weil so die Lesbarkeit erhöht wird; ansonsten ähnelt die karolingische Minuskel vom Aufbau her stark der (kontinentalen) Halbunziale, die allerdings nicht besonders verbreitet war. Bemerkenswert sind dagegen die Unterschiede gegenüber der insularen Halbunziale (vgl. Ft. V), die von den iro-schottischen Schriftmissionaren in ganz Europa verbreitet wurde und bis zur Zeit Karls den ›State of the Art‹ darstellte. Die insulare Halbunziale ist keine Majuskelschrift im eigentlichen Sinne mehr, aber auch noch keine richtige Minuskel. Sie bleibt eine Zweilinienschrift, aus der Ober- und Unterlängen immerhin schon sehr regelmäßig heraustreten – und doch geht der Gesamteindruck vom Buchstabenband der Minuskelhöhe aus; aus heutiger Sicht wirkt die insulare Halbunziale wie das Zeugnis einer entrückten Mittelalterlichkeit.

Halbunziales ›a‹ (›cc‹) und unziales ›a‹ der karolingischen Minuskel

Verglichen hiermit ähnelt die karolingische Minuskel – schon in ihrer frühen Form (vgl. Abb. 14, aus der Maurdramnus-Bibel von Corbie) – stark unseren heutigen Kleinbuchstaben, was ihr eine geradezu moderne Anmutung verleiht. Ober- und Unterlängen sind deutlich, aber nicht übertrieben, ausgeprägt und in der Regel gerade. Die Schäfte können, müssen aber nicht, in der Oberlänge keulenförmig verdickt sein, was durch stärkeren Federdruck oder durch doppelten Strich bewirkt wird. Die Füße der Buchstaben ›n‹, ›m‹, ›r‹, ›h‹ sind zumeist schmucklos spitz, der letzte Abstrich wird häufig als nach rechts umgebogenes Schlußstrichlein behandelt. Das ›n‹ hat ein nahezu quadratisches Format, und lediglich das lange ›s‹ und das ›t‹ mit kurzem Schaft kommen uns etwas ungewohnt vor. In der entwickelten karolingischen Minuskel steht das ›s‹ auf der Linie und überragt die Minuskelhöhe nur geringfügig. In der frühen Form (vgl. Abb. 14) kann das ›s‹ noch Unterlänge aufweisen; desgleichen läßt sich das ›r‹ in langer Form finden. Das ungeübte Auge mag Schwierigkeiten haben, ›s‹ und ›r‹ zu unterscheiden; das bedeutungsunterscheidende Merkmal ist hier der abwärts gewandte Schulterstrich des ›r‹, der sich von der aufwärts

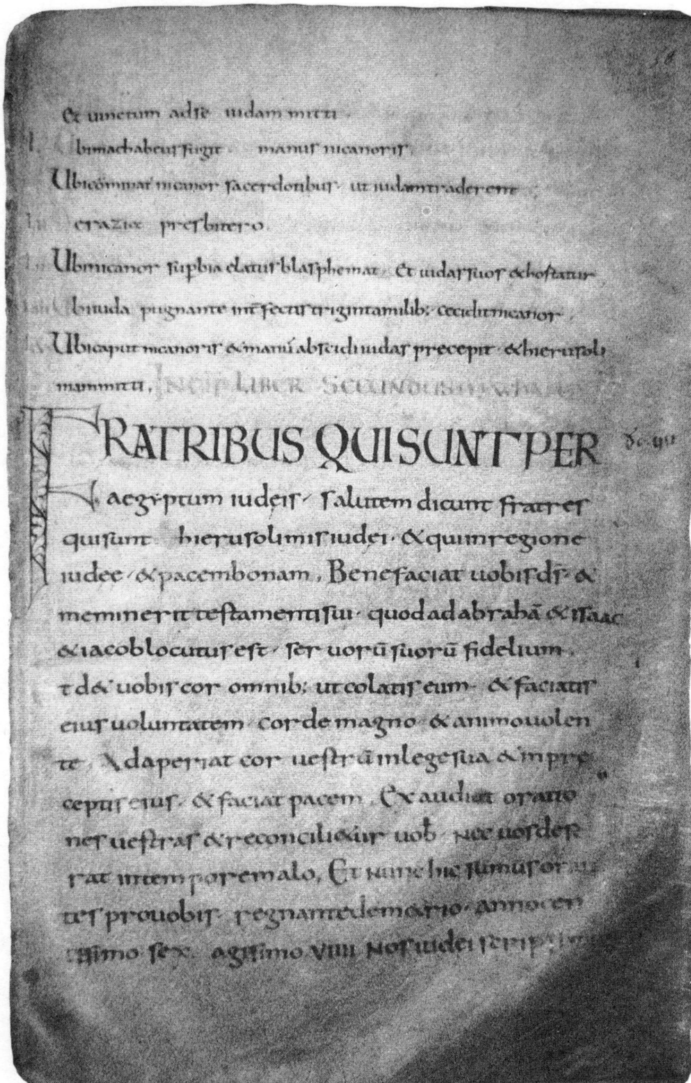

14 Karolingische Minuskel (früh): Bibelseite (II. Makkabäer, I 1-7) aus der Maurdramnus-Bibel des Abtes Maurdramnus von Corbie; in ältester karolingischer Minuskel mit modifizierter Capitalis als Auszeichnungsschrift und Uncialis am Satzanfang; spätes 8. Jh.

gebogenen Oberlänge des ›s‹ unterscheidet. Auch wenn in kalligraphischer Manier die Buchstaben getrennt geschrieben werden, bleibt die Schrift sehr flüssig. Eine leichte Rechtsneigung, wie im Beispiel der entwickelten karolingischen Minuskel von Tours (Abb. 15), unterstreicht den fast schon kursiven Schreibduktus.

Reduktion auf die Strukturform

Ein Vergleich mit der vorkarolingischen Minuskel des Sakramentars von Gellone (8. Jh., immerhin schon mit

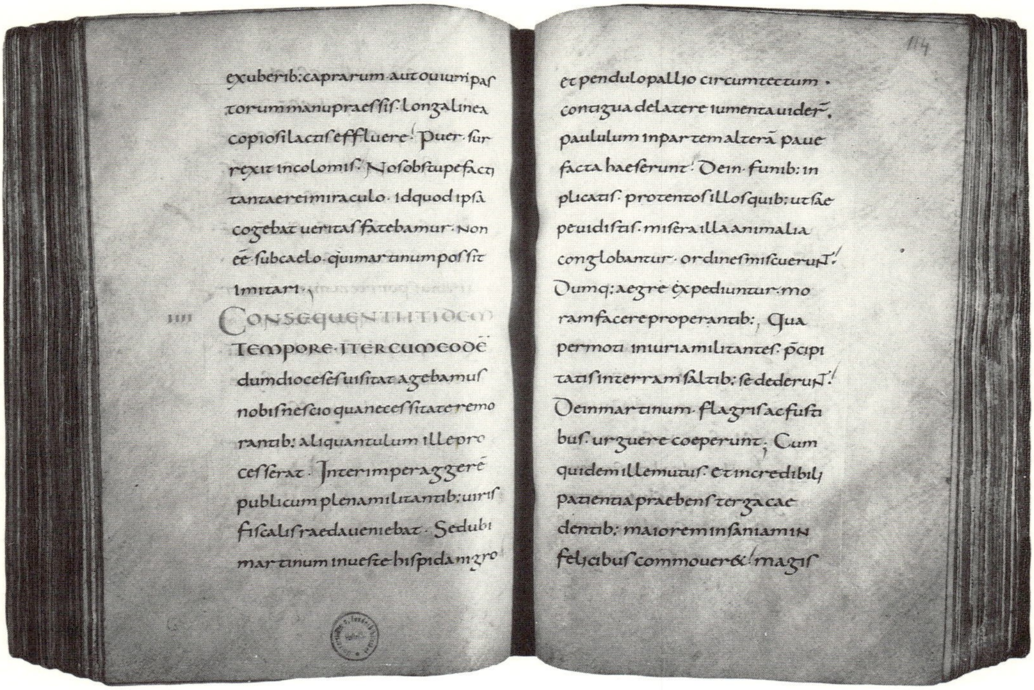
exuberib: caprarum aut ouium pas
torum manu praessis. Longa linea
copiosi lactis effluere. Puer sur
rexit incolomis. Nos obstupefacti
tantae rei miraculo. id quod ipsa
cogebat ueritas fatebamur. Non
esse sub caelo qui martinum possit
imitari.
IIII CONSEQUENTI IDEM
TEMPORE ITER CUM EODE
dum dioceses uisitat agebamus
nobis nescio qua necessitate remo
rantib: aliquantulum ille pro
cesserat. Inter imper aggere
publicum plena militantib: uiris
fiscalis raeda ueniebat. Sed ubi
martinum in ueste hispida m gro
et pendulo pallio circumtectum
contigua de latere iumenta uider.
paululum in partem altera paue
facta haeserunt. Dein funib: in
plicatis. protentos illos quib: ut sae
pe uidistis. misera illa animalia
conglobantur. ordines miscuerunt.
Dumq: aegre expediuntur. mo
ram facere properantib:. Qua
permoti iniuria militantes. pcipi
tatis in terram saltib: sedederunt.
Dein martinum flagris ac fusti
bus urguere coeperunt. Cum
quidem ille mutus et incredibili
patientia praebens terga cae
dentib: maiorem insaniam in
felicibus commoueret. magis

15 Karolingische Minuskel (Schule von Tours): Sulpicius Severus, ›Dialogus I‹(II, 2-3); karolingische Minuskel ›Tours‹ mit Uncialis als Auszeichnungsschrift und als Anfangsbuchstabe nach dem Punkt; die Schrift hat eine ›moderne‹ Anmutung und ist gut lesbar; um 800

unzialem ›a‹, siehe Ft. X) zeigt die eigentliche Leistung der Schöpfer der karolingischen Minuskel: Sie reduzierten die Schrift auf ihre reine Strukturform. Während die ältere Minuskel mit ihren expressiven keulenförmigen Oberlängen sehr unruhig wirkt, erreicht schon die Schrift von Corbie ein Metrum, einen gleichmäßigen Puls, der durch die Ausgewogenheit aller Strukturelemente gekennzeichnet ist. Diese ruhige Gleichförmigkeit ist außerdem das Ergebnis eines fast vollständigen Verzichts auf Abkürzungen, die in den Vorläufern der karolingischen Minuskel immer wieder das reine Vierliniensystem gesprengt hatten (besonders ausgeprägt bei den zahlreichen insularen Minuskelschriften). Erst die karolingische Minuskel erfüllt daher das klassische Gleichmaß im Vierlinienschema, das sie als Buchschrift bis heute so geeignet macht.

Alkuin von York

In den beiden Jahrhunderten von 800 bis 1000 erreichte die karolingische Minuskel ihre Vervollkommnung. Ein Vergleich der schon genannten Schrift der Maurdramnus-Bibel von Corbie mit dem nur wenig später enstandenen Manuskript des Sulpicius Severus aus der Schule von Tours (ca. 800; Abb. 15) zeigt ein hohes Maß an Einheitlichkeit, das im frühen Mittelalter keineswegs selbstverständlich gewesen war. Diese Vereinheitlichung ging auf einen politisch gestützten Gestaltungswillen zurück, der sich in der Person Alkuins von York, dem wohl wichtigsten Schriftreformer der karolingischen Renaissance verdichtet. Der Angelsachse wurde 781 ins Reich berufen, er stand allerdings schon vorher in regem Austausch mit Karl und seiner Hofschule. Als er 796 Abt des Klosters St. Martin in Tours wurde, setzte er die allgemeinen philosophischen Ideen der karolingischen Renaissance in eine Schriftreform um, durch die der Minuskeltypus, wie wir ihn schon von Corbie her kennen, kodifiziert wurde und im gesamten Frankenreich, später sogar auf den britischen Inseln, die bis dahin herrschenden Schriften verdrängte; allerdings bewahrten sich selbst in der karolingischen Minuskel, wie sie in England seit Mitte des 10. Jahrhunderts geschrieben wurde, spezifisch insulare Züge: ›Füßchen‹ an den Schäften der normal hohen Buchstaben, ein spitzes ›a‹ wie in der angelsächsischen Minuskel etc.

Englische karolingische Minuskel mit spitzem ›a‹ und Füßchen. Nach einer Handschrift des späten 11. Jh.s

Kombination von verschiedenen Schriften

Die karolingische Minuskel erreicht eine Klarheit, Einheitlichkeit der Formprinzipien und Lesbarkeit, die mit der römischen Capitalis durchaus vergleichbar ist. Daher ließ sie sich auch ausgezeichnet mit römischen Großbuchstaben, sei es aus der Capitalis quadrata oder aus der Capitalis rustica, kombinieren. Schon die karolingischen Schreiber benutzen ein gemischtes Alphabet aus Minuskeln und Majuskeln, wobei letztere in ihrer Zugehörigkeit zur Capitalis oder Unziale nicht immer entschieden sind (vgl. Abb. 14, 15). Systematisch durchgeführt wird die Minuskel/Majuskel-Kombination allerdings erst seit dem Humanismus. Überhaupt waren die Schreiber der karolingischen Epoche die ersten, die verschiedene Schrifttypen systematisch für die Gestaltung ihrer Manuskripte einsetzten und dabei ein sicheres geschmackliches Urteil für Auszeichnungsschriften (Schriftsorten, die für Überschriften, Hervorhebungen etc. verwendet werden) bewiesen. Die abgebildete Seite aus einem St. Gallener Lektionar (Mitte 9. Jh.) vereinigt eine monumentale Capitalis quadrata als Eröffnungsschrift mit einer Unziale als Rubrum sowie einer vorzüglichen karolingischen Minuskel als Textschrift.

Entwicklung der karolingischen Minuskel: Verfeinerung

Die weitere Entwicklung der karolingischen Minuskel läßt sich durch drei Tendenzen beschreiben: Verfeinerung, Spezialisierung und Degeneration. Die Verfeinerung ist aus der Sicht der Kalligraphie das interessanteste Phänomen. Abbildung 16 zeigt die Schrift des berühmten ›Theophilus‹-Manuskripts, das Gotthold Ephraim Lessing ca. 1714 in Wolfenbüttel wiederentdeckte. Die zu Beginn des 12. Jahrhunderts entstandene Handschrift ist mit einer relativ schmalen und sehr scharf geschnittenen Feder in kleinen Buchstaben geschrieben. Dadurch erreichen die An- und Abstriche fast die Qualität von Serifen in der monumentalen Capitalis, und auch die Druckstriche bewirken in ihrer Betonung von Fläche und Vertikale ähnliche Effekte wie die Capitalis des ›Augusteus‹ (vgl. Ft. X). Die geschmackliche Komponente ist gegenüber der reinen Strukturform zum Beispiel der Tours-Minuskel nicht zu verkennen. Sehr hübsch ist der Einsatz des unzialen ›d‹ mit schräg nach links geschwungenem Schaft als optische Auflockerung der ansonsten vertikal-eckigen Anlage. Die starke Betonung der Vertikalen erzielt im übrigen zusammen mit der mehr schmalhohen als breiten Ausrichtung der Buchstaben ein neuartiges Ergebnis: Die Zeilen wirken wie Zäune, eine ästhetische Form, die deutlich von den runden Buchstaben der frühen karolingischen Minuskel fortführt und in ihrer Wirkung mit der späteren gotischen Textura-Schrift (vgl. Kap. B 1) korrespondiert.

Literatur: Wolfenbüttler Cimelien: Das Evangeliar Heinrichs des Löwen in der Herzog August Bibliothek, Weinheim 1989; Ausstellungskatalog mit vielen kommentierten Abbildungen, u.a. zur karolingischen Minuskel – ›Cimelien‹ sind Kunstschätze

Spezialisierung

Die zweite genannte Entwicklungstendenz, die Spezialisierung, ist besonders für die Paläographie von Interesse. Während die Untersuchung der kalligraphischen Mittel sich auf die formale Gestaltung des Grundrepertoires beschränkt, muß die Paläographie viel mehr Aufmerksamkeit auf die Besonderheiten, auch in philologischer Hinsicht, verwenden. So zeichnet sich das ›Theophilus‹-Manuskript durch eine große Anzahl von Abkürzungen aus, die es gesondert zu erforschen gilt, wenn man den Text verstehen will. Viele Schriftvarianten, die die Paläographie verzeichnet, werden nur nach den unterschiedlichen Abkürzungen und Sonderzeichen

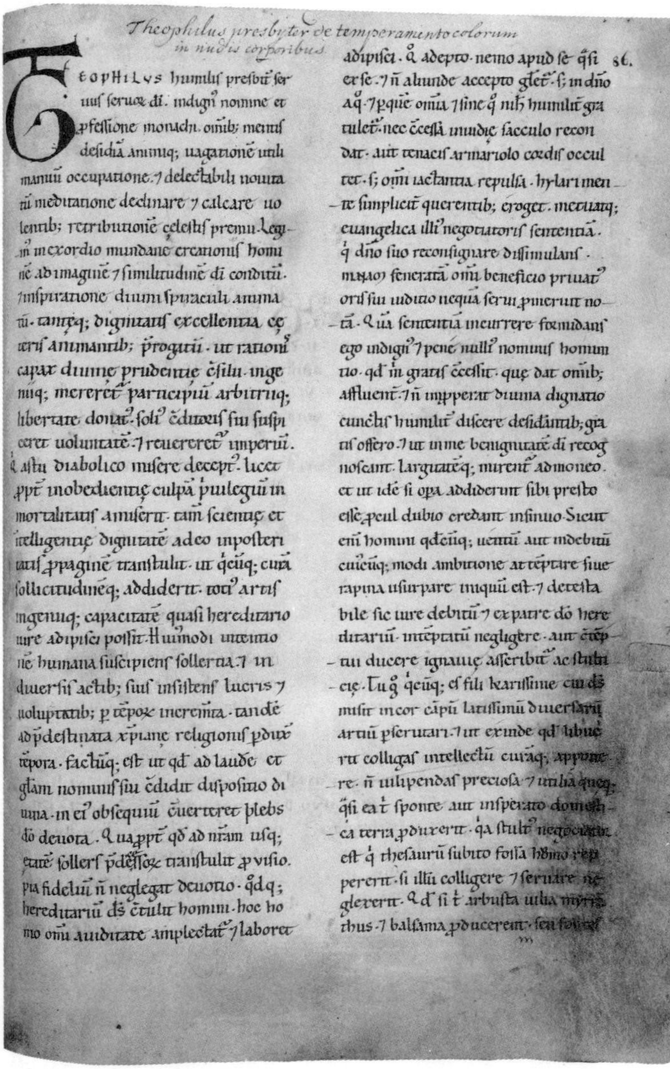

16 Karolingische Minuskel – Vollendung: Theophilus, ›de diversis artibus‹; zweispaltig geschriebene, extrem gut lesbare späte karolingische Minuskel. Sie wurde klein mit sehr scharfer Federkante geschrieben. Das Werk enthält viele Tinten- und Ölfarbenrezepte; 1. Hälfte 12. Jh.

klassifiziert, unterscheiden sich aber im ästhetischen Repertoire so geringfügig, daß ihre genaue Kenntnis den lernenden Schreiber nicht sonderlich voranbringen würde.

Degeneration

Die Degeneration von Schriften schließlich ist ein sehr interessantes Kapitel; einerseits, weil Zwischenformen von Schriftstilen deren Entwicklung besser verständlich machen, andererseits, weil diese Formen oftmals Elemente enthalten, die sich, aus welchen Gründen auch immer, historisch nicht durchgesetzt haben, dem heutigen Kalligraphen jedoch eine Quelle der Inspiration eröffnen. Man unterscheidet zwei Formen von Degeneration: erstens eine systematische Modifikation, die der Schrift einen anderen Charakter aufpfropft, ohne ihre elementaren Regeln ganz zu verlassen, und zweitens eine mehr oder minder schleichende Umbildung der Elementarregeln selbst, an deren Ende ein neuer Stil steht.

Diplomatische Minuskel, Notarschriften

Ein instruktives Beispiel für degenerative Modifikationen (der karolingischen Minuskel) zeigt Farbtafel XII. Es handelt sich um eine Bulle Papst Leos IX., die in der sogenannten diplomatischen Minuskel abgefaßt ist. Ober- und Unterlängen sind gegenüber der Schulterhöhe der Buchstaben stark überdehnt und mit Verzierungen versehen, deren Duktus nichts mit der zugrundeliegenden Minuskel zu tun hat. Dieser Verzerrung liegt wahrscheinlich ein sehr alter Brauch bei Kanzlei- und Notarschriften zugrunde, der Urkunden durch aufwendige Schriftverzierungen vor Fälschung zu schützen suchte. Die Länge der Buchstaben kann ebenfalls etwas mit notariellen Schutzmaßnahmen gegen Fälscher zu tun haben: Oftmals wurden ausgefertigte Urkunden durchgeschnitten, und jede Vertragspartei erhielt ein Stück; das fehlende Pendant war dann nicht so leicht zu fälschen, zumal wenn zwischen den Zeilen getrennt wurde und so nicht ganz klar war, in welche Buchstaben die Ober- und Unterlängen auslaufen würden. Auch wenn der Ausbildung solcher Schriften kein primär kalligraphisches Motiv zugrunde lag, so wurde doch auch hier die Modifikation mit der Zeit einem ästhetischen Kanon unterworfen; im späten Mittelalter waren es oft gerade Notare, die zur Heranbildung neuer Schriftstile entscheidend beigetragen haben.

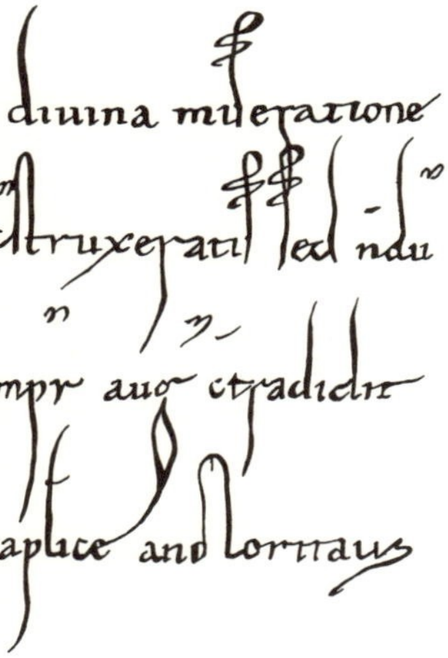

Ausschnitt aus Farbtafel XII

Die allmähliche Degeneration der karolingischen Minuskel läßt sich formalästhetisch aus der erreichten klassischen Harmonie des Schriftbaus erklären, die nicht weiter zu verbessern war. Der Übergang gerade zu den gebrochenen Schriften der Gotik jedoch kann nur historisch interpretiert werden, also unter Hinzuziehung von spezifischen Situationen und Umständen.

Ikonologie

Damit entsteht aber auch das Problem einer ikonologischen Betrachtungsweise: Die Schrift als Kulturphänomen begreifen heißt, die Welt ihrer Zeit verstehen, und das setzt natürlich voraus, einige Kenntnisse zu erwerben, die über die Beherrschung der Formen hinausgehen. Anders gesagt: Die Ästhetik der Schrift ist eine Funktion ihrer Epoche, ohne Verstehen der Epoche kein Verständnis für die Ästhetik einer Schrift.

Literatur: Ekkehard Kaemmerling, Hg., Ikonographie und Ikonologie, Köln 1979

Die klassische Quadratproportion

Welche formalästhetischen Gründe sprechen nun für eine Degeneration der karolingischen Minuskel? – Die Buchstaben sind verhältnismäßig kompakt und die Minuskelhöhe beträgt etwa vier bis fünf Federbreiten (zum Vergleich: die der römischen Capitalis etwa sieben bis neun Federbreiten), dagegen sind die Buchstaben verhältnismäßig breit – das ›n‹ ist fast quadratisch aufgebaut, also vier bis fünf Federbreiten weit. Unschwer läßt sich erkennen, daß das optische Quadrat die wesentliche Bezugsgröße für den Buchstabenraum ist, ebenso wie bei der Capitalis quadrata (!) und der klassischen Unziale (vgl. Abb. 10 und Ft. IV). Kein Wunder daher, daß die Schriften gut miteinander harmonieren. Die karolingische Minuskel selbst ist das Ergebnis einer Entwicklung hin zur klassischen Grundform, und es ist schwer, diese noch reiner darzustellen (es sei denn als ›Skelettform‹ im Sinne Edward Johnstons, was ja als ›grotesk‹ erkannt wurde). Damit ist eigentlich klar, daß die weitere Schriftentwicklung weg von der klassischen Quadratform gehen mußte.

Schnörkellosigkeit

Ein weiterer Gesichtspunkt ist die Schnörkellosigkeit der karolingischen Minuskel (wie der klassischen Antiqua überhaupt). Die insulare Halbunziale, die noch im 8. Jahrhundert sehr einflußreich war, wirkte durch das Element der keilförmigen Ansätze ziervoll, aber auch manieriert (vgl. Ft. V), ebenso verleihen die expressiven Oberlängen der Minuskel des Sakramentars von Gellone eine einseitige ästhetische Tendenz (vgl. Ft. X). Eine weitere Reduktion der Zierelemente war bei der karolingischen Minuskel nicht möglich; die Entwicklung mußte also auch in diesem Fall zu einer neuen, prononçierteren Auffassung führen.

Politische Einflüsse

Die ikonologischen Gründe für die Degeneration der karolingischen Minuskel können hier nur hypothetisch erörtert werden. Bekanntlich zerfiel das Frankenreich

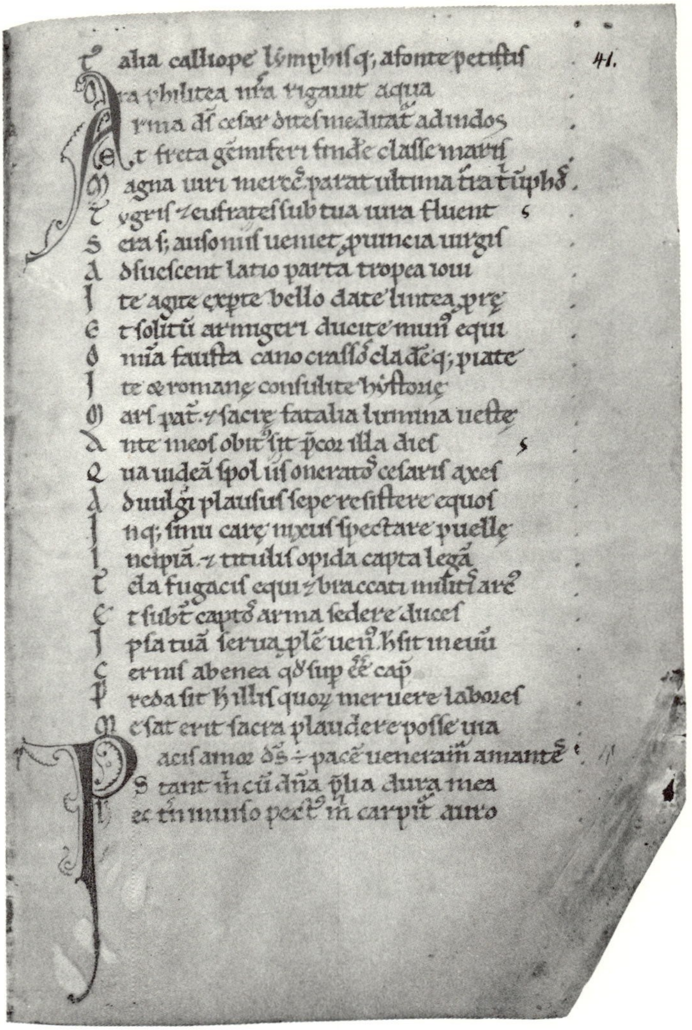

17 Gotische Minuskel (früh): Sextus Propertius ›Elegiarum libri IV‹; frühe gotische Buchschrift mit besonders interessanten Federzeichnungsinitialen; rot, grün und hellblau auf Pergament; Schrift in bräunlicher Tinte. Das Werk stellt einen wichtigen Beleg für den Übergang von der karolingischen zur gotischen Minuskel dar; um 1200

nach dem Tode Ludwigs des Frommen und dem Vertrag von Verdun (843) zunächst im juristischen Sinne und später auch real immer mehr. Das Heilige Römische Reich schrumpfte auf die vom deutschen König beherrschten Gebiete plus Italien zusammen, während das westfränkische Gebiet zu einem Feudalreich eigener Tradition heranwuchs, das etwa vom 11. Jahrhundert an unter den Capetingern zum frühen Frankreich wurde. Die karolingische Minuskel in ihrer Funktion als imperialer Universalschrift diente nach wie vor den Kaisern; für die Westfranken ergab sich die Frage einer kulturellen Identität jenseits des karolingischen Reichsgedankens.

Gotisierung der Minuskel

Die Abbildung 17 aus den Elegien des Properz (Nordfrankreich, um 1200) zeigt die Entwicklung der Minuskel im ikonologischen Zusammenhang: Die Schrift selbst trägt gotische Züge, wie Ansätze zu Fußrauten, (gelegentliche) Gabelung der Oberlängen und insgesamt die Tendenz zur Vertikale und zur Kompression. Gleichzeitig lassen sich in den Initialen Ansätze zur Entwicklung des französisch-gotischen Fleuronné-Stils nachweisen. Hier wird also deutlich, daß sich die Schrift mit der ganzen Buchkunst in Richtung auf eine neue Stilepoche hin bewegt. (Zu den gebrochenen Schriften vgl. Kap. B 3.)

Fleuronné = mit floraler (Blumen-)Ornamentik versehen

Humanistische Minuskel

In der Zeit des Humanismus wurde die karolingische Minuskel zunächst fast vollständig imitiert (zur Geschichte der Wiederentdeckung siehe Kap. A 5), so daß in Hinsicht auf die Formgeschichte eigentlich nichts neues zu berichten ist, wenn man einmal vom Raffinement der Ausführung absieht. Farbtafel XIII zeigt dies im Vergleich zu Abbildung 15 recht deutlich. Ein bemerkenswerter Unterschied zwischen karolingischer Minuskel und Humanistenschrift besteht in der Form des ›a‹, das in der karolingischen Urform einen fast diagonalen, von links oben nach rechts unten verlaufenden Stamm trägt, während der Stamm des humanistischen ›a‹ (fast) vertikal auf der Zeile steht und insofern ein gotisches Charakteristikum beibehält.

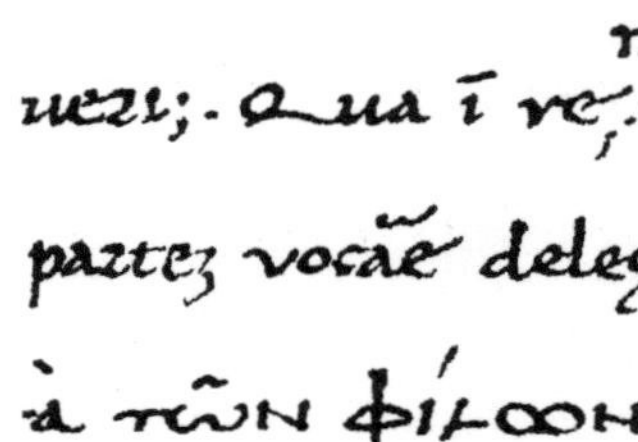

Gotisches rundes ›r‹ am Anfang der ersten Zeile, karolingisches ›r‹ am Ende; Ausschnitt aus Abb. 6

Bei einigen Buchstaben gab es zunächst noch Mischformen, bevor eine reine ›karolingische‹ Form der Humanistenschrift gefunden wurde. Abbildung 4 ist hierfür ein sehr gutes Beispiel: Das runde ›halbe r‹, eine gotische Erscheinung, wechselt mit dem karolingischen ›r‹. Noch ganz altertümlich ist das ›i‹ ohne Punkt, nur ausnahmsweise wird es durch einen Strich (auch dies noch gotisch) aus der zum Verwechseln ähnlichen Umgebung hervorgehoben; ansonsten bezeichnet der Strich über dem Vokal meist eine Nasalierung (n oder m). Die bewußte Anlehnung an die karolingische Minuskel ging so weit, daß bei der formalen humanistischen Buchschrift Elemente wiedereingeführt wurden, die den Zeitgenossen nicht verständlich waren, so das lange Schluß-›s‹ und die Ligaturen ›ct‹, ›st‹ und ›&‹ (et).

Von der Rotunda zur Antiqua

Der Prozeß der Reinigung der Schrift von Resten des gotischen Duktus betrifft neben den einzelnen Buchstaben auch das Schriftbild insgesamt. Die enge Beziehung der Buchstaben aufeinander, die das charakteristische Gitterwerk der Textura erzeugte (vgl. Kap. B 3), bleibt auch in der humanistischen Buchschrift zunächst erhalten. Ein Vergleich zwischen der Gesamterscheinung des Catholicons des Johannes de Janua (Ft. IX), gotischer italienischer Buchschrift und dem ›Cicero‹ Poggio Bracciolinis (Ft. XIII) zeigt, daß sich zwar die Schrift im Detail verändert hat, weniger aber die Auffassung vom Schriftbild als Ganzem: Hier ist die Gotik durchaus noch nicht abgeschlossen. Umgekehrt läßt sich an diesem Vergleich gut ablesen, warum die karolingische Minuskel gerade in Italien eine Renaissance erleben konnte: Der Weg von der italienische Rotunda zur Humanistenschrift ist um vieles kürzer als der von den gotischen Schriften des Nordens, die viel stärker vertikalisiert und komprimiert waren.

Humanistisches Buchkonzept

Auffällig ist die Länge der Zeilen in den humanistischen Schriften; die Bücher muten sonderbar modern an, was ihre Buchstabengröße, Zeilenlänge und Raumaufteilung angeht. Der Satzspiegel von Büchern aus dieser Zeit weist auf die ausgeprägte Lesekultur der Humanisten hin.

Literatur: Bibliotheca Corviniana 1490-1990, Budapest 1990. Großformatiger Ausstellungskatalog mit über 100 Farbtafeln zu meist humanistischer Buchschrift (Text englisch)

Als aus dem Humanismus die Renaissance wurde, fand schließlich die humanistische Buchschrift ihre endgültige Ausprägung als Antiqua: In Anlehnung an die römische Capitalis monumentalis wurde zunehmend auch die Minuskel mit Serifen versehen. Die frühen venezianischen Druckschriften von Jenson und Manuntius haben diese Form der Antiqua aufgenommen, und durch alle Entwicklungen hindurch hat sich ihr Formbestand erhalten.

Humanistische Kursive

Eine eigenständige Entwicklung des italienischen Humanismus ist die sogenannte humanistische Kursive, sie ist sogar die persönliche Entwicklung eines namentlich bekannten einzelnen: Niccolò Niccoli trat um 1423 mit dieser Schrift an die Öffentlichkeit. Im Vergleich zur humanistischen Buchschrift zeichnet sie sich durch eine verhältnismäßig starke Schräglage aus; sie wird mit einer schmalen Feder geschrieben, wodurch sie schnel-

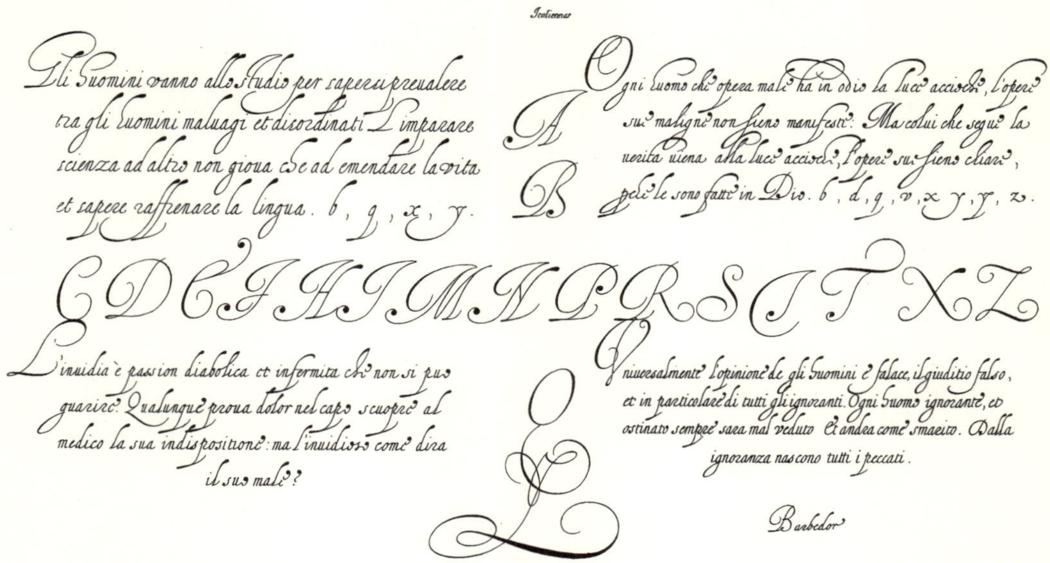

ler, bequemer und vor allem papiergerechter zu handhaben ist. Der Grundduktus ist, bedingt durch reichliche Buchstabenverbindungen, eher sägezahnartig ausgeprägt (vgl. Ft. XIV). Die besondere Genialität der Kursive Niccolis liegt in der Kombination der schmalen Feder mit einem konstanten Schreibwinkel von ca. 45 Grad, wodurch schnell und ohne jeden Druck geschrieben werden kann, ohne daß die Schrift an Duktus und Differenziertheit einbüßt. Niccolis geschlossene Schrift ließ sich auch in einzelne Buchstaben auflösen und in Lettern schneiden. Vermittelt durch Aldus Manuntius ist auch die humanistische Kursive in die Schrift- und Druckgeschichte eingegangen, und zwar als drittes Register neben Text- und Auszeichnungsschriften.

18 Barbedor – Italienne: Schreibmeisterkursive des Louis Barbedor, aus seinem Buch ›Les escritures financière et italienne‹ – Bâtarde dans leur naturel‹, 17. Jh.

Cancellaresca

Die Kursive eroberte sich sehr schnell die Kanzleien und Notariate Italiens, darunter die päpstliche Kanzlei in Rom. Hier wirkte auch Ludovico degli Arrighi, genannt Vicentino, der die Cancellaresca schuf, eine weitere Verfeinerung der Kursive. Sie zeichnet sich besonders durch die rechtsläufigen horizontalen Ansätze der Oberlängen aus, die bei ›f‹ und dem langen ›s‹ eine Entsprechung im linksläufigen horizontalen Abschlußstrich der Unterlänge hat. (Vgl. die Abb. 7 und 8 in Kap. A 5) Die Cancellaresca ließ sich bis in unser Jahrhundert nicht gut drucken, da die horizontalen Striche der Ober-

Specimens

Of the Running Hand, from the Performances of the best Masters,

By Geo. Bickham.

Aabbccddeefffgghhiijkkllmnoppqqrrsſstttuvvwxxyyzz.&

Prize exquisite Workmanship, and be carefully diligent.

It's a brave Thing to equalize Works excellently perform'd.

Aaabbccddeefffgghhiijkkllmnooppqqrrsſsttttuvwxxyyzz.&

AABBCCDDEEFFGGHHIJJKKLLMM

NNOOPPPQQRRSSTTUVVWWXXYYZZ.

As a legible and free Running hand is indispensibly Necessary in all Manner of Business, I thought proper to introduce these Examples for the Practice of Youth, and their more speedy Improvement.

September 4th. 1739. G. B.

und Unterlängen die Letternbreite überschritten (siehe auch Kap. B 4). Um so einflußreicher wurde sie für die Entwicklung der Schreibmeister-, Kanzlei- und Geschäftsschriften, wofür das Schreibmeisterblatt des Barbedor (Abb. 18) nur ein Beispiel ist.
So wie die humanistische Buchschrift als Antiqua Ausgangspunkt für die moderne lateinische Druckschrift wurde, sind humanistische Kursive und Cancellaresca gewissermaßen die Mütter aller neuzeitlichen lateinischen Handschriften geworden. Sie eroberten sich bald die Kanzleien und Schreibstuben des romanischen und angelsächsischen Europa und Amerika. Selbst in den deutschsprachigen Ländern fanden sie einigen Anklang, wenn auch nur für lateinische Texte. Die Schreibmeister des 17. und 18. Jahrhunderts entwickelten aus der Kursive immer neue Varianten , blieben ihrem Grundduktus jedoch im Grunde treu (vgl. die Musteralphabete in Kap. C 3).
Erst ab der Mitte des 18. Jahrhunderts wurde die humanistische Kursive unter dem Einfluß der neuen Kupferstichschriften (vgl. das Schriftmusterblatt von Bickham, Abb. 19) durch die Schreibschrift mit der spitzen Druckfeder verdrängt. Nach einem Tiefpunkt im 19. Jahrhundert wurde sie Ausgangspunkt für die als ›Italic Handwriting‹ bekannt gewordene Schriftreform des 20. Jahrhunderts und erfreut sich heute wieder, besonders in den angelsächsischen Ländern, wachsender Beliebtheit.

19 Copperplate: ›Specimen‹ (Musterblatt) für englische Schreibschrift (Copperplate) aus George Bickhams ›The Universal Penman‹, London 1773; Kupferstich; charakteristisch ist die druckabhängige Strichstärke. Ausgeführt wird sie mit leicht spreizender, sehr spitz geschnittener Feder

3 Gebrochene Schriften

In der Epoche der Gotik, also etwa seit dem 13. Jahrhundert, setzte sich ein neuer Schrifttypus durch, dessen äußeres Charakteristikum die Brechung der Buchstabenschäfte war. Um diese Schrift zu schreiben war ein mehrmaliges Ansetzen der Feder nötig, wobei die Zugrichtung jeweils wechselte. Die kalligraphische Kunst bestand darin, das Schriftbild trotz der Brechungen organisch und lebendig zu gestalten und den Eindruck zu vermeiden, die Buchstaben seien nur mechanisch, wie aus einem Baukasten, konstruiert. Am Ende der Entwicklung standen die Schreibmeisterschriften

Brechungsprinzip gotischer Buchschrift (Textualis quadrata)

insbesondere der deutschen Schulen, die in der Fraktur ein hohes Maß an Künstlichkeit gewannen und sich schließlich in barocker Schnörkelhaftigkeit verloren. Als Druckschriften beherrschten Fraktur und die mit Antiquaelementen versetzte Schwabacher das deutsche Druckwesen noch jahrhundertelang, während in den übrigen Ländern Europas die Antiqua die Oberhand gewann.

Herkunft der gotischen Schrift

Anzeichen für eine neue Schreibweise hatte es seit dem späten 11. Jahrhundert gegeben – in der Paläographie werden diese Vorläufer meist als ›protogotisch‹ bezeichnet. Wie bereits erwähnt, war das Zentrum dieser Entwicklung Nordwestfrankreich. Hier entwickelte sich unter den Capetingern nicht nur die französische Königsmacht mit eigenen Kulturformen, sondern es bildete sich in dieser Region auch das Normannenreich, das sich 1066 unter Wilhelm dem Eroberer England unterwerfen konnte. Schon vor dieser Eroberung hatten gute Verbindung zwischen beiden Seiten des Ärmelkanals bestanden, und in der Schrift lassen sich angelsächsische Einflüsse auf die Entwicklung der karolingischen Minuskel Nordwestfrankreichs unschwer nachweisen.

Literatur: Bernhard Bischoff, Paläographie des römischen Altertums und des abendländischen Mittelalters, 2. Aufl., Berlin 1986

Stanley Morison, Politics and Script, Oxford 1972

Auf den britischen Inseln hatten sich schon bis zur Jahrtausendwende zahlreiche Schriftformen entwickelt, und es wurde bereits darauf hingewiesen, daß man lange Zeit Iren, Schotten und Angelsachsen als Schreibmeister und Lehrer auf den Kontinent holte. Das breite Spektrum insularer Schriftformen wurde nur für kurze Zeit durch das Vorherrschen der karolingischen Minuskel überlagert; nachdem das universale kontinentaleuropäische Reich der Karolinger zerfallen war, ließ sich der Niedergang der karolingischen Minuskel nicht mehr aufhalten. Neue Zeiten bringen neue Anschauungen und neue Bedürfnisse hervor; die Schrift orientierte sich an dieser einfachen Regel, und da die formalen Buchschriften großer Stilhöhe mehr oder weniger abgeschlossene ästhetische Systeme darstellten, kamen stärkere Impulse von den Gebrauchsschriften, den Glossenschriften, den Kanzleiminuskeln und den Kursiven. Die schöpferische Vielfalt der insularen Schriftkunst bot hier ein unerschöpfliches Reservoir neuer, ausbaufähiger Formen.

Angelsächsische Charakteristika

Ein besonders charakteristisches Element in vielen angelsächsischen Schriften ist die Vorliebe für keilförmige Ansätze der Buchstabenschäfte, was man in den Farbtafeln V und VII gut sehen kann. Bei weniger präziser Ausführung können sich die Ansätze gabeln, da sie schreibtechnisch durch einen zweimaligen Ansatz erzielt werden. Schon in relativ frühen Manuskripten (12. Jh.) läßt sich eine Tendenz zur Kalligraphisierung dieser Technik beobachten.

Als ein zweites angelsächsisches Stilelement kamen die ›Füßchen‹ der Buchstaben zum Tragen. Im Gegensatz zu den feinen Haarlinien und Serifen der römischen Capitalis und der verfeinerter Unzialtypen (vgl. Abb. 12 und Ft. IV) versahen die Angelsachsen Minuskeln mit einfachen aber dekorativen Schaftabschlüssen in Keilform. Diese Form der ›Fußpflege‹ sollte sich als äußerst folgenreich erweisen.

Protogotische Strukturen

Das schon im vorigen Kapitel angesprochene Properz-Manuskript aus Nordfrankreich (Abb. 17) zeigt die genannten Tendenzen schon recht deutlich: Die Oberlängen von ›b‹, ›d‹, ›h‹ und ›l‹ sind gegabelt, und die ersten Schäfte der minuskelhohen Buchstaben wie ›n‹ gehen manchmal von einem nach links gespitzten Keil in eine schräg nach links oben verlaufende Gabelung über. Die Füße der Buchstaben sind mit ausgeprägten rechtsläufigen Schlußbögen versehen; gotisierende Merkmale, etwa daß langes ›s‹ und ›f‹ auf der Zeile (Grundlinie) stehen und nicht in Unterlängen auslaufen, lassen sich an diesem Manuskript gut nachvollziehen. Schließlich ist noch auf die Tendenz zur Schaftstreckung in die Vertikale hinzuweisen – sie wird besonders augenfällig beim ›a‹, das in der karolingischen Minuskel noch diagonal gebildet war. Schon in der Verfeinerungsstufe der karolingischen Minuskel (vgl. Abb. 16) hatten wir diese Streckung beobachten können. Sie ist Ausdruck einer allgemeinen Entwicklung in Richtung auf Vertikalisierung und Kompression.

Schematische Nachschrift aus Abbildung 17

Im Properz-Manuskript läßt sich auch der aus der Summe von Einzelentwicklungen resultierende qualitative Umschlag in eine neue Schriftauffassung nachvollziehen. Im letzen Wort des Textes, ›auro‹, finden sich anschaulich die meisten der (proto-)gotischen Stilelemente wieder: Vertikalisierung, Kompression, Streckung des ›a‹-Schafts, Gabelung der Schaftansätze bei ›u‹ und ›r‹, rechtsauswärtsgebogene Füßchen bei ›a‹, ›u‹ und ›r‹. Ansatzgabeln und Füßchen ketten die Buchstaben eng aneinander, obwohl sie durchaus getrennt geschrieben wurden. Die Buchstabenzwischenräume wirken hierdurch hochoval, eine Form, die beim ›o‹ auch durch das Buchstabeninnere erreicht wird. Hiermit sind die Ansätze zu einer gotischen ›Schriftarchitektur‹ gegeben.

Gotische Formprinzipien

Die Gotik war das »Zeitalter der Kathedralen« (Georges Duby); die Ästhetik, soweit man davon sprechen darf (vgl. Kap. A 4), wurde von dem Gesamtkunstwerk der Liturgie bestimmt. Bücher spielten im Gottesdienst natürlich eine wesentliche Rolle, und die Schrift unterlag dem allgemeinen ästhetischen Kanon. Besonders bei illuminierten Manuskriptblättern – in Missalien (Altarbücher für die Eucharistiefeier), in Stundenbüchern für hochgestellte Adlige, bei Anfangsseiten von Evangelien (›Incipit‹-Seiten) und ähnlich markanten Textarten – wird die Einheit der Formauffassung deutlich: Vertikalität und Kompression, die Zusammensetzung der Buchstaben wie auch der gemalten Illustrationen und der Ornamentik aus modular verwendbaren Grundbestandteilen korrespondieren miteinander. Das Blatt aus den ›Très riches heures‹ des Duc de Berry, einem spätmittelalterlichem Meisterwerk gotischer Buchkunst (ca. 1416; Ft. XV), zeigt eine aufgebaute, schmalhohe Textura und dazu eine Illustration, die den Tempel zu Jerusalem im Bau darstellt: einen Tempel, der wie eine gotische Kathedrale gebaut wird; Ansätze zu einem hohen Spitzbogen und den typisch gotischen Bündelpfeilern sind deutlich zu erkennen.

Scholastische Philosophie der hierarchischen Ordnung

Die gotische Buchschrift hat, zumindest in Nordwestfrankreich, wo das ›Opus francigenum‹, wie der gotische Baustil zu seiner Zeit genannt wurde, entstand, selbst das architektonische Spitzbogenmotiv auf die Buchstabengestaltung übertragen: Die geraden Buchstabenschäfte, zum Beispiel des ›m‹, tragen am oberen Ende kleine, nach links abgesetzte Rauten, die ›Quadrangeln‹, und die jeweils rechtsstehenden Schäfte werden mit einen diagonal von links unten nach rechts oben an die Spitze des nächsten Quadrangels führenden Haarstrich angeschlossen. Man muß nicht soweit gehen wie Erwin Panofsky, der eine »Analogie von Kunst, Philosophie und Theologie im Mittelalter« auf gemeinsame Denkgewohnheiten zurückführt, die ihren rationalen Ausdruck in der scholastischen Philosophie gefunden haben (›principium importans ordinem ad actum‹ – Thomas von Aquins Prinzip, das dem Handeln Ordnung verleiht). Dennoch zeigt ein Blick auf die Bauprinzipien der gotischen Kathedrale und der gotischen Buchschrift gewisse Parallelen in der Auffassung. Es geht dabei um zweierlei: einmal um die Gesamterscheinung, also im Falle der Schrift um das Blatt mit dem Schriftspiegel, und zum anderen um die Methode, nach der diese Gesamterscheinung aus kleinen und kleinsten Elementen aufgebaut wird. So wie in der entwickelten gotischen Baukunst etwa die Kathedrale von Amiens zum Teil aus modularen Elementargruppen konstruiert wurde, so bestehen die Buchstaben des gotischen Alphabets aus einem Repertoire von Grundformen, die zu immer neuen und doch aufeinander bezogenen Buchstabenbildern kombiniert werden können. Wie bei den Kathedralen bewundern wir auch bei der Schrift das Ganze, das aus diesen Teilen entstand – ein Ganzes, das erheblich mehr als die Summe seiner Teile ist.

Man spricht mit Recht davon, daß in der Kalligraphie Buchstaben, Worte, Zeilen und Seiten ›aufgebaut‹ werden: Strich wird an Strich gefügt, um ein gestalthaftes Ganzes zu formen, das, wenn schon nicht vorausgesehen, so doch vorausgeahnt wird: der schöpferische Prozeß von der vagen Intention zur klaren Anschaulichkeit des gelungenen Werks. Bei der antiken Capitalis, so haben wir gesehen, ergab dies eine Familie von miteinander verwandten Buchstaben, die jedoch alle individuell ästhetisch optimiert waren, also keinem konstruktiven Baukasten entstammten; bei der karolingischen Minuskel sahen wir die Ausgewogenheit im Vierlinienschema als ein wesentliches Gestaltmotiv. Bei der gotischen Schrift tritt nunmehr die Funktion modularer Bauglieder für das übergeordnete Ordnungsprinzip deutlich zutage.

Literatur: Erwin Panofsky, Gotische Architektur und Scholastik. Zur Analogie von Kunst, Philosophie und Theologie im Mittelalter, Köln 1989

Bauglieder der gotischen Kathedrale von Reims nach Villard de Honnecourt, ca. 1235 (Paris, Bibliothèque Nationale ms. fr. 19093). Aus: Erwin Panofsky, Gotische Architektur und Scholastik, Köln 1989

Homologe Bauglieder

Ordnung (›ordo‹) – ist einer der wichtigsten Leitbegriffe der hochmittelalterlichen Philosophie. Die Schriften des Thomas von Aquin und anderer scholastischer Philosophen messen der ordnenden Gliederung höchste Bedeutung zu: Homologe (gleichsinnige) Teile können parallelisiert und folglich als Baumodule verwendet werden, wenn ihre Stellung bzw. Gewichtung innerhalb eines hierarchischen Systems festgestellt wird, zum Beispiel Kapitel, Abschnitte, Absätze in einem Buch. So läßt sich die ganze Welt begrifflich verarbeiten und natürlich auch die Künste, Architektur und Schrift. Dabei ist die großartige Entdeckung der Gotik (die auf der Wiederentdeckung des Aristoteles beruht), daß sich die Gliederung nicht nur analytisch-begrifflich an etwas Vorhandenem nachvollziehen läßt, sondern daß dies auch auf synthetisch-konstruktiver Ebene funktioniert: das heißt, daß sich eine Kathedrale ebenso wie eine Schrift aus einem Repertoire homologer Bauglieder gestalten läßt. Der Zwang zur signifikanten Unterscheidung der einzelnen homologen Buchstaben auf einer weiteren Differenzierungsebene geht ebenfalls aus der scholastischen Denkweise als notwendige Forderung hervor, wobei die Blickrichtung immer vom allgemeinen zum besonderen geht, getreu der ›realistischen‹ Doktrin, daß einem Gegenstand um so mehr Sein zukommt, je allgemeiner er ist (vgl. Kap. A 4). Ihrer rationalen Ausrichtung zufolge läßt sich dann der Buchstabe nach dem *Genus proximum* (der nächsthöheren Gattung) und der *Differentia specifica* (dem artbestimmenden Unterschied) analysieren. So sind zum Beispiel ›c‹ und ›e‹ bis auf einen hauchdünnen Haarstrich gleich, das kritische Auge muß schon zweimal hinschauen, um den artbestimmenden Unterschied zu bemerken. Ebenso sind Buchstabengruppen, die aus ähnlichen Elementen aufgebaut sind, in der gotischen Buchschrift recht schwer zu lesen, zum Beispiel endet das Wort ›domini‹ (vgl. Ft. XVII) auf sieben gleichgeformten senkrechten Schäften mit Kopf-Quadrangeln, und der Raum zwischen den einzelnen Schäften ist nicht sehr unterschiedlich gestaltet.

Schematische Nachschrift aus Farbtafel XVII

Strukturanalytisches Sehen

Die scholastische Methode der Differenzierung ist übrigens in ihrem Kern sehr gut mit der strukturalistischen Merkmalsanalyse der Linguistik zu vergleichen: Auch dort geht es um die Feststellung der kleinsten bedeutungsverändernden Merkmale. Für Schriftkunde und Kalligraphie ist es außerordentlich wichtig, ein differenziertes Sehen einzuüben. Die modular aufgebauten gotischen Schriften eignen sich besonders als Übungsstoff; das an diesen Schriften geschulte Auge wird später auch ganzheitlicher gestaltete bzw. bewegungsabgeleitete Schriften mit besserem Verständnis auffassen können, die wesentlich komplexer sind, als die gebrochenen Schriften. Es ist deshalb eine empfehlenswerte Übung, die Texte unserer gotischen Schriftbeispiele Wort für Wort und Buchstabe für Buchstabe zu entziffern und ihre Bauformen konstruktiv nachzuvollziehen.

›Beißende Bögen‹ und ›rundes R‹

Verschmelzung von Buchstabenteilen

Die beschriebene Tendenz zur Verdichtung des Schriftbilds wird durch die gotische Eigenart noch erhöht, Buchstabenbögen miteinander zu verschmelzen (im Englischen gibt es dafür die anschauliche Bezeichnung ›biting of bows‹ = Bogenbeißen). Nach gut scholastischer Denkweise wurde dieses Vorgehen nach einer bestimmten Ordnung durchgeführt, die der Göttinger Altphilologe Wilhelm Meyer Ende des 19. Jahrhunderts aufdeckte: Wenn zwei aufeinanderfolgende Buchstaben sich Bögen zukehren, so werden diese im senkrechten Teil überschnitten geschrieben, zum Beispiel ›d‹ + ›o‹ = ›do‹ wie nebenstehend dargestellt.

Außerdem wird auch in der gotischen Minuskelschrift ein großes ›R‹ verwendet, und zwar nach den Bögen der Buchstaben ›b‹, ›d‹, ›h‹, ›o‹, ›p›, ›v‹ und ›y‹. Dieses ›R‹ besteht allerdings nur noch aus seiner rechten Seite, der linke Schaft wurde eingespart, um den optischen Eindruck ›Bogenbuchstabe + R‹ dem Gesamtschriftbild einzugliedern.

Lesbarkeit und ästhetischer Zweck

Angesichts der Probleme beim Lesen, um nicht zu sagen: Entziffern gotischer Schriften, stellt sich die Frage, ob die Forderung nach Lesbarkeit dem kalligraphischen Anliegen der Zeit überhaupt gerecht wird. Sicherlich nicht! Die gotische Buchschrift wird mit Recht als Textualis oder Textura bezeichnet (paläographisch: ›Littera minuscula gothica textualis‹ + Stilhöhenangabe), und darin kommt das Wort ›Text‹ deutlich zum Vorschein. Die Schrift wird also nur aus ihrer Funktion als Text richtig verstanden; das Ganze ist mehr als die Summe seiner

Teile. Dies entspricht genau dem hochgotisch-scholastischen Denken. Mehr noch: der Begriff ›Text‹ selbst wird nicht etwa auf die gotische Schrift angewendet, sondern stammt von der Anschauung gotischer Schriftblätter und bezeichnet diese selbst in bildlich-vergleichender Form: Das lateinische Wort ›textus‹ heißt ›Gewebe‹, im übertragenen Sinne ›Zusammenhang‹; erst ab Mitte des 13. Jahrhunderts wird der übertragene Sinn auf Schriften wie Evangeliare, Missalien usw. angewendet. Unser Wort ›Text‹ ist also eine Abstraktion aus der Vorstellung gotischer Schriftgestaltung.

Bibliophilie

Die Lesbarkeit der Schrift tritt auch deshalb hinter ihrem Gesamteindruck zurück, weil der Inhalt des Geschriebenen in der Regel schon bekannt ist oder wenigsten weitgehend antizipiert wird. Texte, in denen das sachliche Informationsinteresse im Vordergrund stand, wurden nicht in der Textualis geschrieben, sondern in kursiven Formen, so etwa Vorlesungsmitschriften, Briefe, Geschäftskorrespondenz usw. In unserer kalligraphischen Terminologie bedeutet dies: Die semantische Information tritt zurück, das Schriftbild als ästhetische Information rückt in den Vordergrund. Damit wuchsen die Ansprüche an den gotischen Schreiber und auch an den Illuminator, der den Text mit kongenialen Illustrationen und Ornamenten zu versehen hatte. Die Bücher wurden von Kult- zu Kunstgegenständen, zum Teil schon im modernen Sinne: Hervorragende Meister wurden gesucht, beauftragt und fürstlich entlohnt; die Bücher wurden zu Auftragswerken bibliophiler Sammler und damit erstmals ihrer primären Funktion entledigt. Die prächtigen Stundenbücher etwa für Jean de France Duc de Berry (1340–1416), dem Bruder König Karls V. (des Weisen) dienten sicherlich mehr der verfeinerten ästhetischen Genußfähigkeit als der frommen Andacht (einen Eindruck vermittelt Farbtafel XV, die aus den ›Trés riches heures‹ stammt).

Differenzierung der gotischen Schriften

Mit der Steigerung des ästhetischen Empfindens ging eine Differenzierung des Aufbaus und der Verwendung der Schrift einher. Die gotische Schrift als Gesamtphänomen beschränkte sich nicht auf die heute am ehesten bekannte Textualis. Sie zerfällt vielmehr in drei Hauptgruppen und zahlreiche Unterabteilungen, wobei die letzteren im Detail zu klassifizieren mehr paläographischem Interesse entspricht. Die drei Hauptgruppen sind: 1. die Buchschriften der Textualis, 2. die Gebrauchsschriften bzw. Kursiven und 3. die kalligraphisierten Kursiven, die sogenannten Bastarden. Für Kalligraphen sind Textualis und Bastarda vorrangig, für die geläufige Handschrift können aber auch die Kursiven interessante Anregungen geben.

Textualis prescissa

Die Textualis ist in erster Linie eine kunsthandwerkliche Schrift, und der Grad ihrer Verfeinerung entspricht dem investierten Aufwand. Ihren höchsten Grad erreichte sie in der Textualis prescissa oder praecisa, was eigentlich ›abgeschnitten, ›gekappt‹ bedeutet (unser Wort ›präzise‹ meint ursprünglich, daß alles Überflüssige abgekappt wurde). In Farbtafel XVI ist zu sehen, daß die unteren Schaftenden der Buchstaben ›i‹, ›m‹, ›n‹, ›p‹, ›q‹ und des langen ›s‹ gerade bzw. leicht ausgekehlt oder gegabelt sind, auf jeden Fall aber nicht rautenförmig nach rechts umgelenkt wie bei anderen Buchstaben. Beim ›a‹ ist der rechte Schaft unten gerade, wenn ein Buchstabenschaft mit geradem Schaft innerhalb desselben Wortes folgt, sonst ist das Schaftende umgelenkt. Die präzise gekappten Schaftenden dieser Textualis sind Ausdruck eines höchst verfeinerten Geschmacks, der eine Schwäche des modularen gotischen Buchstabenbaus: die Monotonie von aufeinander folgenden gleichförmigen Schaftenden, nicht dulden konnte und daher eine mehr rhythmische Schriftform entwickelte. Die Textualis prescissa ist sehr schwer zu schreiben, da die geraden Abschlüsse entgegen dem normalen Schreibwinkel von ca. 30 Grad durch Drehen auf null Grad erzeugt werden müssen (oder alternativ durch aufwendiges Retuschieren).

Vergrößerung aus Farbtafel XVI

Textualis quadrata

Eine Textualis, die der Prescissa an Verfeinerung kaum nachsteht, ist die in den Farbtafeln XV und XVII wiedergegebene Textualis quadrata. Sie hat zwar sehr ausgeprägte Fußrauten für alle auf der Linie stehenden Schäfte, vermeidet Monotonie jedoch durch eine elastische Biegung der letzten Schäfte der mehrschäftigen Buchstaben ›m‹, ›n‹ und ›u‹, die sehr häufig vorkommen. Durch diesen Kunstgriff wird die vertikale Vergitterung des Schriftbilds aufgelockert und eine sterile Gleichför-

Vergrößerung aus Farbtafel XV

migkeit vermieden. In diesem Fall wird also der Rhythmus durch Modulierung der ganzen Schäfte erreicht, während es im vorigen Beispiel um die Schaftenden ging.

Textualis semiquadrata

Die einfachste, aber immer noch formale Spielart der Textualis ist die in Farbtafel XVIII gezeigte Textualis semiquadrata. In dieser Schrift werden die Schaftenden nicht oder nicht oft durch Neuansetzen der Feder mit verändertem Winkel, sondern durch Weiterziehung und gegebenenfalls eine leichte Drehung innerhalb des Zugs erzeugt; dadurch wirkt die Schrift insgesamt runder und weniger zusammengesetzt. Die in unserem Beispiel gezeigte Schrift ist übrigens mit zum Teil keilförmigen, langgezogenen Kopfserifen versehen, die dem gotisch-textualen Duktus der Grundschrift ebensowenig entsprechen wie die unbeholfenen Versalien. Sowohl der Schreiber und der Adressat als auch die (ostmitteldeutsche) Volkssprache gehörten offenbar nicht zur höheren Zivilisation, auch wenn das Werk durchaus luxuriös ausgestattet wurde. Der Vergleich mit den Farbtafeln XV und XVI macht den geschmacklichen Abstand des deutschen Texts zu den höfischen Luxusschriften in lateinischer Sprache ziemlich augenfällig. Dennoch hat auch diese Textualis semiquadrata unbestreitbar kalligraphische Qualitäten, und zwar einfach deshalb, weil sie Lebendigkeit und Geschlossenheit des Charakters ausstrahlt – konstitutive Kriterien der Kalligraphie, auf die noch zurückzukommen sein wird.

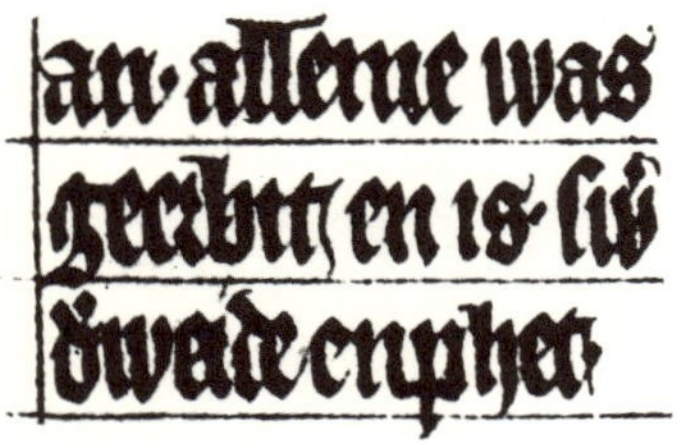

Vergrößerung aus Farbtafel XVIII

Textualis rotunda

Die italienische Textualis rotunda (formata) (siehe Ft. IX) ähnelt der Textualis semiquadrata im Duktus, läuft aber breiter und folgt damit nicht der vertikalen und komprimierten Tendenz des Opus francigenum – wie sich ja Italien insgesamt der Gotik gegenüber reserviert verhält; dennoch ist die Schrift zweifelsfrei als gotisch zu bezeichnen, denn sie bricht die Schäfte und verwendet ›sich beißende‹ Ligaturen sowie das ›halbe R‹. Auf der anderen Seite aber ist eine Tendenz zur Antiqua durchaus sichtbar, zum Beispiel in den geraden, ungegabelten Ober- bzw. Unterlängen, einem ›s‹-förmigen ›g‹, vor allem aber der Gesamtoptik, die von einem großen (mehr als minuskelhohen) Zeilenabstand gekennzeichnet wird. Die typische Vergitterung und Verdunkelung

Vergrößerung aus Farbtafel IX

des Textualis-Schriftbilds wird durch den großzügigen Zeilenabstand ebenso vermieden wie durch die offensichtlich von vornherein hellere und nicht erst später ausgebleichte Tinte.

Kam bei den lateinischen Texten in der Textualis für den englischen und französischen Hochadel ein äußerst raffinierter Geschmack zum Ausdruck und repräsentierte die Schrift des deutschen ›Sachsenspiegel‹-Texts eine kraftvoll-derbe Volksästhetik, so zeugt die italienische Textualis rotunda von elementarem und reinem Formempfinden, das Vollendung ohne Schnörkel hervorbringt und in dem sich die Klarheit von Humanismus und Renaissance ankündigen.

Gotische Kursive

Die Textualis wurde hauptsächlich für religiöse Texte mit höchsten Ansprüchen verwendet und behielt diese Funktion auch während des ganzen Mittelalters weitgehend bei. Für nichtgeistliche Themen, zum Beispiel die Wissenschaften, die Geschichte und die Literatur entwickelten sich neue, im Prinzip gebrochene Kursiven, die von der formalen Textualis und der Urkundenschrift abgeleitet waren, also nicht von der jüngeren römischen Kursive und ihren Tochterschriften stammten und insofern echte Produkte der gotischen Epoche waren. Wie alle Kursiven waren sie durch Verbindungsstriche zwischen den einzelnen Buchstaben gekennzeichnet; aus der Urkundenschrift stammen die unter die Linie reichenden Schäfte von ›f‹ und langem ›s‹ sowie die Schlingen und Schleifen, die zu den Ober- und Unterlängen geformt wurden und gestatteten, eine Verbindung zum nächsten Buchstaben zu ziehen, ohne die Feder abzuheben. Farbtafel XIX zeigt eine kalligraphisch veredelte gotische Kursive von Francesco da Barberino aus dem Jahr 1377. Die gotischen Kursiven beherrschten jahrhundertelang die Handschrift der Kanzleien, in Deutschland als Kurrentschrift und als daraus abgeleitete Sütterlinschrift sogar bis ins 20. Jahrhundert.

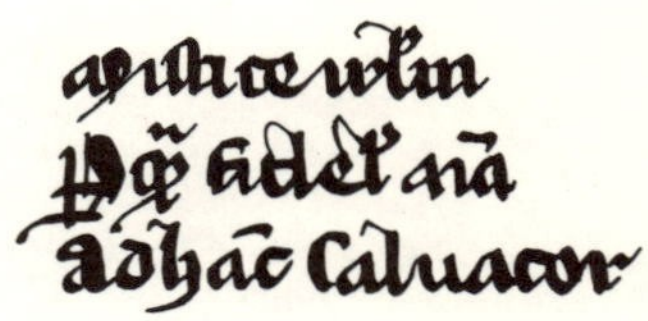

Vergrößerung aus Abb. 20

Papier und Schriftentwicklung

Die Kursive wurde ab dem 14. Jahrhundert vielfach auf Papier geschrieben, das, nachdem es als Importware aus China und den arabischen Ländern schon lange bekannt war, nunmehr auch in Europa in Manufakturen hergestellt wurde; die berühmte Papiermühle von Fa-

Capitulum xvi

In precedenti audivimus qualiter conversio magdalene est facta
Consequenter audiamus que Christo in die palmarum sunt facta
In illa enim die principaliter tria contigerunt
Que olim patres figuris premonstraverunt fuerunt
Videns enim Jhesus civitatem Jerusalem flevit
Cum laudibus susceptus fuit vendentes de templo eiecit
Primo notandum est quod Jhesus videns civitatem flebat
Compaciens civitati destructionem que illi imminebat
Iste fletus domini nostri salvatoris tam pertristis figurati
Fuit olim in lamentationibus Jeremie prefiguratus
Qui deflebat desolationem Jerusalem factam per babylonios
Ita Jhesus deflebat desolationem Jerusalem futuram per romanos
Sic et nos exemplo Christi ex compassione flere debemus
Quando proximos nostros afflictos vel affligendos videmus
Plus est compati afflicto quam bona temporalia erogare
Quia compaciens afflicto videtur aliquid de se ipso sibi dare
Compati debemus etiam malefactoribus nostris quasi inimicis
Exemplo Christi qui compassus est suis inimicis
Impossibile est illam misericordiam dei et gratiam non mereri
Qui scit afflictis compati ex corde et misereri
Secundo notandum est quod populus Christo laudibus obviavit
Et olim hoc prefiguratum est per regem David ij figura
Cui populus post necem Golie cum laudibus obviabat
Et canticum laudis in honore ipsius decantabat
Quod in cantico ipsum David regi Sauli preferebant
Et Sauli mille et David decem milia attribuebant
David dominum nostrum Jhesum Christum prefiguravit
Qui Goliam id est dyabolum adversarium nostrum superavit
Iste verus David id est Christus in die palmarum
Honoratus fuit multiplici occursu turbarum
Quidam osanna fili David acclamabant
Quidam benedictus qui venit in nomine domini personabant
Quidam regem Israel eum asserebant
Quidam eum salvatorem mundi confitebant
Quidam cum floribus quidam cum palmis occurrerunt
Quidam vestimenta sua in via prosternuerunt
Mistice Jerusalem visio pacis interpretatur
Per quam fidelis anima spiritualiter designatur
Ad hanc salvator noster omni hora paratus est venire
Et nos ei in occursum processionem debemus ire
Laudes deo clamosis vocibus decantamus
Quando in confessione peccata nostra cum gemitibus recitamus
Ramos palmarum ad laudem dei manibus portamus
Quando corpora nostra in satisfactione disciplinis castigamus
Vestimenta nostra in via ad honorem dei prosternimus
Quando temporalia nostra erogamus pauperibus
Cum floribus domino occurrimus et honoramus
Quando nos operibus et diversis virtutibus ornamus
Christum Jhesum qui venit in nomine domini benedicimus
Quando pro beneficiis suis devote grates dicimus.

20 Gotische Bastarda: Illustriertes Codex-Blatt aus Ulric von Osterhofens ›Speculum Humanae Salvationis‹, 15. Jh.

briano in Italien nahm 1276 die Produktion auf. Die uns überlieferten Schriftdokumente des Mittelalters umfassen zwar nur wenige Stücke auf Papier und viel mehr auf Pergament, dies aber nur, weil erstens das Papier weniger haltbar ist und zweitens, weil kostbare und deshalb erhaltenswerte Arbeiten und Urkunden weiterhin auf Pergament geschrieben wurden. Dennoch spielte Papier eine zunehmende Rolle als Beschreibstoff, und das schlug sich in der Entwicklung der Schrift, insbesondere der Kursiven als Gebrauchsschrift, nieder. Das Papier hatte eine sehr viel rauhere Oberfläche als Pergament – Möglichkeiten zur Glättung der Oberfläche wurden erst Mitte des 18. Jahrhunderts erfunden (vgl. Kap. C 1). Die Feder hatte also einen größeren Oberflächenwiderstand zu überwinden und wurde folglich mit mehr Druck geführt. Lange Striche wurden als Schwellzüge ausgebildet, die Füße der Schäfte wurden spitz, da ein Nachlassen des Schreibdrucks den Tintenfluß auf das stark saugende Papier einschränkte.

Bastarden

Die pragmatischen und materialbedingten Modifikationen der Kursiven wirkten zurück auf die formale Buchschrift, und es entwickelte sich eine Klasse von Zwischenschriften, sogenannten Bastarden, in denen die Kursive mit der Textualis vermittelt wurde. Diese Entwicklung hin zu einer neuen Ästhetik der Buchschrift ging nur langsam und mit zahlreichen Zwischenschritten vonstatten. Abbildung 20 zeigt eine bayerische Bastarda, die noch sehr nahe am Textualis-Typus angesiedelt ist, aber durch zahlreiche Anbindungen von Buchstaben an ihre Vorgänger einen kursiven Charakter annimmt, wodurch sie trotz zum Teil nicht sauberer Ausführung einen geschlossenen Charakter erhält. Als Vorlage für eine kalligraphische Schrift ist sie nicht gut geeignet; sie ist aber interessant als Studie einer deutschen Schriftästhetik, die auf Eleganz und Harmonie zugunsten eines knorrigen, erdhaften Eigencharakters verzichtet, der bis in die NS-Zeit als Ausdruck ›völkischer‹ Eigenart verstanden wurde und selbst herausragende Schriftkünstler wie Rudolf Koch (vgl. Kap. B 4) nicht verschont hat.

Vergrößerung aus Farbtafel XX

Französische Kanzleibastarda

Die eigentliche stilistische Verfeinerung der gotischen Kursive zur ›Bâtarde‹ vollzog sich in Frankreich bzw. in

Literatur: Norbert Elias, Der Prozeß der Zivilisation, Bd. 2, Frankfurt am Main 1977 – auch für die Hintergrundgeschichte der Schrift unentbehrlich

Burgund parallel zur Herausbildung der höfischen Zivilisation, die im ›Roman de la Rose‹ ihr literarisches Programm so gefunden hatte, wie in der gotischen Kathedrale ihre Doktrin der bildenden Kunst.

Kurz nach Beginn des 15. Jahrhunderts ist der Prozeß der Kalligraphisierung der gotischen Kursive soweit abgeschlossen, daß man von einer neuen Qualität der Buchschrift sprechen darf. Farbtafel XX zeigt eine Kanzlei-Bastarda aus Frankreich, mit einem charakteristischen, spindelförmigen langen ›s‹, einem auffälligen, ›v‹-förmigen ›r‹ und gelegentlichen Schlaufen in den Oberlängen. Die Behandlung der Ober- und Unterlängen ist überhaupt eine Betrachtung wert: Im Gegensatz zur architektonischen Ausrichtung der Buchstabenkörper in der Textualis, die in eine vom vertikalen Aspekt beherrschte ›Vergitterung‹ des Gesamtbilds mündet, sind die Analogien in der Formauffassung der Bastarda eher im floralen Rahmendekor zu suchen. In unserem Boethius-Text korrespondieren verschlungen Buchstabenformen – etwa bei ›d‹ mit Schleife – mit den spiraligen Schwüngen des Blattwerks im Rahmen, während spitze Schaftabschlüsse zum Beispiel bei zwei(!) anderen Formen des ›d‹ mit den dornigen Enden der Blätter eine formale Verbindung eingehen. Wir sehen hier also eine andere Gotik als in der Textualis und erkennen unschwer Verbindungen zur spätgotischen Formkonzeption des Flamboyant-Baustils.

Die Kanzleibastarda wird auch als ›Cursiva formata‹ bezeichnet, was auf ihre Stellung zwischen Kursiven und Kalligraphieschrift hinweist

Lettre Bourguignonne

Literatur: Johan Huizinga, Herbst des Mittelalters, Stuttgart 1975

Ihren künstlerischen Gipfel erreichte die Entwicklung der Bastarda im späteren 15. Jahrhundert, jener Zeit, die Johan Huizinga so treffend als »Herbst des Mittelalters« charakterisiert hat und in der das höfische Leben Burgunds gleichbedeutend mit der extremen Verfeinerung und Übersteigerung der gotischen Kultür kurz vor ihrem Untergang war; jeder kennt Darstellungen der bisweilen exaltierten burgundischen Mode, und sei es durch die Vulgär-Schematisierungen der Walt-Disney-Figuren im Film ›Cinderella‹. Die gotische Bastarda in ihrer stärksten Ausprägung wird wegen dieser Beziehung zu Burgund auch als ›Lettre bourguignonne‹ bezeichnet. Farbtafel XXI gibt einen Eindruck von dieser Schrift. Auf den ersten Blick wird die Verwandtschaft zur Kursiven durch das spitze, spindelförmige lange ›s‹ klar, und auch das

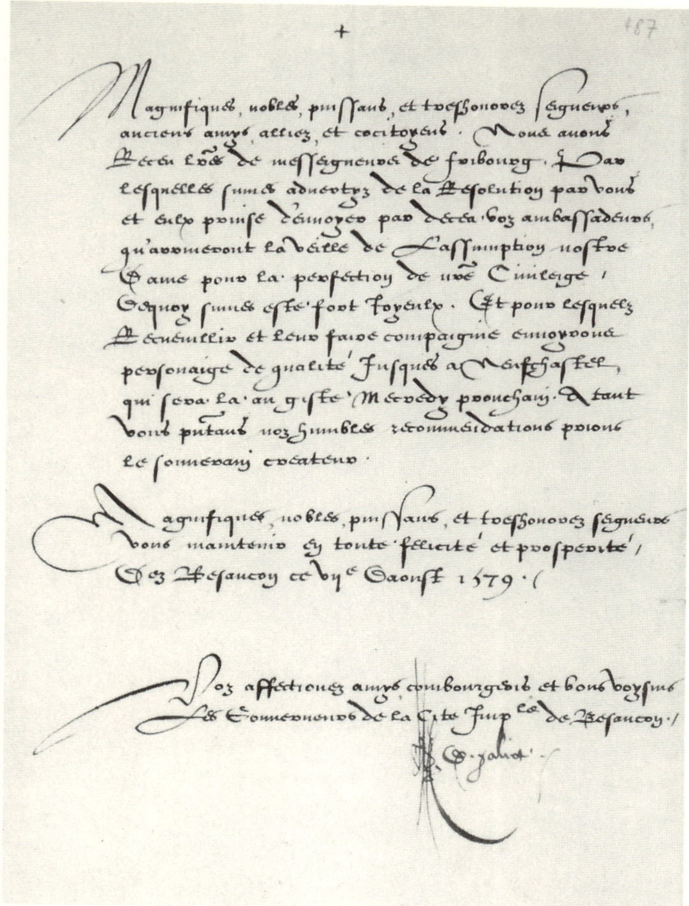

Magnifiques, nobles, puissans, et tres honorez seigneurs, anciens amys, alliez, et concitoyens. Nous avons receu lettres de messeigneurs de Fribourg, par lesquelles sommes advertyz de la resolution par vous et eulx prinse d'envoyer par dela voz ambassadeurs, qu'arriveront la veille de l'Assumption nostre Dame pour la perfection de une [illegible], dequoy sommes esté fort joyeulx. Et pour lesquelz recueillir et leur faire compaignie envoyerons personaige de qualité jusques a Neufchastel, qui sera la au giste Mercredy prochain. A tant vous presentans noz humbles recommendations prions le souverain createur.

Magnifiques, nobles, puissans, et tres honorez seigneurs vous maintenir en toute felicité et prosperité, de Besançon ce vij^e d'aoust 1579.

Voz affectionez amys, combourgeois et bons voysins
Les Gouverneurs de la Cité Imp^le de Besançon.

21 Französische gotische Kursive: ›Magnifiques, nobles, ... puissans ...‹; politische Korrespondenz in französischer (gotischer) Kursivschrift des ausgehenden 16. Jh.s; eine gut lesbare Schrift, deren hervorstechendste Merkmale im 45°-Winkel nach links geneigte ›d‹-Oberlängen und vertikale Unterlängen sind

typische geschwungene ›g‹ ist das gleiche wie in Farbtafel XX. Die gesamte Erscheinung ist aber doch erheblich formaler und kalligraphischer, sowohl was die Vermeidung von Ligaturen als auch den stärker gebrochenen, mit differenzierten Strichen erzeugten Buchstabenaufbau betrifft. Betrachten wir das Wort ›conuersation‹ in Zeile sechs der linken Kolumne: Kommt seine Erscheinung dem Bild der Textualis (semiquadrata) nicht sehr nahe? Und wirkt nicht das typische Bastarda-›s‹ mitten im Wort fast schon wie ein Fremdkörper? – Wir erkennen hier das Motiv der Kalligraphisierung der Kursiven, das die gesamte Schriftgeschichte wie ein roter Faden durchzieht, in exemplarischer Form.

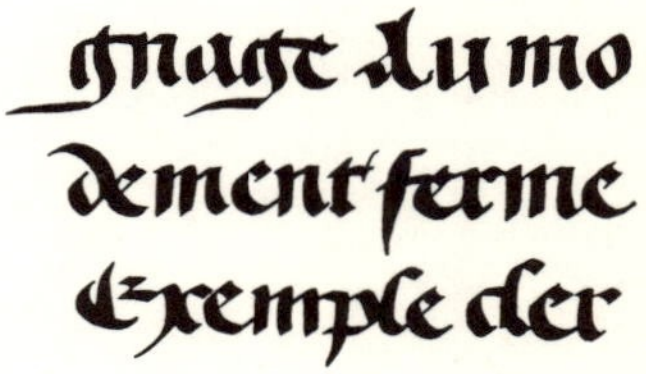

Vergrößerung aus Farbtafel XXI

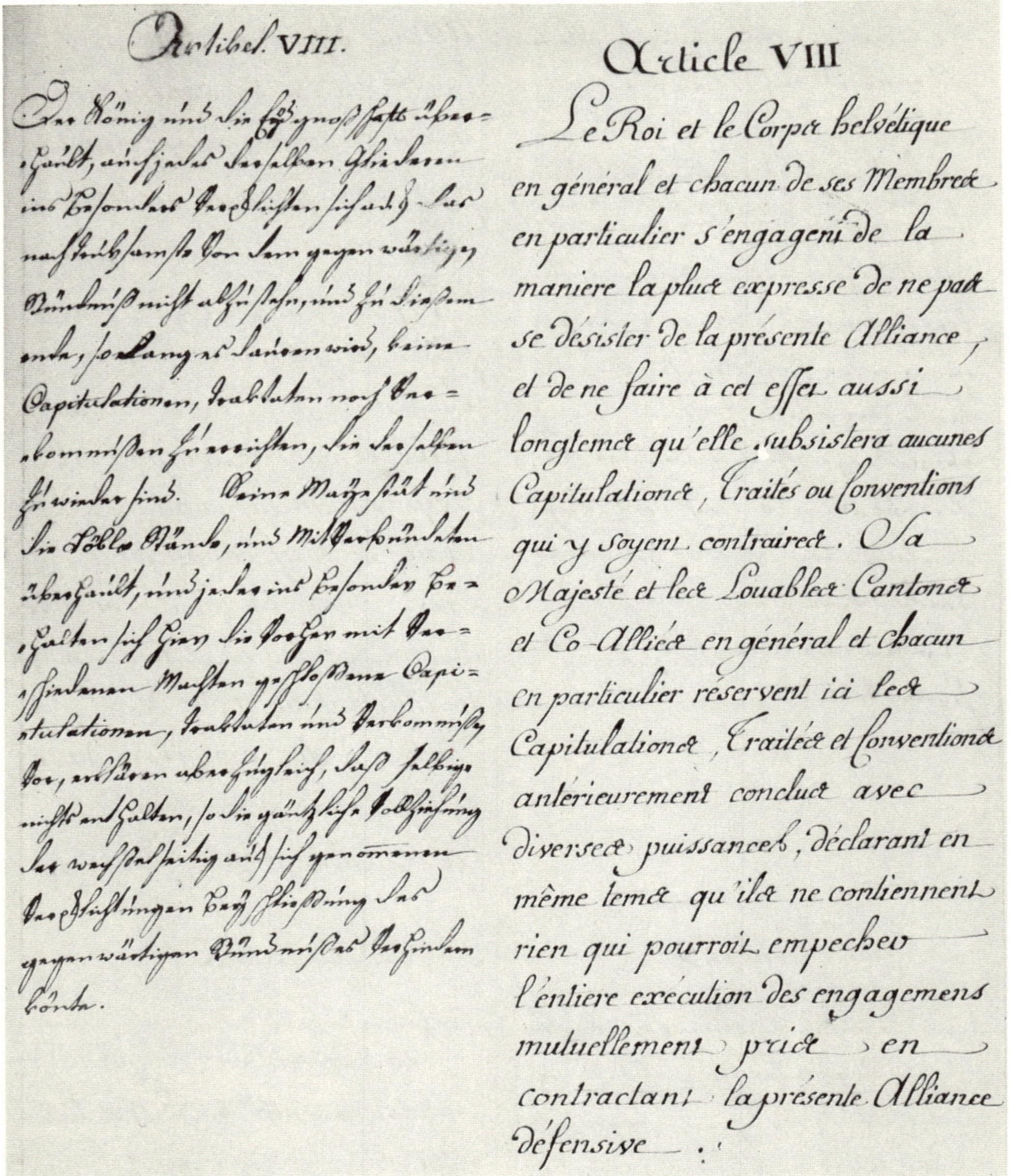

Articel VIII.

Der König und die Eidgnosschaft überhaupt, auch jeder derselben Glideren ins besonders verpflichten sich auf das nachtrücklichste von dem gegenwärtigen Bündnuß nicht abzustehen, und zu diesem ende, so lang es dauern wird, keine Capitulationen, tractaten noch Verkommnißen zu errichten, die demselben zuwider sind. Seine Majestät und die Löbl. Stände, und Mitverbündeten überhaupt, und jeder ins besonders behalten sich hier die vorher mit verschiedenen Mächten geschlossene Capitulationen, tractaten und Verkommnißen, erklären aber zugleich, dass selbige nichts enthalten, so die gänzliche Vollziehung der wechselseitig auch sich genommenen Verpflichtungen bey schliessung des gegenwärtigen Bündnisses verhindern könnte.

Article VIII

Le Roi et le Corps helvétique en général et chacun de ses Membres en particulier s'engagent de la manière la plus expresse de ne pas se désister de la présente Alliance, et de ne faire à cet effet aussi longtems qu'elle subsistera aucunes Capitulations, Traités ou Conventions qui y soyent contraires. Sa Majesté et les Louables Cantons et Co-Alliés en général et chacun en particulier réservent ici les Capitulations, Traités et Conventions antérieurement conclus avec diverses puissances, déclarant en même tems qu'ils ne contiennent rien qui pourroit empecher l'entière exécution des engagemens mutuellement pris en contractant la présente Alliance défensive.

Nachgotik

Von der französischen und burgundischen Bastarda geht der Weg, das ahnt man schon bei unserem Beispiel der ›Lettre bourguignonne‹, in Richtung auf die Klarheit der Antiqua, wenn auch langsam und in mehreren Etappen. Das in Abbildung 21 gezeigte Beispiel einer Stadtschreiberschrift aus dem späten 16. Jahrhundert mag davon Rechenschaft ablegen. Auch wenn diese Schrift aus den Brechnungsprinzipien der Gotik abgeleitet ist, geht ihre Ästhetik doch in Richtung auf eine ziervolle Klarheit. Ganz anders verlief die Entwicklung in den deutschen Landen: Das Musterblatt von Wolfgang Fugger, einem der größten Schreibmeister überhaupt, zeugt von einem Formempfinden, das von der lateinisch-romanischen Schriftauffassung unendlich weit entfernt scheint und in dem man eher die virtuose Vervollkommung folkloristischer Techniken als eine an konzeptionellem Denken geschulte geistvolle Ästhetik vermutet. Es paßt sehr gut zu einer solchen Einschätzung, daß in Deutschland bis ins 20. Jahrhundert zwei Schriftenfamilien bzw. Drucktypen für zwei Sprachen verwendet wurden: gebrochene Schriften für deutsche, Antiquaschriften für lateinische (romanische) Texte. Natürlich liegt es nahe, Spekulationen über die zugrundeliegenden Mentalitäten anzustellen; dies sei aber dem Leser überlassen. An dieser Stelle soll vor allem das differenzierte Schriftsehen im Vordergrund stehen, die Voraussetzung für das Erlernen von Schrift und Schreiben. Als ein kleiner Köder für die Auseinandersetzung mit den hinter der Schrift stehenden Mentalitäten soll jedoch noch ein kurioser Doppeltext dienen, der in Abbildung 22 zu sehen ist: Möge ein jeder nach seiner Neigung urteilen.

22 Kurrentschrift/ Französische Schrift (spät): Seite 11 aus dem Bündnisvertrag zwischen Frankreich und der Eidgenossenschaft vom 28. Mai 1777; eine einzigartige Parallelisierung von deutscher Kurrentschrift und französischer Schrift des späten 18. Jh.s

Die Untersuchung der kalligraphischen Ästhetiken kommt zu ähnlichen Ergebnissen über ›nördliche‹ und ›südliche‹ Sehweisen wie Svetlana Alpers (Kunst als Beschreibung, Köln 1985), die anhand der holländischen Malerei des 17. Jahrhunderts die Intellektualität des lateinischen Südens mit dem Empirismus des Nordens kontrastiert

4 Kalligraphie und Typographie

Die Schriftgeschichte der Neuzeit wird dadurch geprägt, daß die Produktion der Schrift sich neben manuellen Verfahren nunmehr auch auf mechanische erstreckt. Kalligraphie und Handschrift auf der einen sowie Typographie und Schriftgrafik auf der anderen Seite sind also als Unterklassen von ›Schrift‹ anzusehen, die in Wechselwirkung miteinander stehen, und zwar in ästhetischer wie in materieller Hinsicht. Seit der Erfindung des Buchdrucks mit beweglichen Lettern Mitte des 15. Jahrhunderts wurde die Kalligraphie mehr und mehr an den Rand der Schriftproduktion gedrängt. Zwischen Kalligraphie und Typographie etablierte sich eine Arbeitsteilung, die die Kalligraphie mehr dem Dekorativen und die Typographie mehr dem Informativen zuordnete. Dies bekam vor allem der Kalligraphie nicht besonders gut, denn sie verlor dadurch die Würde einer Universalkunst, die Verbindungen mit anderen Darstellungsformen einging und den Kalligraphen teilhaben ließ an der Schöpfung des Buches und damit des kulturbestimmenden Gegenstands schlechthin. Darüberhinaus wurde die gegenseitige Beeinflussung von Buch- und Gebrauchsschrift, die jahrhundertelang ein Motor der Formentwicklung gewesen war, auf lange Zeit unterbrochen.

Buchgestaltung

Die zweite Hälfte des 15. Jahrhunderts sah noch beide, Kalligraphie und Typographie, als Konkurrenten bei der Herstellung kunstvoller Bücher. Als Gutenbergs berühmte Bibeln schon verbreitet waren, wurden Bücher auch weiterhin mit der Hand geschrieben; im übrigen war die Schrift nur ein kleinerer Teil des Gesamtaufwands bei der Erstellung einer Buchseite. Geschriebene wie gedruckte Bücher wurden gleichermaßen von Hand rubriziert (mit farbigen Überschriften versehen) und illuminiert (ausgemalt). Das war eine außerordentlich aufwendige Arbeit, die auf einem seit langer Zeit geübten Produktionsschema beruhte. Die Gestaltung prachtvoller Bände wurde in ihrer Gesamtheit ›programmatisch‹ vorbereitet, und verschiedene Spezialisten arbeiteten die einzelnen Bestandteile aus. Schrift, Initialen, Ornament und gemalte Illustrationen hatten ein Maß an ästhetischer Ausgewogenheit erreicht, das es der Typographie schwer machte, eine eigene, neue Ästhetik dagegen zu setzen.

Vergrößerung aus Farbtafel VIII. Die beiden oberen Zeilen und das Initial sind von Hand gefertigt

Gesellschaftliche Position der Kalligraphen

Die Produktionsverhältnisse, unter denen Bücher angefertigt wurden, trugen ebenfalls zur langsamen Durchsetzung des Buchdrucks bei. Um die Mitte des 15. Jahrhunderts überwog die handwerkliche Organisation; Kalligraphen und Buchmaler waren in die Zunftorganisationen der Städte eingegliedert, hatten priviligierte Stellungen an den Höfen oder waren – auch das gab es noch – Klosterinsassen, sei es als Mönche, Nonnen oder Laien. Unter derartigen Verhältnissen war es für die Drucker zunächst schwierig, ihren Platz in der Wirtschaft zu finden. Der Bankrott Johannes Gutenbergs, der viel Geld hatte aufnehmen müssen, um die notwendigen Investitionen für seine Druckerei bezahlen zu können, macht dies schlaglichtartig deutlich.

Bei den Abnehmern von Büchern, vor allem der Kirche und dem Adel, aber auch den Universitäten, spielte darüber hinaus die hochentwickelte Geschmacksbildung eine ausschlaggebende Rolle für die Beurteilung von Kalligraphie und Typographie. Die außerordentliche Verfeinerung, die die Buchmalerei gegen Ende des 14. Jahrhunderts erfahren hatte, brachte im frühen 15. Jahrhundert einen Typus des Kunstliebhabers hervor, für den der Duc de Berry, der Sammler und Auftraggeber der überaus berühmten Stundenbücher, nur ein herausragendes Beispiel ist. In der zweiten Hälfte des 15. Jahrhunderts ist der ungarische König Johannes Corvinus als Bibliophiler besonders hervorgetreten; seine Sammlung umfaßte über 200 besonders kostbare handgeschriebene Bücher, an deren Qualität die frühe Druckkunst nicht herankam, so sehr wir Gutenbergs Bibel bewundern.

Literatur: Bibliotheca Corviniana 1490-1990, Budapest 1990

Mikroskopische Variationen

Auf der Produzentenseite stehen Werkstätten, wie die der Brüder Limburg, die die Ästhetisierung des Mediums Buch so weit vorangetrieben hatten, daß eine Schrift aus der Druckerpresse unwillkürlich als Stilbruch erkannt worden wäre. Ein Beispiel für die perfekte Integration von Schrift, Bild und Ornament gibt Farbtafel XV aus den ›Très riches heures‹. Bei aller Gleichmäßigkeit behält die Schrift doch einen gewissen handschriftlichen Duktus, keine zwei Buchstaben sind hundertprozentig gleich. Es ist unter anderem die ästhetische Qualität dieser ›mikroskopischen‹ Variationen, die die Kalligraphie einer sie bloß nachahmenden Typographie überlegen macht. Das Auge ermüdet nicht so leicht wie beim wirklich monotonen Druckbild. Die Leser waren an den kalligraphischen Duktus gewöhnt und maßen das Schriftbild daran. Auf diese Weise verkehrte sich der große ästhetische Vorteil der Typographie, das gleichmäßige Schriftbild, in einen Nachteil, der erst durch die Entwicklung von Letterformen überwunden werden konnte, die eine dem Auge angenehme Rhythmisierung des Schriftbilds ermöglichten. Es dauerte mehrere

23 Antiqua: Satzbeispiel aus der Antiqua von Nicolaus Jenson, 1471

Generationen, bis die Letterndrucker eine wirklich eigene Ästhetik geschaffen hatten.

Haarstriche und Drucktechnik

Vorerst hatte die Typographie noch mit technischen Problemen der Druckqualität zu kämpfen. Um das Schriftbild der Kalligraphie zu erreichen, wären sehr feine Haarstriche vonnöten gewesen. In unserem Beispiel aus den ›Très riches heures‹ kann man solche feinen Haarstriche beispielsweise an den Gabelungen der Oberlängen oder an dem feinen Strich sehen, der vom oberen Deckstrich des ›a‹ auf den linken unteren Bogen führt. Der Blei-Hochdruck der Inkunabelnzeit konnte ein solches Schriftbild in gleicher Größe nicht erzeugen, die mechanische Belastung hätte die Schriftkonusse der Lettern, die das Schriftbild trugen, plattgedrückt, so scharf sie auch geschnitten sein mochen; erst mit der Einführung des Tiefdrucks von gravierten Kupferplatten im 18. Jahrhundert konnte der Druck an die Feinheiten der Kalligraphie heranreichen. Ein intensiver Blick auf eine Seite der Gutenberg-Bibel (Ft. VIII) zeigt, daß die Buchstaben im Vergleich zu kalligraphischen Gestaltungen eher grob ausfallen. Es ist auch heute noch schwierig, die Subtilität mancher, insbesondere französischer und burgundischer kalligraphischer Vorlagen drucktechnisch zu reproduzieren, weil die äußerst feinen Haarstriche durch die Rastertechnik gewissermaßen zerfallen. Wer die Gelegenheit hat, sollte sich daher bei Ausstellungen kalligraphierte Bücher im Original ansehen.

Als ›Inkunabeln‹ (von lat. ›incunabula‹ = Wiege) werden die Werke des frühen Buchdrucks bis ca. 1500 bezeichnet

Typographische Mittel zur Nachahmung kalligraphischer Schriftbilder

Eine weitere technische Schwierigkeit der Typographie war die Einschränkung der Buchstabenbreite. Insbesondere bei geschwungenen Ober- bzw. Unterlängen sowie bei Ligaturen konnten kalligraphische Schriftbilder nicht erreicht werden, da die Breite des Schriftkegels, die sogenannte Dickte, nicht überschritten werden konnte. Man half sich dadurch, daß Sonderformen geschnitten wurden, die die Überhänge zusammen mit vorangehenden bzw. nachfolgenden Buchstaben auf einem Kegel vereinigten, oder mit anderen technischen Tricks, die jedoch immer zulasten der Universalität der eingesetzten Lettern gingen. Ebenso wurde bei den Ligaturen verfahren. Für Gutenbergs 42-zeilige Bibel wurden zahlreiche Sonderschnitte angelegt, um dem kalligraphischen Duktus der Textura (Textualis quadrata)

Item cum ẽ lento lentas: Vnde Virgilius: Lentandus remus ĩ unda. Ex hoc inchoatiuum lentesco facit ut idem Virgilius Et picis in morem ad digitos lentescit habendo. Eiusmodi figuratio parum admisit ex se perfectum: nec conuenit ad mittere ut aut possit: aut debeat cum cæteris temporibus p totam declinationem uim incipiendi significare. Absurdũ ẽ ergo ea quæ sunt inchoatiua perfecto tempore definire: & mox futurum declinando inchoatiua esse demõstrare· Nec enim potest cum tota uerbi species inchoatiua dicatur alia parte finitiua uideri ut perfectum admittat. Nec enim pale sciui: horresciui dicimus. per aliam tamen transfiguratioñe hæc uerba quidam declinare consueuerunt. ut palesco: pale factus sum: liquesco liquefactus sum. quãuis quidam ad p fectum inchoatiuum uenerint modo primitiui ut horresco horrui ex eo quod ẽ horreo. Nec tamen omnia inchoatiua habent primam positionem. Albesco enim nõ habet albeo licet figuranter Virgilius: Campiq; ĩgentes ossibus albent. Item putresco: grãdesco: siluesco: uilesco: brutesco: iuuene sco nõ habet iuueneo. Nam senesco & seneo apud ãtiquos dicebatur. Vnde & Catullus nunc recondita senet.

Deducuntur item inchoatiua a neutris uerbis & appellationi bus. ex uerbis: ut caleo calesco: deliteo delitesco: frõdeo frõ desco: floreo floresco. Et sunt hæc quæ a perfecta forma ue niũt. Sũt itẽ quæ originẽ sui nõ habẽt: ut cõsuesco: cõquie sco. Sunt quoq; alia inchoatiuis similia quæ inchoatiua nõ esse temporum consideratione pernoscimus. ut compesco

præclaris'q; nunc ueneraris delubris ephesi, seu nocturnis ululatibus horrenda Proserpina, triformi faciae laruales impetus comprimens, terræ'q; claustra cohibens, lucos diuersos inerrans uario cultu propiciaris, ista luce fœminea collustrans cuncta mœnia, & udis ignibus nutriens læta semina, & solis ambagibus dispensans incerta lumina, quoquo nomine, quoquo ritu, qua'q; facie te fas est inuocare, tu meis iā nunc extremis erumnis subsiste, tu fortunā collapsam affirma, tu sæuis exanclatis casibus pausam pacem'q; tribue. Sit satis laborū, sit satis periculorum, depelle quadrupedis diram faciem, redde me conspectui meorum, redde me meo Lucio. Ac si quod offensum numen inexorabili me sæuitia premit, mori saltem liceat, si non licet uiuere. Ad istum modum fusis precibus, et astructis lamentationibus, rursus mihi marcentem animum in eodem illo cubili sopor circunfusus oppressit. Nec dum satis compresseram, et ecce pelago medio, uenerādos dijs etiam uultus attollens emergit diuina facies. At dehinc paulatim toto corpore perlucidum simulachrū excusso pelago, ante me constitisse uisum est. Eius mirandam speciem ad uos etiam referre connitar, si tamen mihi disserendi tribuerit facultatem paupertas oris humani, uel ipsum numen eius dapsilem copiam elocutilis facundiæ subministrauerit. Iam primum crines uberrimi prolixi'q; & sensim intorti per diuina colla passiue dispersi, molliter defluebant. Corona multiformis uarijs floribus sublimē distinxerat uerticem, cuius media quidē super frontem planā rotunditas in modū speculi, uel immo argumētum lu=

möglichst nahezukommen; insgesamt hat man allein für die 42-zeilige Bibel 290 verschiedene Zeichen gezählt. Ligaturen gehören noch heute zur Standardbestückung des (Blei-)Setzkastens nach DIN 16502, ohne sie würde die Wechselbeziehung zwischen den jeweiligen Buchstaben störende Muster bzw. Lücken im Schriftbild erzeugen. Zu einer echten Umgestaltung der Schrift nach den Erfordernissen des Drucks ist es in dieser Hinsicht jedoch nie gekommen. Die kulturelle Reichweite der kalligraphischen Formfindungen des Mittelalters hat also die aktive Lebenszeit der Schreibtechnik, aus der sie entstanden, um Jahrhunderte übertroffen.

24 Kursive: Satzbeispiel aus der Kursiven von Aldus Manuntius, 1521

Kalligraphische Vorbilder der Druck-Antiqua

Die deutschen Inkunabelndrucker bevorzugten gebrochene Schriften, wie Textura- und Rotundaformen. Von Mainz aus hatte sich der Buchdruck aber innerhalb weniger Jahrzehnte in beinahe alle romanischen und germanischen Länder verbreitet. In den ersteren, besonders in Italien, bevorzugte man die aus der Humanistenschrift hervorgegangene Antiqua, die dem an Klarheit orientierten ästhetischen Empfinden der Renaissance näher stand als die dunklen, mystizifizierenden Schriften der Länder nördlich der Alpen. Venedig war die Hauptstadt der italienischen Druckkunst, die Drucker Nicolaus Jenson und Aldus Manuntius gehörten zu den Pionieren. Die Abbildungen 23 und 24 veranschaulichen die große Nähe zu den kalligraphischen Schriftformen des Humanismus; in der Tat waren beide selbst Kalligraphen bzw. ließen ihre Schriften von Kalligraphen entwerfen. Die Vollendung der Renaissance-Druckschriften, zugleich aber auch die endgültige Emanzipation des Drucks von der Kalligraphie darf mit dem frühen 16. Jahrhundert angesetzt werden. Der Schwerpunkt der Entwicklung der Antiqua-Typen verlagerte sich von Italien nach Frankreich, wo Claude Garamond eine lichte Antiqua entwickelte, die noch heute gültige Formen fixierte.

Literatur: Georg Kurt Schauer, Die Einteilung der Druckschriften. Klassifizierung und Zuordnung der Alphabete, München o.J.; mit zahlreichen historischen Schriften

Die typographische Ästhetik

Die Typographie hatte spätestens bei Garamond im durchschnittlichen (statistischen) Grauwert des Alphabets ein eigenes Kriterium gefunden, das sie von der kalligraphischen Gestaltung absetzte. Natürlich hatte es Grauwerte, also den Helligkeitseindruck bei Betrachtung einer ganzen Schriftpassage auch vorher als ästheti-

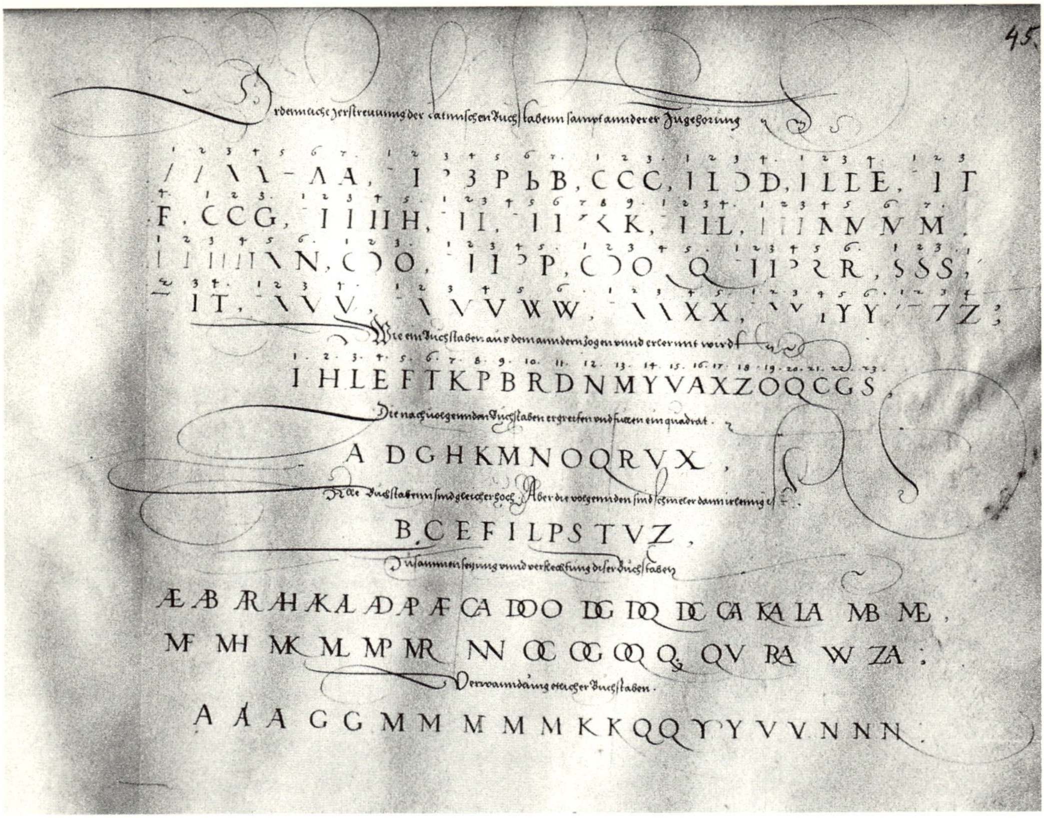

25 Schreibmeister – Neudörffer: Darstellung des schrittweisen Aufbaus der Antiqua-Versalien in Johann Neudörffers ›Ordennliche Zerstreung ... ‹; Handschrift auf Pergament; 1519

sches Kriterium gegeben. Die Kalligraphen sorgten jedoch durch individuellen Ausgleich der Schriftformen dafür, daß ein schönes Gesamtbild ohne Lücken oder Verdunklungen entstand. Das konnten die Drucker natürlich nur bedingt, da sie ihre Buchstaben als solche nicht ändern konnten. Die gröbsten Probleme ließen sich durch die bereits erwähnten Sondertypen oder Varianten erledigen. In der Gesamtheit des Problems aber führte die Technik des Drucks mit beweglichen Lettern dazu, das der Schriftenschnitt von vornherein vermeiden mußte, daß das Zusammentreffen der Buchstaben unerwünschte optische Effekte hervorrief. Aus innerer Notwendigkeit entwickelte die Typographie daher Buchstaben mit stark zurückgenommenem Individualcharakter, eine Formentwicklung, die sich vielleicht mit der durch die Aerodynamik bedingten Vereinheitlichung des Fahrzeugdesigns in unserer Zeit vergleichen läßt. Auch hier haben Formenreichtum und Individualcharakter zugunsten eines übergeordneten Desiderats das Nachsehen.

Die Schreibmeister

Die von der Buchproduktion abgetrennte Kalligraphie verlagerte sich nunmehr in die Kanzleien und vor allem zu den Schreibmeistern. Urkunden wurden von jeher in besonders gravitätischer, mit allerlei Verzierungen ausgestatteter Schrift abgefaßt, und mit der besseren Verfügbarkeit von Papier und einer höheren Alphabetisierungsrate in den Städten wuchs der Urkundenbedarf. Dies um so mehr, als das wirtschaftlich aufstrebende Bürgertum rechtliche Fixierungen für Besitzansprüche, Verträge usw. benötigte. Hinzu kam die wachsende Korrespondenz, die sich aus den immer weiter entwickelten Handelsbeziehungen ergab. Schreiben war nicht länger das Privileg des ersten und zweiten Standes, also des Klerus und des Adels, sondern bürgerliches Bedürfnis. Eine gute Handschrift begann, ebenso wie gepflegte Kleidung, zum Aushängeschild des Bürgers zu werden und diente seiner gesellschaftlichen Reputation. Die Schreibmeister verfertigten Musterblätter, die sowohl ihre Dienste als Schreiber, wie auch als Schreiblehrer anpreisen sollten. Zahlreich wurden auch Schreibbücher aufgelegt, die das Schreiben nach in Holz (später in Kupferplatten) geschnittenen Musterblättern lehren sollten. Die Abbildungen 18, 19, 25 und 26 geben davon einen Eindruck.

Literatur: Werner Doede, Schön schreiben, eine Kunst. Johann Neudörffer und seine Schule, Nürnberg 1957
Peter Jessen, Ed., Masterpieces of Calligraphy. 261 Examples, 1500-1800, New York 1981

Entwicklung der Handschrift

Die meisten Bemühungen galten allerdings der Entwicklung der Handschrift und nicht im engeren Sinne der Kalligraphie als Schreibkunst. Dementsprechend lassen sich auch keine hohen Erwartungen an die Masse der Schriften ab dem 16. Jahrhundert richten. Die Kurrentschrift etwa, die sich aus der gotischen Bastarda entwikkelt hatte, wurde zwar von den Schreibmeistern in den verschiedensten Formen ausgearbeitet, blieb aber in der Anwendung doch im wesentlichen auf dem Niveau einer ordentlichen Gebrauchsschrift stehen. Ähnlich erging es den italienischen Kursiven, die geradezu zu Geschäftsschriften wurden, und auch in Frankreich und England entwickelten sich Schreiber- und Geschäftsschriften, die ihre Gefälligkeit aus einem kräftigen Duk-

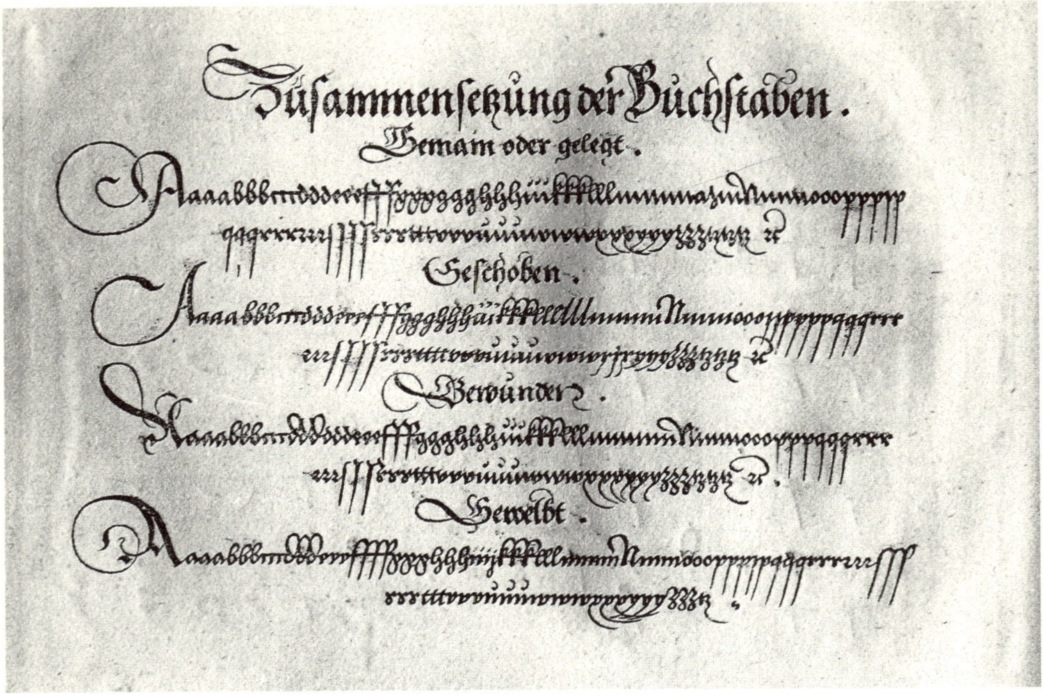

26 Deutsche Kurrentschrift: Wolfgang Fugger, ›Zusammensetzung der Buchstaben‹; Darstellung der vier geläufigsten Grundtypen der deutschen Kurrentschrift mit Breitfeder; 1553

tus und einer gewissen Regelmäßigkeit gewannen, es aber nicht mehr mit den Buchschriften früherer Zeiten aufnehmen konnten. Gerade das Fehlen großer Formlösungen kennzeichnete den Niedergang der Kreativität im Zeitalter der Schreibmeister; der Benediktinermönch Leonard Wagner zeichnete zu Beginn des 16. Jahrhunderts die ›Probe von 100 Schriften‹ (Proba centum scriptuarum) auf, aber man sieht schnell, daß es sich vielfach um marginale Formunterschiede handelte.

Barocke Schreibkunst

Eine Blüte erlebte die Kalligraphie noch einmal als dekorative Schreibkunst im Umkreis der barocken Höfe Mitteleuropas. Die Nürnberger Schreibmeister Johann Neudörffer und Wolfgang Fugger etwa traten aus dem Kreis der Schreibmeister mit durchaus originellen Schöpfungen hervor, sie bereicherten vor allem den Formenschatz der Fraktur, die in ihrer ausladenden Ornamentik dem barocken Zeitgeist entsprach. Die italienischen Schreibmeister betätigten sich als Virtuosen und Archivare verschiedener Schriften, neue stilistisch eigenständige Schriftschöpfungen gelangen ihnen aber auch nicht. Auch die besten Kalligraphen konnten sich in der Regel nur als Lieferanten für Vorlagen profilieren, nach denen Druckplatten in Kupfer gestochen wurden. Das kalligraphische Originalwerk trat für mehrere Jahrhunderte von der Bühne der Hochkultur ab.

Niedergang der Schriftästhetik: das 19. Jahrhundert

Die Wiederbelebung der Kalligraphie im 19. Jahrhundert ist als direkte Reaktion auf den Niedergang der Schriftästhetik in der Typographie der frühkapitalistischen Ära anzusehen. Schon im 18. Jahrhundert hatte sich der Typenschnitt unter dem Einfluß des Kupferstichs fast völlig vom natürlichen Duktus der Breitfeder entfernt. Die ästhetischen Anforderungen an die Schrift entsprachen denen an alle anderen Bereiche: Es ist bekannt, daß das 19. Jahrhundert in historisierender Weise mit den Stilelementen vergangener Epochen umgegangen ist und alles mögliche erst einmal durcheinanderwarf, wobei biedermeierliche Bürgerbescheidenheit bald dem Geschmack des neureichen Industrie- und Handelskapitals weichen mußte. Die technischen Möglichkeiten der Lithographie brachten es bisweilen mit sich, daß eine überladene Ornamentik ohne inneren Bezug zum Duktus des Schreibens mit geradezu ›aufgedonnerten‹ Initialen-Ungetümen auf den Markt geworfen wurden.

Die spitze Metallfeder

Als zweite Komponente, die eine Renaissance der Kalligraphie geradezu herausforderte, ist der oben schon dargestellte Niedergang der Handschrift durch die Einführung der spitzen Metallfeder zu betrachten. Die zwanghafte Handhaltung und der übermäßige Druckaufwand beim Wechselstrich gestatteten keinen differenzierten Duktus und eliminierten den persönlichen Gestus des Schreibenden. In Ämtern und Kontoren wurde diese Reduktion der Schrift auf ihren kruden Gebrauchsnutzen möglicherweise gern gesehen, da ästhetisches Beiwerk vom geschäftlichen Zweck ablenkte: Für Schriftliebhaber stellte sie eine schlimme Verarmung dar.

William Morris

Die Erneuerungsbewegung für die Kalligraphie ging folgerichtig auch von England aus, dem Land mit der weitesten Entwicklung des Kapitalismus, das die ›Copperplate‹-Schrift und die Stahlfeder hervorgebracht hatte. Und es kann nicht verwundern, daß der erste große

Literatur: Nikolaus Pevsner, Fünfhundert Jahre Künstlerausbildung, William Morris: Zwei Vorträge, Darmstadt 1966. Knappe, aber treffsichere Schilderung von Morris' Leben und Werk

William Morris and the Art of the Book: With Essays on William Morris as a Book Collector by Paul Needham, as a Calligrapher by Joseph Dunlap, and as a Typographer by John Dreyfus, London 1976 – maßgeblich

Schriftreformer zugleich ein Sozialkritiker war, der neben den ästhetischen auch die gesellschaftlichen Schattenseiten der Industrialisierung beklagte: William Morris. Sein Credo ist in dem folgenden Zitat zusammengefaßt: »Das Studium der Geschichte, die Liebe zur Kunst und ihre Ausübung zwangen mich dazu, diese Zivilisation zu hassen. Ich fand mich zu der Schlußfolgerung getrieben, daß alle diese Häßlichkeiten nur der äußere Ausdruck einer von Anfang an dazugehörigen Erniedrigung sind, die uns die gegenwärtige Gesellschaftsform aufzwingt.« Morris wandte sich deshalb ganz entschieden den Schriften der Vergangenheit zu, einmal, weil er sie kalligraphisch besonders gelungen fand, zum anderen aber auch, weil er im Mittelalter die Epoche der Einheit von Kunst und Handwerk sah. Damit drückte er ein Gefühl aus, das viele ästhetisch sensible Menschen aus dem Bürgertum in der zweiten Hälfte des vorigen Jahrhunderts erfaßte und das in die Idee des werkgerechten künstlerischen und handwerklichen Schaffens mündete. Die Erneuerung der Kalligraphie ist daher als ein Teil der großen europäischen Bewegung zu sehen, die sich im Jugendstil, im Werkbund und den verwandten Bewegungen in den einzelnen Ländern ausdrückte, einer Bewegung, die der moderntechnokratischen Produktionsweise das handwerklichhumane Formelement gegenüberstellen wollte.

Initiale zu ›The Water of the Wondrous Isles‹, aus William Morris' Kelmscott Press

William Morris fertigte nicht nur handgeschriebene Bücher an (vgl. Kap. D), er engagierte sich auch für eine Reform der Druckschriften. Im Jahre 1890 gründete er in London die ›Kelmscott Press‹, für die er mehrere Schriften im alten Stil entwarf. Die berühmteste von ihnen, die Golden Type, entstand aus dem Studium der Jenson Antiqua. Sie und mehr noch die gotisierende Troy zeigten wieder den Ursprung der Schrift aus dem Duktus der Breitfeder und wiesen damit den Weg für die Erneuerung der Typographie durch die Kalligraphie im 20. Jahrhundert, die bestimmend für das heute dominierende Schriftbild ist.

Edward Johnston

Die zweite richtungsweisende Persönlichkeit für die Wiederbelebung der Kalligraphie im 20. Jahrhundert war Edward Johnston, der Wiederentdecker der Breitfeder. Wie Morris war er von der ästhetischen Verwilderung der Schrift im 19. Jahrhundert beunruhigt, und ebenso wie jener suchte er vorbildliche Schriften in historischen Werken. Um die Jahrhundertwende studierte er mittelalterliche Manuskripte im British Museum und versuchte nachzuvollziehen, wie die Schrift erzeugt worden war und welche Materialien im Mittelalter verwendet wurden. Sein 1906 zuerst erschienenes Buch ›Writing & Illuminating & Lettering‹ ist auch heute noch ein wichtiges Standardwerk für das Studium des handwerklichen Schönschreibens. Der Hauptgedanke des Buches, bei dem es sich eigentlich um die überarbeiteten Seminarskripten zu Johnstons Kursen an der London Central School of Arts and Crafts handelt, ist, daß eine Entwicklung der kalligraphischen Fähigkeiten nur durch die Auseinandersetzung mit den historischen Schriften möglich ist. Seine Theorie läßt sich in der Lehre von den drei Tugenden für gutes Schreiben zusammenfassen: *Lesbarkeit, Schönheit* und *Charakter.* Er greift damit im wesentlichen auf die Grundlagen des mittelalterlichen Kunstschaffens zurück, nach denen die obersten Werte Wahrheit, Schönheit und Güte (Gutheit) in einem untrennbaren Ganzen verschmolzen sind. Es liegt nahe, Johnstons drei Tugenden mit diesen Werten zu korrelieren, wenn auch natürlich nicht in schematischer Weise.

Schrift Edward Johnstons

Johnstons Wirkung

Johnstons Lehre des kalligraphischen Schreibens war ungemein fruchtbar; nebenher gilt er als Erfinder der Antiqua-Skelettform und damit der Blockschriften, aus denen die Typographie Gleichstrichgrotesken, wie die weit verbreitete Futura, entwickelt hat (auch wenn diese Schrift Paul Renners in ihrer letztendlichen Form den Gleichstrich aus optischen Gründen mehr oder weniger deutlich modifiziert hat). Johnston selbst war allerdings alles andere als ein typographischer Schriftenentwerfer; seine Liebe galt der formalen Handschrift, vor allem auch, weil nur die mit der Hand geschriebene Schrift Charakter und Entwicklung zeigt. Im folgenden Kapitel sollen Johnstons Ideen über die Qualitäten guten Schreibens auf die Schreibpraxis angewendet werden. Johnstons Wiederentdeckung der Breitfeder als *dem* kalligraphischen Urwerkzeug hatte Folgen für alle drei Hauptsparten der Schrift: Kalligraphie (formales Schreiben), Handschrift und Typographie (die Epigraphik, die Inschriftenkunde, kann in der Theorie der Schrift am ehesten der Typographie subsumiert werden, da sie nicht mit Feder und Tinte ausgeführt wird). Johnston selbst steht immer noch als Pionier für die Kalligraphie; für die Typographie muß Eric Gill an erster Stelle genannt werden. Er entwarf Auszeichnungsschriften, die für Beschriftungen im öffentlichen Raum Großbritanniens prägend wurden; die berühmteste Gill-Schrift ist seine 1928 erschienene Sans Serif, eine Groteske, die insbesondere mit der Futura wetteiferte. Die geniale Einfachheit der Grundformen und der Verzicht auf alles ›Überflüssige‹ sind ganz im Sinne Johnstons und rühren von der kreativen Verarbeitung der antiken Capitalis monumentalis her.

Alfred Fairbank: ›Italic Writing‹

Die Verbesserung der Handschrift ist unlösbar mit dem Namen Alfred Fairbanks verbunden. Als junger Mann hatte er Edward Johnstons Kurse besucht und sich für den Breitfederduktus insbesondere der Renaissance-Kursiven begeistert, eine Vorliebe, die er sein ganzes Leben lang beibehielt. Fairbank war nicht nur ein begnadeter Schreiber, er war auch Forscher, Pädagoge und Propagandist. Man darf nicht vergessen, daß das verkrampfte Schreiben mit einer kratzenden, tropfenden spitzen Stahlfeder zusammen mit strengen Übungen den Schülern jede Freude am Schreiben austrieb. Fairbank und einige Freunde setzten sich das Ziel, durch eine Schriftreform das natürliche Schreiben wieder einzuführen und dem Schreiber die Freunde an seiner Ausübung zurückzugeben.

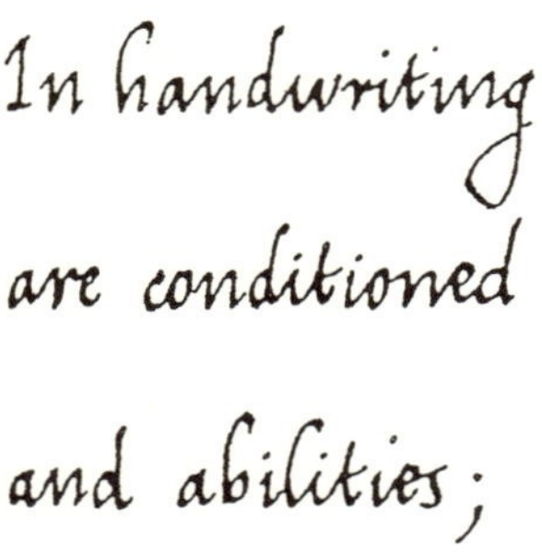

Handschrift Alfred Fairbanks

Aus dem gewissenhaften Studium der Schriften des italienischen Humanismus, insbesondere aber der Kursiven (Italics) der Cancellaresca von Arrighi, Tagliente, Platino und ihren Epigonen entwickelten sie eine vereinfachte, zeitgemäße Kursivschrift, die im Anleitungsblatt der Abbildung 9 wiedergegeben ist. Die ›Society for Italic Writing‹, eine Untersektion der 1921 gegründeten ›Society of Scribes and Illuminators‹ veröffentlichte Schriftanleitungen, veranstaltete zahlreiche Kurse und Wettbewerbe und machte auf diese Weise England zum Mutterland der internationalen Renaissance der schönen Handschrift.

Auf dem Kontinent fanden die Ideen Edward Johnstons vor allem in Deutschland ein aufmerksames Echo, ja man versuchte sogar, Johnston für eine Vorlesungsreihe in Düsseldorf zu gewinnen. Er kam zwar nicht, aber eine seiner Schülerinnen, die Deutsche Anna Simons, konnte ihn würdig vertreten, außerdem übersetzte sie sein Buch ›Writing & Illuminating & Lettering‹ ins Deutsche (1910). Die Ausbreitung der Gedanken der Schriftreform wurde allerdings durch den Ersten Weltkrieg um einige Jahre verzögert.

Kalligraphie in Deutschland zwischen den Kriegen

Die Zeit zwischen den Weltkriegen sah eine starke Entwicklung der Kalligraphie neben England nun auch in Deutschland, zumindest bis zur Machtergreifung der Nationalsozialisten, die, wie in so vielen anderen Fällen auch, den humanistischen Schreibern und Schriftdesignern die Arbeitsbedingungen verdarb oder sie gar zur Emigration zwang. So blieben die zwanziger Jahre die Blütezeit dieser Periode. Als Zentren der Schriftkunst müssen Offenbach, Stuttgart und Leipzig genannt werden. Der berühmteste Schriftkünstler der Zwischenkriegszeit, Rudolf Koch, wirkte an der Offenbacher Kunstgewerbeschule und arbeitete für die Gießerei der Gebrüder Klingspor, die zahlreiche besonders schöne Schriften, die auf der kalligraphischen Vorbereitung des Schriftschnitts beruhten, herausbrachte. Das Klingspor-Museum in Offenbach, international eine einzigartige Institution zur Wahrung und Sammlung von Schriftkunst, ist im Besitz von zahlreichen Originalen Kochs und seiner Schüler. Enge Beziehungen unterhielten die Offenbacher zu den Leipziger Schrift- und Buchkünstlern, von denen Walter Tiemann am bekanntesten ist. Leipzig ist übrigens bis heute ein Zentrum der Schriftkunst geblieben. In der Ära der Deutschen Demokratischen Republik wurde dort insbesondere das humanistische Erbe der großen Kalligraphen und Schriftenschneider gepflegt; unter ihrem Nestor Albert Kapr brachte die Leipziger Hochschule für Grafik und Buchkunst eine Reihe von Schriftkünstlern und -pädagogen von überragender internationaler Bedeutung hervor. Die großen Schriftbücher Kaprs und Hildegard Korgers sind heute noch unübertroffen. In Stuttgart schließlich wirkte Ernst Schneidler, ein Exzentriker, der als Schüler

Literatur: Christian Scheffler, Klingspor-Museum Offenbach (Reihe ›Museum‹), Braunschweig 1981

Literatur: Albert Kapr, Schriftkunst. Geschichte, Anatomie und Schönheit der lateinischen Buchstaben, Leipzig 1981

nur ›Wassermänner‹ zuließ (er selbst war auch einer). Er entwickelte die Ausdrucksmöglichkeiten der Handschrift über das gewöhnliche Maß hinaus und sprengte bewußt den Rahmen traditioneller schriftlicher Darstellung (vgl. Ft. XXII).

Ganzheitliche Werkauffassung

Die Leistung der genannten Schriftkünstler, ihrer Kollegen und Schüler ist wohl vor allem in der ganzheitlichen Kunst- und Handwerksauffassung zu sehen, die ihr gemeinsames Schaffen auszeichnete. Das Buch als Kulminationspunkt verschiedener Gestaltungstechniken stand in einer mit Morris zu vergleichenden Weise im Mittelpunkt des Interesses. Und ähnlich wie bei Morris erstreckten sich die Aktivitäten neben Arbeiten zu Kalligraphie und Typographie auch auf Einrichtungs- und Gebrauchsgegenstände, bei denen Schrift eine gewisse Rolle spielte, zum Beispiel mit gestickten Sprüchen verzierte Wandteppiche. Die Kalligraphie mit der Feder kam aber natürlich vor allem bei der Gestaltung von Einzelstücken zum Tragen, bei denen eine Gestaltungsidee grafisch umgesetzt werden konnte.

Nach dem Zweiten Weltkrieg

Nach dem Zweiten Weltkrieg verstärkte sich der Einfluß der Kalligraphie auf die Typographie. Gestiegene ästhetische Bedürfnisse einerseits und erweiterte technische Möglichkeiten andererseits machten Formen realisierbar, die mit dem Bleisatzverfahren nicht ohne weiteres herzustellen gewesen wären. Vor allem aber setzte sich der Grundsatz *Schrift kommt von Schreiben* auch für die typographische Gestaltung durch. Es ist immer etwas unbefriedigend, aus einer Reihe lebender Künstler einige hervorzuheben und andere nicht zu nennen; kein Kenner wird jedoch bestreiten, daß die Kalligraphen und Schriftenentwerfer Hermann Zapf und Karlgeorg Hoefer maßgeblich zur Kalligraphisierung der Typographie beigetragen haben.

Kalligraphie und Computer

Zunehmend bemächtigten sich auch die elektronischen Medien der kalligraphisch durchgeformten Schrift. Unsere Beispiele (Abb. 27) zeigen Schriften der Serie ›Type before Gutenberg‹ von Linotype-Hell, die mit PC und Laserdrucker eingesetzt werden können. So schließt sich der Kreis: Die Typographie hat im Verlauf der vergangenen 100 Jahre so gut wie jede lernbare Lektion von der Kalligraphie angenommen. Heute dagegen

abcdefghijklmnopqrstuvwxyz
abcdefghijklmnopqrstuvwxyz

beatitudo non est virtutis praemium, sed ipsa
virtus. nec eadem gaudemus quia libidines coer
cemus, sed contra, quia eadem gaudemus, ideo

abcdefghijklmnopqrstuvwxyz
ABCDEFGHIJKLMNOPQRSTUVWXYZ

Beatitudo non est virtutis praemium, sed ipsa virtus. Nec eadem gaude
mus quia libidines coercemus, sed contra, quia eadem gaudemus, ideo
libidines coercere possumus

27 ›Type before Gutenberg‹: Fotosatzschriften, die auf handschriftlichen Vorbildern verschiedener Epochen basieren; Omnia (oben), um 300 n. Chr.; Clairvaux (unten), um 1300

wäre es möglich, kalligraphische Grundformen nach den eben erwähnten Alphabeten der Sammlung ›Type before Gutenberg‹ zu erlernen. Damit wird die Frage nach dem Sinn der Kalligraphie erneut aufgeworfen. Das Kunstwerk hat es nun einmal im Zeitalter seiner technischen Reproduzierbarkeit (Walter Benjamin) immer schwerer, sich gegen die mit raffinierten technischen Mitteln erstellten Werke der industriellen Produktion zu behaupten.

Hauptströmungen der Kalligraphie am Ende des 20. Jahrhunderts

Die sinnlich erfahrbare Spur unmittelbarer menschlicher Bewegung wird immer mehr zum Thema der zeitgenössischen Kalligraphie. Mit einigem Vorbehalt lassen sich drei Hauptströmungen der gegenwärtigen Entwicklung innerhalb des übergeordneten Themas feststellen. Erstens: die Hinwendung zum Herstellen singulärer Oberflächen, die die Eigenschaften der Textur des Untergrunds, den Einsatz echter, körperhafter Farben, von Gold und anderen Metallen einschließt (die technischen Systeme können ohne Sonderaufwand metallische Effekte nur imitieren, nicht darstellen). Zweitens: die Abstraktion der Zeichen bzw. die Irrelevanz der Zei-

Die Farbtafel XLVI kann die Wirkung der Textur nur unvollständig wiedergeben

Literatur: Kalligraphie '91. Katalog der Ausstellung im Klingspor-Museum 23. August – 22. September 1991, Offenbach 1991

International Calligraphy Today. 155 Outstanding Examples of Calligraphic Art from 21 Nations, New York 1982

chen. Durch die Schaffung neuer, quasi kalligraphischer Zeichen oder auch nur zeichenähnlicher Figuren wird der kalligraphische Duktus und Gestus selbst zum Thema gemacht. Es ist wohl berechtigt, diese Richtung als *freie Kalligraphie* zu bezeichnen. Da sie ihrem Interesse gemäß im Extremfall ganz auf Texte verzichten kann, nähert sie sich reiner Expressivität mit den Mitteln des Schreibens. Sie ist damit vor allem offen geworden für die ostasiatische Kalligraphie. Viele ernsthafte europäische Kalligraphen befassen sich mit dieser Form der Schriftkunst, man muß jedoch gerade hier vor einem modischen Überschwang für das Exotische warnen: Japanische Kalligraphie (Sho) ist doch etwas schwieriger als Sushi essen gehen. Drittens: die Bewegung zur Kultivierung der eigenen Handschrift. Die Saat Alfred Fairbanks und seiner Schüler scheint mehr und mehr aufzugehen. Fairbank hatte als Voraussetzung für die Verbesserung der Handschrift die Einführung von Kalligraphie-Füllfederhaltern empfohlen, die durch ihren bloßen Gebrauch die Gestaltungs- und Ausdrucksmöglichkeiten sinnfällig machen würden. Die allgemeine Rückbesinnung auf das Schreiben mit Füller und Tinte hat auch der Verbreitung von Füllfederhaltern mit Kalligraphiefeder (ArtPens) mächtigen Auftrieb gegeben, zahlreiche Schriftanleitungsbüchlein sind auf dem Markt, und es ist zu erwarten, daß sich aus dem Kreis der Breitfeder-Schreiber im Sinne Fairbanks zunehmend künstlerische Persönlichkeiten heraussheben, die der Schriftkunst neue Impulse verleihen.

Kalligraphie als leiblicher Akt

Allen drei genannten Entwicklungslinien der Kalligraphie gemeinsam ist der aktionale Aspekt des Schreibens. Der leibliche Akt, selbst zu schreiben, mit den dazugehörigen sinnlichen und motorischen Erfahrungen, führt zurück zu der Tatsache, daß Schreiben eine rhythmische Tätigkeit ist, die von der leiblichen ›Eigenzeit‹ des Schreibers bestimmt wird. Angesichts der Fremdbestimmung in unserem Lebensrhythmus, die von Wirtschaft und Gesellschaft erzeugt wird, kann die Kalligraphie als meditative Beschäftigung sogar eine therapeutische Wirkung haben. Die steigende Nachfrage nach Kalligraphiekursen mag dabei als Indiz für ihre wachsende Relevanz dienen.

Confitebor domino secundum iusticiam eius:
et psallam nomini domini altissimi
8 Domine dominus noster: quam admira
bile est nomen tuum in universa terra.
Quoniam elevata est magnificencia tua super celos.
Ex ore infancium et lactencium perfecisti laudem:
propter inimicos tuos ut destruas inimicum et ultorem.
Quoniam videbo celos tuos opera digitorum tuo
rum: lunam et stellas que tu fundasti
Quid est homo quod memor es eius: aut filius ho
minis quoniam visitas eum
Minuisti eum paulominus ab angelis: gloria
et honore coronasti eum et constituisti eum su
per opera manuum tuarum
Omnia subiecisti sub pedibus eius: oves et boves
universas insuper et pecora campi
Volucres celi et pisces maris: qui perambu
lant semitas maris.
Domine dominus noster: quam admirabile
est nomen tuum in universa terra.
9 Confitebor tibi domine in toto corde meo:
narrabo omnia mirabilia tua.
Letabor et exultabo in te: psallam nomini
tuo altissime

XVII ›Alphonso Psalter‹: anonym, Ps. 7.18–8.1–5 mit Textualis quadrata, anonym, um 1300

XVIII Eike von Repgow, ›Sachsenspiegel‹: Rechtscodex in Textualis semiquadrata mit gotischen Illustrationen, um 1225

XIX Dante Alighieri, ›La divina comedia – il paradiso‹: italienische gotische Kursive, 1337

XX Boethius, ›De consolatione philosophiae‹: Kanzleibastarda (Cursiva Formata), Beispiel für die Kalligraphisierung einer Gebrauchsschrift, Mitte 15. Jh.

Cy apres sensieult le pro
logue du liure traittant
de la venue du benoit filz
de dieu a prendre char
humaine ou monde. De
sa vie et conuersation.
De ses oeuures et trauaulz
Et de sa passion et mort
resurrection et apparitiōs
pour le sauuement du
monde. Prologue

La vie et conuer
sation de nostre
seigneur Jhesucrist filz
de dieu dieu et home ne
de marie vierge Rachateur
et sauueur de lumain li
gnage au monde. Est fon
dement ferme droite regle
Exemple cler esperance
vraye Et seure attendue
de sauuement pour tous
bien viuans. Et ne est
point daultre. Si cōme sait
pol en lepistre as corinthiēs
dist ou tiers chapitre.
Fundamentū enim aliud
nemo potest ponere preter

XXI David Aubert (herzoglicher Schreiber Philipps des Guten von Burgund), ›Vita Christi‹: Batarde (Lettre Bourguignonne), Gent, ca. 1480

XXII Ernst Schneidler, verschiedene farbige Schriften auf beige-braunem Grund

XXIII Ingrid Schade, Capitalis monumentalis

Übungsblocks (links oben und Mitte) sind mit Linierungen für verschiedene Schriftgrößen ausgestattet. Bei Aquarellfarben (Kasten, kleine Tuben), Gouachen (große Tuben) und flüssigen Acrylfarben (Flaschen mit Pipettenkappe) sind beste Qualitäten zu empfehlen. ArtPens (Mitte links und oben) gibt es in verschiedenen Stärken. Ihre Federn lassen sich mit einem Arkansasstein messerscharf zuschleifen (im Arbeitsset, Mitte oben). ArtPens schreiben am besten mit dünnflüssigen Tinten (Mitte). Vorn links verschiedene Rohrfedern, Chinesische Tuschestange und Tuschestein; große Pinsel für flächige Arbeiten mit Farbe (Vordergrund links) und Pinsel mit kleinem Kopf für Schrift (Mitte vorn)

Eine schräggestellte Zeichenplatte hilft auch beim Linieren. Mit dem großen Zeichendreieck und dem Proportionalzirkel lassen sich spezielle Linierungen mühelos aufbauen. Mit der Liniernadel kann man Linien durchdrücken, so daß auf der Rückseite eines Blattes die Linien in gleicher Höhe stehen (alles auf der Zeichenplatte). Rechts unten verschiedene Steckfedern in Federhaltern, die sich besonders für höherviskose Farben eignen. Im Vordergrund Steckfedern, Tintenkonverter, Radiergummi, Pinsel und Arkansasstein (weiß, neben der Palette). Ganz vorn ein formschöner Füllfederhalter für ›Italic Writing‹ (Federbreite 0,6 mm) mit dazu passendem Druckbleistift; links darüber ein 2-mm-Druckbleistift für Skizzen, daneben ein japanischer Kalligraphiepinsel

XXV Hermann Zapf, Antiqua-Versalienalphabet

XXVI Franca Luccardi, ›Buon natale‹: kalligraphische Illustration in schwarzer und roter Farbe

die fruehe karolingische minuskel ist eine kraftvolle schrift mit keulenfoermigen oberlaengen

eine ganze reihe von beispielen zeigen sie aber auch weich gerundet

spaeter verlieren die ober- und unterlaengen an bedeutung und das schriftband ist oft leicht geneigt

MAJUSCELN DER CAPITALIS RUSTICA
bilden häufig die erste zeile eines textes. Die uns vertraute form der gemischten groß- und kleinschreibung ist aber noch unbekannt.

je schlichter die
karolingische
Minuskel
geschrieben wird,
desto "moderner"
wird ihr Gesicht.

Mit der
römischen
Capitalis
bildet sie
die Grundlage
europäischer
Schrift.

XXVII/XXVIII Ingrid Schade, Entwicklung der karolingischen Minuskel (Schriftproben)

Mein karolingisches Alphabet:

a a b c d e f g h i j k l m n o p q
r r ſ s t u v w x y z z
ß ſſ ſt st sa ff fl ft fa g g æ œ ę

A B C D E F G H I J K L M N O P
Q R S T U V W X Y Z Z & ?

1 2 3 4 5 6 7 8 9 0

Quanta ſunt gaudia
amanti et amato
ſine fellis macula
dilecte ſociato!
iam reverant omnia
nobis delectabilia
hiems eradicatur.

XXIX Marsha Brady, Lithographie eines Alphabets mit zum Teil zerfließender Farbe in 21 gleichgroßen Quadraten, gerahmt von Text in federgeschriebener moderner Uncialis

XXX Ingrid Schade, ›Kain und Abel‹

XXXI Psalterium: Schreibender Mönch im Gehäuse mit Schreibpult, Feder und Federmesser, Schriftleiste in Uncialis, ca. 1150

C

SCHREIBEN

1 Das Werkzeug

Das ›Urwerkzeug‹ ist der Körper: Kalligraphieren kann man also mit jedem beliebigen Gegenstand, der die Spur einer körperlichen Bewegung auf irgendeinem sichtbaren Material hinterläßt. Das beginnt mit dem Finger, der in den Sand schreibt, und endet bei experimentellen Techniken wie der Aufzeichnung von Lichtspuren, die ein Leuchtstab im Dunkeln produziert, und ähnlichen Dingen. Der Phantasie sind praktisch keine Grenzen gesetzt.

Kulturelle Prägung

Die geläufigsten kalligraphischen Verfahren unterscheiden sich von Kulturkreis zu Kulturkreis: Für Europa sind seit über 1500 Jahren Feder und Tinte prägend, in den asiatischen Hochkulturen haben sich Pinsel und Tusche seit noch längerer Zeit behauptet. Die jüdische und die islamische Kalligraphie verwenden Werkzeuge und Medien, die in etwa mit den europäischen zu vergleichen sind. Grundsätzlich beruhen alle hier genannten Schriftkulturen auf aus Linien zusammengesetzen Zeichen. Daher lassen sich asiatische Schriften mit der Feder schreiben und umgekehrt europäische mit dem Pinsel. In ihrer ›Skelettform‹ kann man alle linearen Schriften mit dem Kugelschreiber schreiben – was aber, cum grano salis gesagt, mit Schriftkultur einigermaßen wenig zu tun hat.

›Skelettform‹: reiner Linienaufbau ohne Duktus und Verzierungen wie Serifen

Breitfeder

Die europäische Schriftkultur umfaßt die Schriften des griechisch-hellenistisch-byzantinischen Ostens und des lateinisch-abendländischen Westens mit den Hauptschriftzweigen lateinisch, griechisch sowie dem damit verwandten kyrillisch. Den kalligraphisierten Formen dieser Schriften gemeinsam ist ihre Entwicklung aus dem Breitfederduktus. Die Breitfeder (auch: Bandzugfeder) erzeugt, solange sie nicht spürbar gedreht wird, je nach ihrer Bewegungsrichtung unterschiedlich starke Striche.

Ein einleuchtender Grund für die geschichtliche Dominanz der Breitfeder ist, daß sich eine nadelförmige Spitze von tintenführenden Schreibgeräten wie Binsenrohr (Calamus) und Vogelfedern viel schneller abnutzt als eine breite Spitze. Sehr spitze Schreibgeräte (z.B. der lateinische ›stilus‹) wurden benutzt, um Buchstaben in Wachstäfelchen zu ritzen. Stili aus Hartholz, Metall, Elfenbein und anderen harten Materialien konnten aber nicht für einen zuverlässigen Tintenfluß aufbereitet werden. Ein weiterer Vorteil der Breitfedern war außerdem, daß man mit ihnen größere Zeichen (breiter, stärker im Strich, kräftigerer Farbkontrast) schreiben konnte.

›Calamus‹: das flach abgekantete antike Schreibrohr für Tinte

›Stilus‹: spitzer Griffel mit flachem hinteren Ende (zum Auslöschen von Schrift auf Wachstafeln)

Schließlich sind aber auch ästhetische Gründe anzuführen: Der Wechsel von breiten und schmalen Strichen verlieh den Buchstaben Elemente von Gleichheit und Varianz, die sie zusammengehörig und aufeinander bezogen erscheinen ließen, während der stets gleichbleibende Strich diese Bezogenheit mit rein geometrischen Mitteln erzeugen mußte. Geometrisch strenge Linearität ist allerdings mit der Hand schwer durchzuhalten, daher ist es kein Wunder, daß sich Gleichstrichschriften erst nach der Einführung des Buchdrucks durchgesetzt haben – eigentlich erst in unserem Jahrhundert. Gerade die augenfällige ästhetische Betonung der wechselnden Strichstärke hat die Breitfeder zu einem menschengerechten Schreibwerkzeug werden lassen: Unvermeidliche Unebenheiten im Schriftbild ordnen sich dem ästhetischen Prinzip organisch unter und steigern unter Umständen noch den lebendigen Eindruck.

Breitfedergeräte heute

Heute werden als Kalligraphiematerial im wesentlichen vier Gruppen von Breitfedergeräten verwendet: 1. Kalligraphie-Füllfederhalter, 2. Metall-Steckfedern, 3. Vogelfedern und 4. Rohrfedern. Kalligraphiefederhalter mit Breitfeder werden als ›ArtPens‹ angeboten. Es gibt sie in

verschiedenen Federbreiten, darunter auch einige, die links geschrägt sind. Die ArtPens haben einen langgezogenen Schaft, ähnlich wie der altbekannte Holzfederhalter, der dem Gerät eine ausgezeichnete Balance verleiht. Das Griffstück ist leicht geriffelt, einerseits um einen guten Halt zu gewährleisten, andererseits um die Fingerhaut zu belüften, was bei längerem Schreiben sehr angenehm ist.

28 Schreibwerkzeug: Urban Wyss, ›Libellus valde doctus‹; der Holzschnitt zeigt eine frühneuzeitliche Schreibwerkstatt; Zürich 1549

Schreibtinte

ArtPens werden normalerweise mit Tintenpatronen geladen, können aber auch mit einem Konverter ausgerüstet werden – einem separaten Tank mit Kolbenzug, mit dem man Tinte aus einem Glas aufnehmen kann. Dieses Verfahren bietet mehrere Vorteile: 1. Man kann sich seine Tinte aus den verschiedenen Farbtönen selbst mischen und im ArtPen verschreiben oder sogar Pigmentfarben (allerdings mit sehr feiner Korngröße) verwenden. 2. Man kann den Kolbenzug des Konverters zum Reinigen des Tintenleiters verwenden, indem man Wasser aufzieht und wieder aus dem Gerät drückt. 3. Die Verwendung eines Konverters in Verbindung mit Tintengläsern ist auch ökonomisch und ökologisch interessant: Ein 30-ml-Tintenglas enthält das Volumen von ca. 37 Euro-Standardpatronen, während 20 Patronen soviel kosten wie ein Glas Tinte. Die Umwelt wird entlastet, wenn man auf Kunststoff-Patronen verzichtet, die schon nach kurzer Zeit auf den Müll wandern. 4. Schließlich soll noch erwähnt werden, daß Tinte sich in Gläsern länger hält als in Kunststoff-Patronen (hierzu mehr weiter unten).

Kapillarkräfte im Füllfederhalter

Die Leistungsfähigkeit von Kalligraphie-Füllfederhaltern hängt in erster Linie vom sogenannten Leitsystem ab. Dies ist eine präzise Konstruktion, durch die die Tinte vom Reservoir zur Feder geleitet wird. Das Wasser, das den Hauptbestandteil der Tinte ausmacht, entwickelt durch seine Oberflächenspannung Netzkräfte (Kapillarkräfte), die, bildlich gesprochen, Tinte ›nachziehen‹, wenn an der Federspitze Flüssigkeit abgegeben wird. Das Leitsystem bietet der Tinte genügend Fläche, um gut haften zu können, und gestattet durch speziell geformte und dimensionierte Kanäle das zügige Nachfließen. Wenn das Leitsystem nicht optimal ausgelegt ist, fließt entweder keine Tinte oder das Gerät läuft aus. Es dürfte auf der Hand liegen, daß die Ansprüche, die eine Breitfeder an ein Leitsystem stellt, erheblich größer sind als die eines normalen Füllers, der in alle Richtungen gleich stark schreibt. Wegen dieser technischen Schwierigkeiten hat sich der industriell hergestellte Füllfederhalter als Kalligraphiegerät auch erst in den achtziger Jahren durchgesetzt, obwohl es ihn schon mehrere Jahrzehnte gibt.

Qualität der ArtPens

Bei der Auswahl sollte auf Qualität geachtet werden: Ein solider, guter ArtPen kostet ca. 20 bis 25 DM, eine Investition, die sich unbedingt lohnt. Zwar gibt es billigere Imitate, jedoch ist es Glückssache, ein Gerät zu erwischen, das aus einer guten Fertigungscharge stammt und nicht ausläuft oder kleckst, von materialbedingter kürzerer Lebensdauer ganz zu schweigen.

Einschleifen der Feder

Manche Kalligraphen haben Vorbehalte gegen Kalligraphie-Füller, weil die Haarlinien nicht so fein seien und weil keine lichtechte Tinte verwendet werden könne. Die besseren ArtPens können allerdings mit einem Arkansas-Stein sehr scharf angeschliffen werden. Hierzu benetzt man den Stein mit Wasser oder einem Tropfen Spülmittel und zieht die Federspitze flach nach unten, als ob man ein großes ›I‹ schreiben wollte. Die schärfsten Federkanten erhält man, wenn die Feder auf den Rücken gedreht abgezogen wird. Sie wird dann keilförmig ausgeformt und ergibt einen sehr feinen Haarstrich. Wichtig ist das Entgraten der Schliffkante. Ein einfaches Hilfsmittel ist ein Abziehleder, wie es der Friseur zum Schärfen des Rasiermessers verwendet. Man kann die Schliffkante aber auch durch druckloses Polieren auf dem Arkansas-Stein glätten.

Breitfeder (Bandzug)

Das Einschleifen einer Feder erfordert viel Fingerspitzengefühl und ein bißchen Erfahrung, am besten läßt man es sich von jemandem zeigen, der es schon kann. Im übrigen läßt sich am Anfang ganz gut auf besonders scharfe Haarlinien verzichten; erst nachdem die Formen gut verstanden sind, sollten die virtuosen Feinheiten in Angriff genommen werden. Subtile Details an unverstandenen Formen wirken leicht wie Effekthascherei.

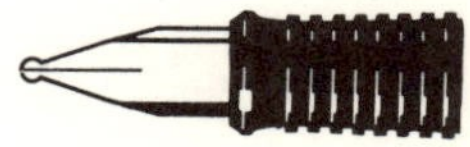

Rundfeder (Gleichzug)

Zur Tintenfrage ist anzumerken, daß es pigmentierte ArtPen-Tinte gibt, die vollständig lichtecht ist. Diese Tinte fließt allerdings etwas langsamer aus der Feder und kann den ArtPen verstopfen, wenn das Gerät offenliegt oder längere Zeit nicht genutzt wird. Normale Füllfederhalter und billige Kalligraphie-Füller werden in der Regel durch pigmentierte ArtPen-Tinte unbrauchbar.

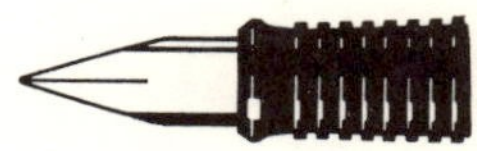

Spitzfeder (Skizzieren)

Vorteile der ArtPens

Kalligraphie-Federhalter haben ihren Platz vor allem als Geräte für flüssige Handschrift wie ›Italic Writing‹ und für Studien. Ihr größter Vorteil ist ihre Problemlosigkeit: Sie sind sofort schreibbereit, müssen nicht alle paar Worte nachgefüllt werden, ergeben einen gleichmäßigen Tintenfluß (wenn sie gut sind) und können überall hin mitgenommen werden. Ein ArtPen gestattet, Ideen spontan umzusetzen. Als Handschrift- und Studiengerät gehört er zur kalligraphischen Grundausrüstung.

Steckfedern

Metall-Steckfedern gibt es seit 1830. Gegenüber den bis dahin gebräuchlichen Vogel(insb. Gänse-)federn hatten sie den Vorteil einer dauerhaften Schreibspitze. Nachdem durch Weiterentwicklung der Tinte das Problem der Korrosion einigermaßen gelöst worden war, wurde die Vogelfeder – außer in der Kalligraphie – vollständig verdrängt. Allerdings änderte sich mit dem Siegeszug der Stahlfeder auch die Schrift: Da es nun möglich war, dauerhafte, sehr spitze Federn herzustellen, ging das Breitfederschreiben rapide zurück. Unter dem Eindruck der in Kupfer gestochenen filigranen Schriften des späten 18. Jahrhunderts (z. B. Copperplate; siehe Abb. 19) wurde versucht, die Handschrift umzubilden. Breite Striche wurden durch Druck erzeugt, jedoch fand diese Technik nur in ästhetisierendem Kontext Platz. Für den immer weiter steigenden Schriftbedarf des industriellen Zeitalters wurden rasch zu schreibende Spitzfederschriften entwickelt, insbesondere in den Vereinigten Staaten (Methoden ›Spencer‹ und ›Palmer‹, sog. ›business writing‹). In Deutschland gipfelt die Entwicklung zur Spitzfeder in der ästhetischen Katastrophe der Sütterlin-Schrift, einer Erfindung des Berliner Grafikers Heinrich Sütterlin (1865-1917), die von den Nationalsozialisten 1935 bis 1941 zur Standard-Schulschrift erklärt wurde, weil sie als besonders ›deutsch‹ galt.

Vorteile der Steckfeder

Die Stahlfeder wurde jedoch auch für grafische Zwecke als Breitfeder hergestellt und wird heute noch produziert, auch wenn sie durch die Verbreitung des ArtPen ein wenig ins Hintertreffen geraten ist. Kalligraphen schätzen an der steckbaren Stahlfeder vor allem ihre Eignung für die verschiedensten Farbflüssigkeiten und die feinen Haarstriche, die von der geringen Materialdicke herrühren.

Im Handel gibt es eine größere Auswahl von Bandzugfedern in Breiten von ca. 0,5 bis 4 Millimetern. Größere Federbreiten werden auch als Plakatfedern bezeichnet; sie ergeben aber weniger prägnante Haarstriche, da das Federblatt umgefalzt wird, um ein internes Tintenreservoir bilden zu können. Die Federn (auch die Plakatfedern) werden in einen klassischen hölzernen Federhalter gesteckt. Sehr praktisch sind Sets mit zehn bis zwölf Federn und einem Halter; ein gewisses Problem ist die Notwendigkeit, ein Tintengefäß dabei zu haben, so daß Steckfedern mehr für den festen Arbeitsplatz als für unterwegs geeignet sind.

Füllen der Feder

Die gewöhnlichen Steckfedern tragen eine Überfeder oder eine Unterfeder (Reservoir), um eine gewisse Farbmenge aufnehmen zu können. Im deutschsprachigen Raum ist die Überfeder üblich, im englischsprachigen wird mehr mit der Unterfeder gearbeitet. Beide Reservoirsysteme werden mit einem kleinen Pinsel, einer

Pipette oder einer Glaskanüle von der Seite oder von hinten befüllt. Eintauchen sollte man die Feder nicht! Die Spitze der in der Längsachse verschiebbaren Überfeder sollte die Feder leicht berühren und zwar im Abstand von ca. ein bis zwei Millimetern von der Federspitze, damit eine kapillare Verbindung zwischen dem Reservoir und dem Federspalt hergestellt wird. Eine unpassende Position der Über-/Unterfeder kann zum Auslaufen oder zu stockendem Tintenfluß führen. Da verschiedene Tinten bzw. Farben unterschiedliche Oberflächenspannungen und Viskositäten (s.u.) aufweisen, ist es empfehlenswert, die Über-/Unterfederposition zu optimieren, bevor eine neue Flüssigkeit verschrieben wird. Werden nur sehr kleine Mengen Farbe bzw. Tinte benötigt, so kann man auch auf ein Reservoir verzichten. In diesem Fall wird die Unterseite der Feder mit dem Füllpinsel eingestrichen, möglichst so, daß der Strich von hinten nach vorn am Federspalt entlanggeht und abschließend die Schreibkante benetzt.

Vorbehandlung und Pflege von Stahlfedern

Da Stahlfedern (anders als ArtPen-Federn, die veredelt sind) leicht rosten, werden sie fabrikseitig mit einem dünnen Schutzfilm aus Paraffin beschichtet. Vor dem erstmaligen Gebrauch muß dieser entfernt werden, entweder durch Abschmelzen über einer Flamme (Gasfeuerzeug) oder durch chemisches Ablösen (mit Azeton oder Nagellackentferner); manche Hersteller verpacken ihre Federn auch mit einem speziellen Antirost-Streifen, damit auf das Abbrennen des Paraffinfilms verzichtet werden kann. Nach dem Schreiben sollte die Feder sofort mit Wasser gespült, nötigenfalls mit Waschmittel gereinigt werden. Es ist wichtig, daß keine Substanzen auf die Feder gelangen, die entweder wasserabweisend (hydrophob) sind oder die Oberflächenspannung beeinträchtigen. Die Tinte könnte sonst keinen Halt finden oder würde nicht nachfließen. Daher sollte die Feder nach dem Waschen immer klar gespült und getrocknet werden. Hautfett wirkt hydrophob, man sollte also nicht mit den Fingern auf die Feder fassen, etwa um diese in den Federhalter zu stecken (man kann die Feder mit einem Taschentuch anfassen).

Vogelfedern

Für eineinhalb Jahrtausende war die Vogelfeder, vorzugsweise die Gänsefeder, das Schreibgerät des Abend-

landes. Meisterkalligraphen halten sie noch heute für das beste aller Schreibwerkzeuge, denn sie ist 1. sehr fein zuzuschneiden, 2. ergibt sie die feinsten Haarstriche und besitzt 3. eine von keinem anderen Gerät erreichte Elastizität, die expressives Schreiben unterstützt. Demgegenüber hat sie zwei gravierende Nachteile: Die Spitze nutzt sich schnell ab, und brauchbare Schreibfedern sind sehr schwer zu bekommem.
Die Anfertigung einer Schreibfeder ist eine Wissenschaft für sich und bedarf gründlicher Übung. Voraussetzung ist, daß man gute Gänse- oder Schwanenfedern, gegebenenfalls auch Truthahnfedern bekommen kann. Interessant sind hierbei nur die äußeren großen Flugfedern, die das notwendige Profil und einen ausreichenden Durchmesser aufweisen. Gut erkennbar sind diese Federn daran, daß sie an beiden Seiten des Schaftes unterschiedlich breite ›Fahnen‹ tragen – die übrigens zweckmäßigerweise entfernt werden.

Schneiden des Federkiels

Für den Schnitt einer Schreibfeder gibt es eine ganze Menge historischer Anweisungen. Als sehr praktikable sei hier die aus Edward Johnstons Standardwerk ›Writing Illuminating & Lettering‹ paraphrasiert:

1. Die Feder wird auf etwa 18 Zentimeter Länge abgeschnitten (am hinteren Ende natürlich)
2. Die Fahne wird abgerupft
3. Die Federspitze wird in der von Stahlfedern bekannten Form ausgekehlt und geschlitzt (Schlitzlänge ca. 1 cm)
4. Die Federspitze wird von oben schräg (ca. 70 °) zur Breitfeder geschnitten. Zum Schneiden verwendet man am besten ein Skalpell, das man im Grafik-Fachgeschäft erhält (Skalpelle werden unter anderem zum Folienschneiden gebraucht)

Es gibt zahlreiche Tricks, die Schreibfedern zu härten, ihre Form zu modifizieren etc. Hierzu enthält Johnstons Werk zahlreiche Hinweise, und auch Rose Falsoms ›The Calligrapher's Dictionary‹ führt hier weiter. Wer zum Schreiben mit der Kielfeder vordringt, hat in der Regel schon Anschluß an Kreise fortgeschrittener Schreiber gefunden. Die Ausführungen in diesem Handbuch können dagegen nur erste Hinweise geben.

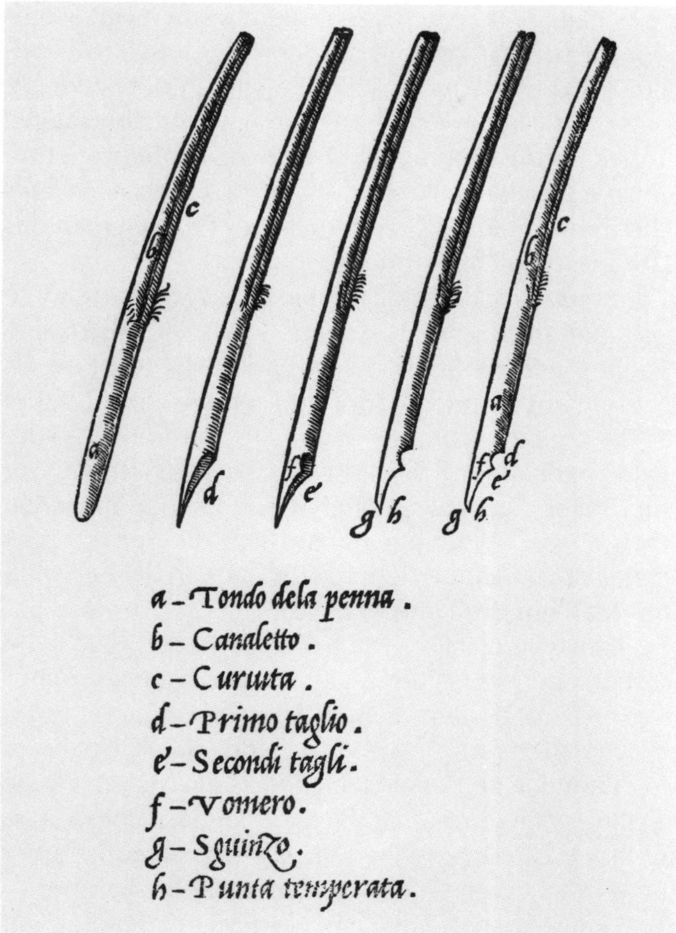

29 Herstellen einer Schreibfeder nach Ludovico degli Arrighi; 1. Hälfte 16. Jh.

Rohrfedern, arabischer Duktus

Rohrfedern werden im Prinzip genauso bearbeitet wie Kielfedern, sind jedoch leichter selbst herzustellen. Sie stellen die älteste Form der Breitfeder dar und wurden schon in der Antike viel verwendet. In der arabischen Kalligraphie sind sie das traditionelle Schreibwerkzeug (›qalam‹, vgl. lat. ›calamus‹). Im Nahen Osten hatte man stets Zugang zu hinreichend hartem Holz, zum Beispiel Malakkarohr, um daraus haltbare Federn zu schneiden. Auch Bambus ergibt gute Rohrfedern, allerdings wurde er früher wenig verwendet. Im mittelalterlichen Europa gab es keine ausreichend harten Rohrhölzer, so entwikkelte sich die abendländische Schrift aus dem Duktus der Vogelfeder, die sich besser ziehen läßt (beim Schieben hätte der Widerstand des Schreibgrunds, insbesondere bei Papier, eine elastische Reaktion der Feder zur Folge). Demgenüber gestattete das verhältnismäßig starre Rohr des arabischen Qalam ›geschobene‹ Schriften zu entwickeln, die sich besser von rechts nach links schreiben lassen als gezogene Schriften, weil man das Handgelenk nicht verdrehen muß.

Marker

In der europäischen Kalligraphie wird die Rohrfeder in der Regel nur für breite Schriften bzw. großformatige Arbeiten und für Studien verwendet. Heute ist sie als großformatige Studienfeder größtenteils vom Marker mit Breitspitze verdrängt worden (es werden auch spezielle sogenannte Kalligraphie-Marker angeboten, mit einer Spitze, die anfangs einen Bandzugfeder-ähnlichen Strich abgibt. Allerdings nutzen sich die Spitzen sehr schnell ab, und außerdem handelt es sich bei den meisten Markern um Einweggeräte).

Herstellung der Rohrfeder

Die Herstellung einer Rohr-/Bambusfeder gleicht im wesentlichen der einer Kielfeder. Das weniger elastische Material bedingt, daß die Form besser zu sägen als zu schneiden ist; für die Anlage des Kapillarspalts ist eine Rasierklinge besser geeignet als ein Messer, da sie mit ihrer geringen Blattstärke das Material nicht so stark aufhebelt. Die flache Oberseite läßt sich mit Sandpapier zur gewünschten Stärke schleifen. Rohr-/Bambusfedern kann man heute schon in vielen Städten im Schreibwaren-Fachhandel fertig geschnitten kaufen; wegen ihrer dekorativen Wirkung lassen sie sich auch an Schriftignoranten verkaufen, deren Kreativität sich aufs ›Haben‹ beschränkt – aber das gilt ja gerade auch für Füllfederhalter.

Pinsel

Neben den Federn als wichtigsten Schreibgeräten sind Pinsel seit jeher ein vielseitiges Werkzeug der Kalligraphen. Hierbei wären Pinsel, mit denen Schrift geschrieben wird, von solchen zu unterscheiden, die der Ausmalung vorher (zeichnerisch) festgelegter Schriftzüge dienen. Pinsel sind in ihrem Duktus erheblich vielseitiger als Federn und bestimmen daher den Schriftstil viel weniger als jene. Wohl deshalb haben die Chinesen – vielleicht die größten Schriftmeister überhaupt – die Grundbewegungen, die der Schreibpinsel zu vollführen hat, streng auf einige wenige reduziert und so den Duktus gewissermaßen in der Motorik des Schreibens internalisiert. In Europa kannte man diese duktusbildenden Einschränkungen nicht, und so wurde, zumindest mit dem Spitzpinsel, mehr Schrift (nach-)gemalt als geschrieben. Erst durch die Technik Karlgeorg Hoefers (siehe Kapitel B – freie Kalligraphie) hat sich der Spitzpinsel zu einem duktusbildenden Schreibgerät entwickelt, was aber eine eigenständige Haltung des Pinsels voraussetzt (sehr flacher Winkel, ggf. Griff von oben), die sich deutlich von der üblichen unterscheidet.

Flachpinsel

Der Flachpinsel kommt der Schreibtechnik mit der Feder am nächsten, da er die Form der Breitfeder in abgewandelter Weise repräsentiert. Er ist besonders für großformatige Schriften geeignet und findet als Schreibinstrument vor allem für Plakatformate Anwendung. Schon in der Antike wurden mit dem Flachpinsel Farbinschriften zum Zweck der Reklame verwendet; in Pompeji befinden sich noch Übereste solcher, meist auf Kalkputz angebrachter Inschriften. Die antike Capitalis rustica erscheint geradezu prädestiniert für den Flachpinsel.

Qualität der Pinsel

Bei der Anschaffung von Pinseln gilt das gleiche wie bei ArtPens, gute Qualität zahlt sich aus – trotz höherer Einstandspreise. Das heißt nicht, daß für die Kalligraphie die teuersten Haarqualitäten erforderlich wären. Aquarellpinsel mit echtem Kolinsky-Haar (vom Schweif einer Marderart, die nur in Sibirien lebt) sind sehr begehrenswert, finden aber ihren Platz mehr in der Aquarellmalerei als beim eigentlichen Schreiben. Ein Pinsel aus einfachem Marderhaar mittlerer Größe (6-8) ist ein ausreichendes und haltbares Arbeitsgerät. Für das Gestalten mit Schrift (vgl. Kapitel D) kann man einen großen Haarpinsel gut zum Verwaschen gebrauchen (aus Fehhaar, das heißt von asiatischen Eichhörnchen). Pinsel für asiatische Kalligraphie sind in der Regel weicher und erfordern eine eigene Technik; ihr Haar stammt bei guten Pinseln von Ziegen oder Schafen und ist weiß gebleicht und gestärkt. Kalligraphie-Anfänger brauchen diese Pinsel jedoch nicht.

Experimentelle Schreibspitzen

Schreiben kann man, wie eingangs gesagt, fast mit allen Materialien, die einigermaßen definierte Spuren hinterlassen. So experimentieren erfahrene Schreiber gern mit Streifen von Material, die sich mit Tinte oder Farbe vollsaugen können wie poröse Pappe, Filz, Holz(stiele), Bambus, Schilf, Rohr und anderem mehr. Für die Grundausrüstung sind breite Pappstreifen recht nützlich, weil man mit ihnen auf Packpapier, überschüssiger Rauhfasertapete oder ganz einfach Zeitungspapier großflächig und großzügig üben kann.

›Trockene‹ Geräte

Alle bislang genannten Auftraggeräte verschreiben ein flüssiges Medium wie Tinte, Tusche oder Malfarben. Selbstverständlich eignen sich auch ›trockene‹ Geräte wie Bleistifte, Kreiden und Wachsmalstifte für kalligraphische Übungen. Ein weicher Bleistift (ca. 2B) ist gut für das Studium von Grundformen und zum Zeichnen geeignet; einen harten Bleistft (ca. 6H) kann man zum Linieren verwenden. Sogenannte Zimmermannsbleistifte enthalten eine breite, flache Mine, die ähnliche Schriftbilder ergibt wie eine Breitfeder. Wenn man die Mine eines Zimmermannsbleistifts vorn in der Mitte vorsichtig einkerbt, erhält man eine konturierte Schrift (outline), die gut zum Studium des Kurvenverlaufs bei Breitfederschriften geeignet ist. Der gleiche Effekt läßt sich erzielen, wenn man zwei Bleistifte mit Klebeband zu einem Doppelspitzenschreiber verbindet.

Tinte

Literatur: Heinz Roosen-Runge, Farbgebung und Technik frühmittelalterlicher Buchmalerei, München 1967

Das eigentliche Medium der Schrift aber ist die Tinte. Zu ihrer Herstellung gibt es seit der Antike eine große Menge von Rezepturen. Die vielleicht berühmteste Quelle ist der ›Theophilus-Codex‹, den der Mönch Roger von Helmarshausen um 1110 geschrieben hatte und der von Gotthold Ephraim Lessing um 1770 in Wolfenbüttel wiederentdeckt wurde. Es ist allerdings ziemlich mühselig, selbst eine brauchbare Tinte herzustellen, daher sollte man auf das Angebot der Industrie zurückgreifen.

Farbstofftinten

Farbstofftinten sind das normale Medium für Füllfederhalter. Sie bestehen aus in destilliertem Wasser gelösten Farbstoffen sowie einigen Hilfsstoffen. Für das schöne Schreiben sollte man gute Sorten kaufen, da Farbstoffmenge und -qualität außerordentlich verschieden sind. Gute, farblich reine und einigermaßen lichtbeständige Farbstoffe sind teuer und werden für Schulfüller- oder Supermarkttinten nicht verwendet. Die Schreibleistung einer Tinte hängt auch von der Oberflächenspannung ab. Diese wiederum wird von Tensiden negativ beeinflußt, die bei der Herstellung der Farbstoffe anfallen. Man sollte daher nur Tinte verwenden, die mit ›gewaschenen‹, das heißt weitgehend tensidfreien Farbstoffen produziert wird. Diese sind teurer als Durchschnittstinten. Es besteht sonst die Gefahr, daß die Tinte auf dem Papier faserig ausläuft und die Schriftkontur verdorben wird.

Füllfederhaltertinte

Aufgrund der gleichen Zusammenhänge darf ein Füllfederhalter auch niemals mit Spülmitteln, die Tenside enthalten, gereingt werden: Entweder die Tinte fließt durch das Leitsystem durch (›stürzt ab‹) oder, wenn kräftig nachgespült wurde, die Tinte fließt nicht mehr richtig. Am besten immer mit klarem, lauwarmen Wasser reinigen, nicht ganz antrocknen lassen und rasch wieder mit guter Tinte füllen. Zum Schreiben mit dem Füllfederhalter kann man schwarze oder farbige Tinte verwenden. Letztere hat den Vorzug, daß der Strich leicht lasierend wirkt, so daß sich eine aquarellähnliche Wirkung ergibt.

Pigmentierte Tinten

Für ArtPens gibt es neben Farbstofftinten auch pigmentierte Tinten, die äußerst feine Rußpartikel enthalten (die Feinheit der Partikel kann man ohne Mikroskop daran erkennen, daß die Tinte einen ganz schwachen bräunlichen Stich hat; größere Partikel verleihen ihr einen eher bläulichen Stich). Diese Tinten sind lichtecht, aber sie erfordern auch – wegen der enthaltenen Festkörper – häufiges Reinigen und mehr allgemeine Sorgfalt. Ebenfalls pigmentiert sind sogenannte Fount-India-Tinten, die aber sogar ArtPens schnell verstopfen und gewöhnliche Füller ruinieren.

Tusche

Mit Steckfedern und mit Kielfedern lassen sich neben Tinte auch Tuschen und Farben verarbeiten. Bei Tusche wird zwischen (technischer und Künstler-)Zeichentusche und Chinesischer Tusche unterschieden. Mit Zeichentusche zu schreiben ist recht umständlich, weil die Feder durch das Bindemittel der Schreibflüssigkeit (Schellack oder polymere Kunststoffe) schnell verklebt und eine höhere Viskosität als Tinte aufweist. Andererseits hat Zeichentusche eine durch nichts zu übertreffende Deckkraft und ist, anders als zum Beispiel Chinesische Tusche oder Wasserfarbe, radierbar. Sie ist nach dem Trocknen wisch- und wasserfest, kann also, ohne zu verschwimmen, übermalt werden. Echte Chinesische Tusche verklebt die Feder nicht so schnell, ist immer wieder anlösbar und erzeugt, je nach Konzentration, schöne Oberflächeneffekte von tiefschwarz bis zu einem silbrigen grau. Die Tusche wird in Stangen angeboten, zu denen das Pigment mit Gummiarabikum, Leim oder anderen wasserlöslichen Bindemitteln gepreßt wird. Die Tinte wird zum Gebrauch frisch angerieben – auf einem Tuschestein aus Schiefer. Mit etwas destilliertem Wasser (tropfenweise zugeben) wird der feine Abrieb der kräftig hin und her bewegten Tuschestange zu mehr oder weniger konzentrierter Tusche, die gut aus der Feder fließt. Weniger empfehlenswert ist sogenannte fertige Japanische Tusche, die als ›sumi‹ angeboten wird (was eigentlich die Tuschestange bezeichnet) oder als ›bokuju‹, die in der Qualität nicht vergleichbar mit angeriebener Tusche ist (aufgrund der chemisch-physikalischen Eigenschaften des Bindemittels läßt sich Chinesische Tusche nicht in der Originalzusammensetzung als stabile Dispersion herstellen).

Wasserfarben

Wasserfarben sind gut mit Steckfedern zu verarbeiten. Ihr Bindemittel Gummiarabikum (ein Akaziensekret) ist wasserlöslich, die Federn verkleben also nicht und lassen sich gut reinigen. Deckende Wasserfarben werden als Gouache bezeichnet (der aus dem Französischen übernommene Name geht auf die italienische Bezeichnung ›guazzo‹ = dunkel, trübe, Mitte des 16. Jh.s, zurück), transparente Farben heißen Aquarelle. Alle Wasserfarben sind wieder lösbar, können also nicht naß überschrieben oder übermalt werden. Anders als Tinten bestehen sie überwiegend aus Pigmenten, also Festkörpern; das färbende Element dringt nicht in die Fasern des Untergrunds ein. Die Schrift ›steht‹ so besser, ihre Ränder sind schärfer definiert, zum Teil bilden sich sogar ganz fein abgesetzte Konturlinien, weil durch das Verstreichen des Pigments eine höhere Konzentration an die Strichränder vertrieben wird.

Flüssige Acrylfarben

Flüssige, feinpigmentierte Acrylfarben haben ähnliche Eigenschaften wie Aquarellfarben, trocknen aber wasserfest auf. Sie sind sowohl für das Schreiben mit der Steckfeder geeignet als auch zum Anlegen farbiger

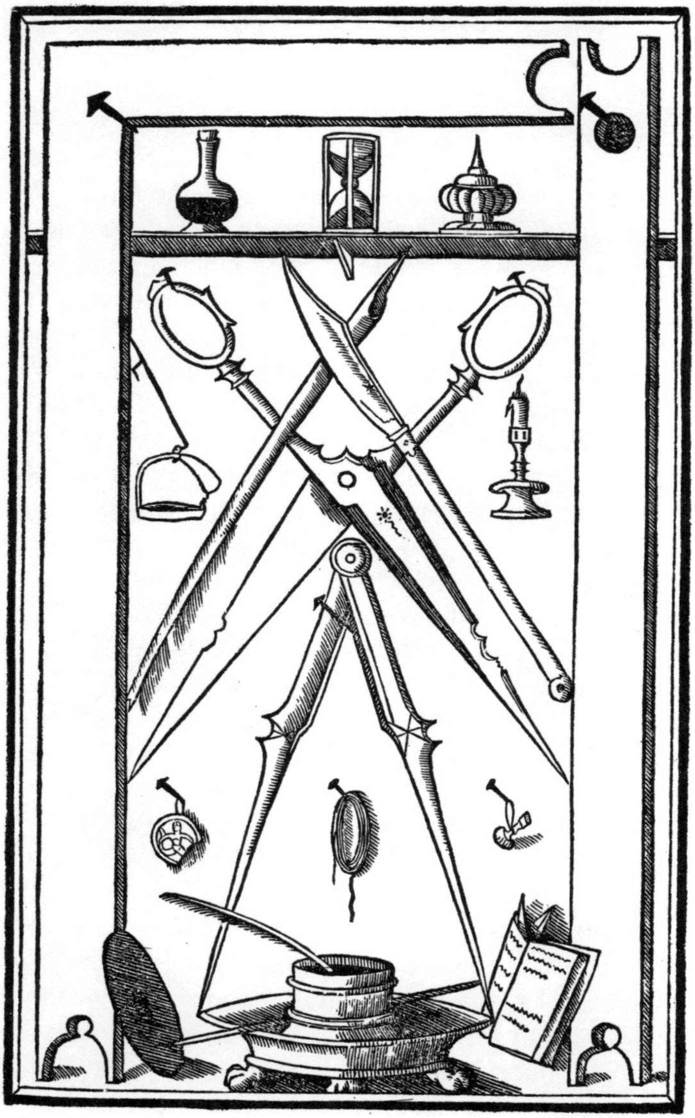

30 Schreibwerkzeuge: aus dem Schreibmeisterbuch des Tagliente, erste Hälfte 16. Jh.

Untergründe, die dann überschrieben werden sollen (vgl. Kapitel D). Beim Arbeiten mit flüssigen Acrylfarben sollte man die Feder öfter mit Wasser zwischenreinigen, damit das Bindemittel nicht aushärtet (flüssige Acrylfarben sind Dispersionen: Mischungen von Wasser mit winzigen Tropfen eines polymeren Bindemittels, das die Pigmente in der Schwebe hält und nach Wasserverlust einen plexiglasähnlichen Film bildet). Die Farben werden meist in 30-ml-Gläsern mit einer Pipette angeboten, die man gut zum Füllen der Überfeder gebrauchen kann.

Welche Geräte zu welchem Zweck?

Alle flüssigen (oder verflüssigten) Schreibmittel werden mit einem Pinsel oder einer Pipette in die Überfeder gefüllt. Bestimmte flüssige Acrylfarben kann man auch mit einem Konverter in den ArtPen laden. Dieser muß dann aber reichlich gespült werden. Wer sich anhand dieses Handbuchs mit Kalligraphie auseinandersetzt, sollte die Abschnitte des Kapitels C : ›Schreiben‹ mit dem ArtPen als Darstellungsgerät studieren. Da es stark auf den Erwerb der Grundformen und die Schulung der Bewegungsabläufe ankommt, kann es nur von Vorteil sein, wenn die Arbeit des Federfüllens entfällt. Wer die Formen und seine Motorik gut genug beherrscht, wird mit dem Einsetzen verschiedener Farben und höheren gestalterischen Anforderungen in Kapitel D, Abschnitt 5, immer häufiger zur Steckfeder, zum Pinsel und weiteren Auftragtechniken greifen.

Klassische Beschreibstoffe

Literatur: Le livre au moyen âge, Paris 1988
Vera Trost: Skriptorium. Die Buchherstellung im Mittelalter, Stuttgart 1991

Die klassischen Schriften wurden auf Papyrus, Pergament und, seit dem Mittelalter, auf Papier geschrieben. Papyrus gewann man aus dem Mark der Papyruspflanze, einem Schilfgras, indem schmale Streifen kreuzweise in Lagen miteinander verklebt wurden. Dies war das Schreibmaterial der antiken Schriftrollen. Pergament besteht aus Kalbs- oder Lammhäuten, die enthaart, gewässert und mit Kalk gegerbt (das Gerbmittel unterscheidet Pergament von Leder) und anschließend nach zum Teil geheimen Verfahren weiter zum Schreiben aufbereitet wurden. Pergament war der typische Beschreibstoff der mittelalterlichen Codices. Papier wurde aus Pflanzenfasern oder Lumpen gewonnen, indem man die Fasern stark zerkleinerte, in Wasser aufschwemmte, mit Zusatzstoffen wie Leim versah und auf ein hauchfeines Sieb schöpfte; anschließend wurden die Blätter zwischen Filzplatten ausgepreßt, um ihnen die Feuchtigkeit zu entziehen, und an der Luft getrocknet.

Papier

Weder Papyros noch Pergament sind heute allgemein verfügbar, und das handwerklich erzeugte mittelalterliche Papier mit seiner weichen Konsistenz und einer rauhen Oberfläche unterschied sich deutlich von unserem heutigen Material. Erst der für seine Drucktypen berühmte Engländer John Baskerville hat Papier mit maschinell geglätteter Oberfläche Mitte des 18. Jahrhunderts eingeführt.

Qualität und Verwendungszweck von Papieren

Industriell gefertigtes Papier wird für Kalligraphie in den unterschiedlichsten Qualitäten verwendet. Da die Qualitäten heute meist sehr gut sind – weitgehend holz- und säurefrei – richtet sich die Auswahl mehr nach der Oberflächenbeschaffenheit. Für das Studium der Schrift ist Layoutpapier gut geeignet, da die Linien randscharf stehen, und die relativ hohe Transparenz gestattet, ein Linienblatt unterzulegen; für das normale Üben ist allerdings auch gewöhnliches 80-Gramm-Papier (Schreibmaschinen-/Kopierpapier) völlig ausreichend. Allerdings sollte es einigermaßen gut geleimt sein, damit die Tinte nicht zu sehr ausläuft. Dies geschieht bedauerlicherweise meist bei Umweltschutzpapier, jedoch gibt es inzwischen auch verbesserte Qualitäten mit einer Leimung, die den kalligraphischen Bedürfnissen entgegenkommt und außerdem durch chlorfreie Bleichmethoden schon weiß ist. Einige Papierhersteller bieten Mappen mit verschiedenen ›Kalligraphiepapieren‹ an, mit deren Hilfe man Effekte ausprobieren kann.

Künstlerpapiere

Für fortgeschrittene Arbeiten ist echtes Büttenpapier, Ingrespapier oder Aquarellpapier in beliebigen Kornstärken ausgezeichnet geeignet, aber natürlich auch teuer. Aufmerksamkeit ist bei den Oberflächen von Schmuckpapieren geboten; sie können mit wachsähnlichen Substanzen, Kunststoffen oder sonstigen Mitteln satiniert sein, die wasserabweisend wirken und daher die Tinte auf der Oberfläche schwimmen lassen. Ein notorisches Beispiel hierfür ist die sogenannte Elefantenhaut. Je nach Art der Satinierung muß die Oberfläche entfettet (z.B. mit Ochsengalle) oder entglättet werden (wenn der Oberflächenwiderstand so gering ist, daß die Haarstriche nicht stehen bleiben). Eine mechanische Entglättung, zum Beispiel durch vorsichtiges Reiben mit feinstem Sandpapier oder Bimsstein kann zur Folge haben, daß die Oberfläche durchbrochen wird und die Tinte in der Kernschicht verläuft – dann ist die Leimung des Papiers nicht gut. Ein anderes Verfahren besteht darin, im Mörser äußerst fein zerstossenes Harz, etwa von Wacholder oder Kiefern oder den zur Herstellung von Firnis verwendeten ›Sandarak‹ über die Oberfläche zu streuen; die dünne Schicht von Harzpartikeln stellt einen gewissen Widerstand für die Feder dar (diese Technik stammt ursprünglich aus mittelalterlichen Rezepten zur Aufbereitung von Pergament).

Wie die zeitgenössische Malerei bedient sich auch die Kalligraphie der verschiedensten Untergründe und Texturen und thematisiert diese selbst. Der Phantasie sind hier keine Grenzen gesetzt: Von Zeitungs- und Packpapier bis zur Hauswand wird auf alles mögliche geschrieben. Für das künstlerische Schreiben sollte die Reihenfolge gelten: erst die Schrift geistig und motorisch beherrschen, dann die Materialqualitäten bewußt einsetzen.

Arbeitsfläche

Als weiteres nützliches Hilfsmittel zum Schreiben hat sich eine schräggestellte Arbeitsfläche mit ca. 40 Grad oder mehr Neigungswinkel bewährt – die Schreiber des Mittelalters sind fast ausnahmslos am schrägen Pult abgebildet. Damit lassen sich eine auf Dauer bessere Körperhaltung sowie ein besserer Blick auf die Schreibfläche erzielen und vor allem: Die Tinte ›stürzt‹ nicht aus der Feder ab. Nun ist eine große schräge Arbeitsplatte nicht nur sperrig, sondern auch recht kostspielig. Eine gute Alternative ist eine Zeichenplatte im Format A 3, die außerdem beim Linieren äußerst hilfreich ist, da sie in Höhe und Breite mit Meßskalen versehen ist. Mit ihrer Hilfe lassen sich schmale Papierstreifen mit eigenen Linierungsmarkierungen herstellen und in die Magnetschiene der Zeichenplatte einklemmen. Die Zeilen können dann mühelos mit Hilfe von T-Schiene und hartem Bleistift (ca. H6) gezogen werden. Die erforderliche Neigung der Platte läßt sich mit einem Schrägsteller erreichen. Genial einfach und zugleich ein herrliches Beispiel britischen Pragmatismus' ist die Lösung von Altmeister Edward Johnston (1906): Er empfahl, eine große Konservendose zu Hilfe zu nehmen. Man kann natürlich auch einen Bücherstapel und ähnliches verwenden.

Improvisiertes Schreibpult nach Edward Johnston

Hilfsmittel

Weitere Hilfsmittel: ein harter Bleistift zum Linieren, ein weicher zum Skizzieren, Radiergummi, Schere, Messer,

Rasierklinge zum Abschaben von Fehlern, Gefäße bzw. Hohlpalette zum Mischen von Farbe usw. Für unterwegs sollte man immer eine minimale Schreibausrüstung dabei haben: einen ArtPen (Feder 1.5), einen japanischen spitzen Schreibpinsel mit Tintenreservoir und einen Bleistift. Alles zusammen paßt mühelos in eine Metallschachtel, wie sie für ArtPens angeboten wird. Ein kleiner Block Papier, ein paar Zettel oder ein Notizheft und fertig ist die Grundausrüstung. Die Motorik will immer geübt sein, und bei den vielen Gelegenheiten, die es zum Warten gibt, kann man in fast jeder Situation ein bißchen schreiben und sich gleichzeitig entspannen. Natürlich fördert eine kleine Grundausrüstung für unterwegs auch die Kreativität: Das Gehirn schaltet nicht nach Terminkalender ab, und oftmals läßt sich eine spontane Idee nur durch eine Notiz oder Skizze festhalten und fruchtbar machen.

Grundausrüstung:
ArtPen
Schreibpinsel
Bleistift

2 Alphabete

Das Alphabet ist eine organische Einheit, die sich über Generationen entwickelt hat und das Ergebnis langfristiger ästhetischer Optimierung darstellt. Allen Buchstaben ist ein bestimmtes Gestaltungsprinzip gemeinsam, und jeder einzelne ist nur im Zusammenhang mit den anderen verständlich. Wie in einer Familie ähneln sie einander, ohne deswegen aus Elementen eines Baukastens abgeleitet zu sein: Darin unterscheiden sie sich fundamental von konstruierten Schriften, wie wir sie zum Beispiel bei LCD (Flüssigkristall)-Anzeigen finden, die keinen Reiz ausstrahlen. Offensichtlich ist mit der menschlichen Wahrnehmungsfähigkeit ein ästhetisches Bedürfnis nach *aktiver Gestaltbildung* verbunden; wir wollen die Erkenntnis des Gegenstands als mentalen Prozeß und hungern geradezu nach ästhetischer Information, die wir nach den Regeln der Gestaltpsychologie bearbeiten können.

Gute Gestalt

Es geht also nicht allein um die Unterscheidbarkeit der Buchstaben voneinander, sondern um ihre strukturelle Harmonie. Diese kann nur hergestellt werden, wenn die Grundfiguren, zum Beispiel gerade bzw. schräge Striche und Bögen, für jeden einzelnen Buchstaben so modifiziert und angeordnet werden, daß das Ganze den Erfordernissen der ›guten Gestalt‹ entspricht. Die individuelle Proportionierung der Grundfiguren der Buchstaben ist also wesentlich für den ästhetischen Anspruch, den eine Schrift erheben kann, und sein Maßstab muß die Wahrnehmung sein, also unsere visuelle Sinnlichkeit.

Geschmacksbildung

Voraussetzung hierfür ist, sich von dem Gedanken freizumachen, das Sehen müsse immer mit einem konkreten Zweck verbunden sein. Es kommt vielmehr darauf an, sein assoziatives Potential wieder zu wecken und über das Betrachten von Schrift unseren Geschmack, unsere kalligraphische Kompetenz zu schulen. Edward Johnston hat das einmal so ausgedrückt: »Schöne Formen zu finden oder zu konstruieren erfordert guten Geschmack. Der wiederum wird durch das Betrachten schöner Formen ausgebildet.«

Definition von ›Duktus‹

So wichtig es ist, die wesentlichen Grundfiguren einer Schrift zu überblicken und zu beherrschen, so irrig wäre es zu glauben, man könne sie schreiben, ohne ihren dynamischen Aspekt zu beachten. ›Schrift kommt von Schreiben‹, so lautet das ›Grundgesetz‹ der Kalligraphie, und nur derjenige wird Schrift richtig verstehen können, der ihre Formwerdung im Schreibprozeß begreift bzw., besser noch, selbst ausführen kann. Vor das Studium der einzelnen Buchstaben ist daher für jedes Alphabet die Erkenntnis des übergreifenden Schreibduktus gesetzt. Ästhetisch beherrschtes Schreiben einer Schrift kann nur gelingen, wenn er verstanden wird; er ist gewissermaßen der Aspekt, unter dem die Formen einer Schrift gesehen werden wollen, das Tertium comparationis, in dem das Gemeinsame von zwei ungleichen und doch verwandten Formen zu suchen ist.

Breitfederduktus

Da es auf ein ganzheitliches Verständnis ankommt, soll hier der Terminus ›Duktus‹ etwas anders, als für die Typographie (nach DIN 16518) üblich, verwendet werden, nämlich als Oberbegriff für die Gestaltregeln eines Alphabets, unter dem Charakteristika wie Serifen (als Entwicklungen aus An- und Abstrichen) und die Rundungsachse (als Resultante des Federwinkels) subsumiert werden. Die folgenden Betrachtungen und Übungen gehen, abweichend von der historischen Abfolge der Schriften, didaktisch vor. Im Mittelpunkt steht dabei die Frage, was das Wesen eines Alphabets als Ganzes ausmacht. Papier und Feder sollten zur Hand sein, um das Gesagte schreibend nachzuvollziehen. Es geht hier, wie schon gesagt, nicht um Formvollendung, sondern um den kombinierten Erwerb von Schreibgefühl und Schriftverständnis.

Capitalis rustica

Die Capitalis rustica von Ingrid Schade (Abb. 31) zeigt, wie ein Schriftduktus arbeitet: Die Hauptkriterien sind eine verhältnismäßig breite Feder (zum großformatigen Üben zum Beispiel ArtPen 2.3) und ein konstanter Federwinkel. Die relative Buchstabenhöhe beträgt etwa acht Federbreiten, ein Maß, das bei Verkleinerung der Schrift stärker ausgeprägt sein sollte, damit das Schriftbild insgesamt nicht zu dunkel wird. Der Winkel zwischen der Zeile, auf der die Schrift steht, und der Strecke, die durch die Federkante beschrieben wird, beträgt ca. 60 Grad. Dieser Winkel wird für alle Buchstaben unverändert beibehalten, und so entsteht ein sehr charakteristischer Breitfederduktus, der nunmehr selbst geübt werden soll.

Einstellen des Federwinkels

Zunächst die Einrichtung des Federwinkels: Man stelle sich eine Uhr vor, auf der der Zeiger auf ein Uhr steht. Auf diese Linie wird die Breitfeder so gestellt, daß die Schreibkante parallel zum Stundenzeiger steht – dies entspricht 60 Grad. Nun werden die Buchstaben geschrieben, indem die Feder aufgesetzt und mit geringem Druck gezogen (nicht geschoben und nicht gedreht!) wird und zwar Schritt für Schritt, das heißt Bogen für Bogen und gerade Linie für gerade Linie. Vorsicht: Die Breitfeder muß mit der gesamten Kante aufliegen – wie ein Scheibenwischer, der ja auch ineffektiv ist, wenn er nur an einer Ecke Kontakt hat. Die Buchstabenformen werden von links nach rechts und von oben nach unten gezogen. Die breiten Formen decken die Überstände der schmalen Formen ab (im Idealfall sollen sich die einzelnen Formen natürlich nur berühren und nicht überschneiden).

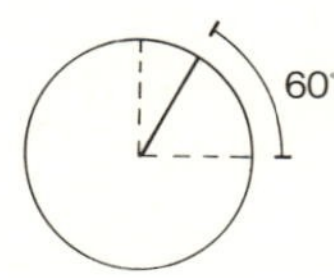

Federwinkel 60°

Ornamentale Ausgestaltung

Der Duktus beinhaltet aber noch mehr als Federbreite und Federwinkel. Für unsere Capitalis rustica kommt eine motorische Gleichmäßigkeit, eine leichte wellen-

CAPITALIS·RUSTICA

ABC

DEFGH

IKL MNOPQ

RST

UVW

XYZ

förmige Bewegung hinzu, wie sie am linken Füßchen des ›A‹ gut zu erkennen ist. Beim ›B‹ ist die ganze Unterseite als Welle ausgeprägt, die Bewegung ist also länger, und beim ›C‹ wurde die Welle nach oben versetzt. Es lohnt sich, jeden Buchstaben einzeln daraufhin zu betrachten, ob er diese geschwungene Form hat oder nicht! – Die Welle als Kriterium für den Duktus der Capitalis rustica gestattet schließlich einen freien Umgang mit den Formen, ohne daß die Familienzugehörigkeit der Buchstaben gestört würde: Die spielerisch langgezogenen Schweife des abschließenden ›A‹ der Überschrift und des ›Z‹ sind nach den Gestaltregeln in Ordnung, weil sie die Grundform erkennbar lassen und die Variation in Einklang mit dem Duktus, also der Strichcharakteristik und der Art des Bewegungsablaufs, stehen. Beide Voraussetzungen zusammen ergeben übrigens eine wichtige Regel für die ornamentale Ausgestaltung von Alphabeten. Weil sie so häufig mißachtet werden, sieht man bei Amateur-Kalligraphen oftmals aufwendige, aber unorganische Schnörkel: ein typisches Zeichen dafür, daß der Charakter einer Schrift nicht verstanden wurde. Beim Studium einer Schrift ist also immer darauf zu achten, ob die notwendigen Bewegungen einer einheitlichen motorischen Logik entsprechen. Wenn man diese erfaßt hat, ist der Rest nur noch Einübungsarbeit.

31 Capitalis rustica von Ingrid Schade

Vereinheitlichungsregel

Bleibt das ›O‹; natürlich fällt auf, daß es als einziger Buchstabe keine Welle hat. Dennoch bleibt es im Rahmen der Capitalis rustica, und zwar ganz einfach deshalb, weil es vollständig aus familiaren Grundfiguren zusammengesetzt ist. Der linke Bogen findet sich zum Beispiel bei ›C‹ und ›G‹ wieder und der rechte ist mit dem Bogen des ›D‹ nahe verwandt. Eine wichtige Regel lautet: Die prägnanten Figurenteile von Buchstaben bedürfen besonders dann der Vereinheitlichung durch den Duktus, wenn sie allein aus dem Formenkanon herausfallen würden. Bei unserem ›O‹ ist das sicher nicht der Fall; dagegen zeigt das ›Y‹ seine ›Duktusbedürftigkeit‹ sehr deutlich: die Gabelform, die den Buchstaben charakterisiert, hat in ihren Kurven keinerlei Entsprechung bei anderen Buchstaben, die Verwandtschaft wird allerdings durch den Breitfederduktus und den spezifischen

Federwinkel weitgehend hergestellt. Erst durch die Welle als Füßchen wird die Gestalt aber im Sinne des übrigen Alphabets abgeschlossen. Die Capitalis rustica eignet sich sehr gut zum Lernen, da sie einerseits ein ungewohntes Schriftbild darstellt, ihre Formen also nicht aus Routine übersehen werden können, sie andererseits aber in ihrem Aufbau unkompliziert und leicht durchschaubar ist. Sie läßt sich deshalb auch ohne viel Übung brauchbar reproduzieren.

Varianz- und Signifikanzübung

Vor der selbständigen Ausführung noch einige interessante Beispiele für die Möglichkeit, mit sparsamen Mitteln Varianz und Signifikanz innerhalb eines gegebenen Duktus' zu erzielen: aus dem ›I‹ lassen sich durch Varianzbildung die Buchstaben ›E‹, ›F‹, ›K‹, ›L‹, ›P‹, ›R‹ und ›T‹ ableiten. Welches sind jeweils die signifikanten Veränderungen, die für diese Buchstaben notwendig sind? Welches sind die signifikanten Unterschiede zwischen den ›A‹ und ›M‹ bzw. den Buchstaben ›E‹ und ›F‹ sowie ›B‹ und ›R‹ ? Was haben ›S‹ und ›B‹ gemeinsam, und was ist beim ›S‹ anders als bei allen anderen Buchstaben? Die Antworten auf diese Fragen lassen sich durch einfaches aber intensives Schauen finden. Es ist sehr nützlich, sie auszuformulieren, um das bewußte Erkennen zu schulen: Man sieht nur, was man weiß, und man weiß nur sicher, was man genau beschreiben kann.

Gedächtnistechnik

Nach der Lösung dieser Aufgabe, nach dem Erkennen, soll das richtige Erinnern geschult werden. Nichts hat die Gedächtniskunst stärker verkümmern lassen, als die Schrift als Aufzeichnungsmedium; wir erinnern uns heutzutage kaum noch an komplette Gestalten – die wir ja ›nachsehen‹ könnten –, sondern mehr oder weniger nur an Wegmarken, wie an die Leuchtmarkierungen längs der nächtlichen Landstraßen. Aber könnten wir ein Bild der Landschaft, die wir durchfahren haben, zeichnen? Wohl kaum. Wir könnten bestenfalls mit einem Foto dienen, einer weiteren Erinnerungskrücke, die unserem Gedächtnis die Gestaltarbeit abnimmt und sein kreatives Potential langsam aber sicher verkümmern läßt.

Literatur: Aleida Assmann Dietrich Harth, Hg., Memosyne, Formen und Funktionen der kulturellen Erinnerung, Frankfurt am Main 1991

Um selbst mit Formempfinden und -beherrschung zu schreiben, müssen wir lernen, Buchstaben, Alphabete und ganze Schriftbilder in ihrer lebendigen Gestalthaftigkeit zu memorieren. Das ist sicher schwierig, besonders am Anfang, nach einiger Übung aber steht die Schrift buchstäblich vor dem ›geistigen Auge‹, die Gestalt erscheint uns klar und deutlich, und erst auf dieser Basis können wir unsere Motorik schulen, dasjenige abzubilden, was wir uns vorstellen. Es ist übrigens eine empfehlenswerte Übung, dieses innerliche Schauen der Buchstaben in entspannter Lage zu probieren; die Ruhe auf der Couch des Psychoanalytikers kann dabei ein Vorbild für die Situation sein.

Erinnerungsübung

Zu Beginn der Erinnerungsübungen sollte eine Gruppe von Buchstaben nach der Vorlage abgeschrieben werden, die Perfektion der Ausführung spielt vorläufig keine Rolle. Wieviele Buchstaben man auf einmal aus dem Gedächtnis schreiben kann, ist individuell und je nach Geschultheit des Sehens unterschiedlich, man muß seine Leistungsfähigkeit einfach ausprobieren. Es hat sich übrigens als sinnvoll erwiesen, Buchstabengruppen nach kleinsten bedeutungsrelevanten Unterscheidungsmerkmalen zu bilden, so wie es oben in der Erkenntnisübung beschrieben wurde. Die niedergeschriebenen Lösungen werden dann mit der Vorlage verglichen, unrichtige Formen markiert und jeweils richtig nochmals präzise abgeschrieben. Signifikante Buchstabenteile, die falsch ausgeführt oder mangels Erinnerung ausgelassen wurden, kann man durch Einkreisen, Hinweispfeile oder sonstige Zeichen seinem Gedächtnis zur besonderen Erinnerung empfehlen.

Sehr erfolgreich ist auch die Methode, schwer zu memorierende Formen in ein Merkwort einzuschreiben, zum Beispiel ›Filter‹ oder ›Pfeil‹ für die oben erwähnte Varianzklasse der ›I‹-Grundform (bzw. einen Teil davon). Auf jeden Fall sollte man vermeiden, Buchstaben ohne (inneren) Kommentar immer nur hintereinanderzuschreiben, dabei merkt man sich fast nichts; dann ist es schon besser, den Gestaltungsweg im Selbstgespräch mit Worten präzise zu beschreiben.

Filter Pfeil

Merkwörter

Übungstexte

Wenn man schließlich den Aufbau sämtlicher Buchstaben auswendig kennt, sucht man sich am besten einen kleinen Text, an dem die neue Schrift ausprobiert, motorisch eingeübt und langsam ästhetisch durchdrungen wird. Für die Capitalis rustica bietet sich an, den Text aus

Farbtafel III, zunächst vielleicht nur einige Worte, dann Zeilen, abzuschreiben. Es ist immer besser, eine historische Schrift im Kontext der überlieferten Texte nachzuvollziehen, bevor man eigene Texte schreibt. Die hier beschriebenen Lernschritte und Gedächtnisübungen sollten für jedes Alphabet entsprechend nachvollzogen werden.

Die Capitalis rustica besitzt sicherlich von allen kalligraphischen Schriften den einfachsten und zugleich unempfindlichsten Duktus. Schon ihr Name (rusticus = ländlich, vgl. ›rustikal‹) verweist auf eine eher derbe Ästhetik, was jedoch der Schrift nicht gerecht wird; für Vergil wäre übrigens eine ordinäre Schrift schwer denkbar gewesen. Die Paläographie neigt daher dazu, diese Schrift einfach als Capitalis zu bezeichnen, wegen der besseren Unterscheidbarkeit von den anderen Formen der römischen Capitalis soll hier jedoch der eingebürgerte Name beibehalten werden.

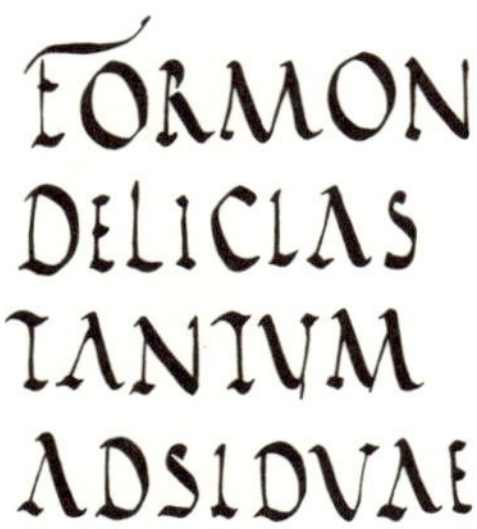

Ausschnitt aus dem ›Vergilius Romanus‹ (Ft. III)

Was also die Capitalis rustica besonders auszeichnet, ist ihre sehr gute Schreibbarkeit, und dies liegt daran, daß sie den Duktus der Breitfeder optimal ausnutzt, um ihren Charakter zu bilden; wie sonst nur noch die Cancellaresca erzielt sie mit minimalem Aufwand einen größtmöglichen Effekt, weil die Natur des Werkzeugs als Duktus unmittelbar in Ästhetik umgesetzt wird. Die Capitalis rustica ist also eine extrem werkgerechte Schrift.

Capitalis monumentalis

Bei anderen Schriften ist der Duktus nur mit deutlich größerem kalligraphischen Aufwand zu erzielen, und oftmals ist es schwierig, zwischen Duktus und Verzierung zu unterscheiden (eine gesetzmäßig eingebrachte Verzierung wird charakteristisch und geht in einen formalen, nicht notwendigerweise werkzeugbedingten Duktus über). Farbtafel XXIII zeigt in den beiden Kopfzeilen das Formrepertoire der antiken Capitalis quadrata monumentalis mit den bezeichnenden Serifen. Während sich die Gelehrten immer noch darüber streiten, ob die Serifen materiell aus der Technik der Steinmetze oder der Vorzeichnung mit einem breiten Pinsel stammen (nicht aber von der gewöhnlichen Breitfeder herrühren), ist ihre formal stilbildende Wirkung im Sinne der Duktus-Charakteristik überhaupt nicht zu bestreiten, weil sie ersichtlich aus der Gestaltstruktur hervorgeht und keiner geschichtlichen Erläuterung bedarf. Alle Buchstaben mit Ausnahme von ›O‹ und ›Q‹ tragen Serifen, wobei zwei Grundformen vorherrschen: waagerechte und fast senkrechte (zumeist 60–70° steil).

Ausschnitt aus der Trajansäule (Abb. 10)

Ein Vergleich der Farbtafeln XXIII und XXV zeigt unterschiedliche Interpretationen innerhalb der gegebenen Varianzklasse; und auch gegenüber der klassischen Inschrift der Trajansäule (Abb. 10) gibt es einige Abweichungen in beiden abgebildeten Alphabeten. Wenn wir nur die Serifen betrachten, sehen wir beim Alphabet von Hermann Zapf noch mehr Varianten, besonders in den Winkeln der Serifen. Es lohnt sich, Buchstabe für Buchstabe zu vergleichen, um so das Auge für eine differenzierte Formanalyse zu schulen. Die Serifen der echten Capitalis quadrata monumentalis sind übrigens außerordentlich schwer zu schreiben, in Ingrid Schades Illustration sind die eigentlichen organischen Federstriche voll in Farbe, die nachzuziehenden Serifen und Übergänge blind (d.h. nur als Außenkontur) dargestellt; abgesehen von kalligraphischen Etüden wird die Capitalis quadrata monumentalis folgerichtig zumeist nur gezeichnet, und das ist gut so: Sie ist für Hammer und Meißel werkgerecht, nicht aber für die Feder, dies wurde schon in der Antike genauso gesehen. Als Buchschrift wurde deswegen die monumentale Form im Duktus leicht umgebildet, wie beispielsweise in Abbildung 12 zu erkennen ist. Die richtige Bezeichnung für die Buchschrift lautet: Capitalis quadrata (ohne ›monumentalis‹).

Schreibmeister-Capitalis

Die Schreibmeister der Renaissance und des Barock entwickelten die Majuskeln der Capitalis quadrata zu einer gut schreibbaren Schrift, indem sie die Serifen vereinfachten, wie aus Johann Neudörffers ›Zerstreung‹ (Abb. 25) zu entnehmen ist. Am Beispiel des ›I‹ ist das leicht nachzuvollziehen: Die obere Serife ist ein einfacher flacher Strich, er wird zuerst gesetzt; dann folgt der senkrechte Stamm und schließlich, in der dritten Phase der ›Zerstreung‹, die untere Serife – wie die obere als einfacher waagerechter Strich. Hier ist also das Charakteristikum ›Serife‹ wieder ganz aus dem Duktus ableitbar. Es ist allerdings zu beachten, daß die Buchstabenhöhe bei diesem Alphabet verhältnismäßig niedrig ist; dem-

Ausschnitt aus Johann Neudörffers ›Ordennliche Zerstreung‹ (Abb. 25)

entsprechend sollte auch eine schmale Feder oder ein ArtPen bis 1.1 gewählt werden.

Duktus und Proportionierung

Da die einzelnen Schritte der ›Zerstreuung‹ sehr anschaulich dargestellt sind, können auch AnfängerInnen ruhig einmal probieren, sie praktisch nachzuvollziehen. Es dürfte aber sehr schnell deutlich werden, daß die Anstrengungen für ein ästhetisch ausgewogenes Schriftbild erheblich größer sind als bei der Capitalis rustica; der Grund ist in der Proportionierung der Buchstaben zu suchen. Auch in der vereinfachten Schreibmeister-Variante hat die Proportionierung eine Bedeutung, die diejenige des Federduktus stark übersteigt. Es hilft also nichts: Hier müssen alle Buchstaben auf ihre spezifische Gestalthaftigkeit untersucht werden (wie im Kapitel über Buchstaben beschrieben).

Gleichstrich-Capitalis

Im 20. Jahrhundert wurden aus der von Edward Johnston so benannten Skelettform der Capitalis quadrata die Versalien der Linearantiqua entwickelt (auch wenn Johnston die Skelettform ursprünglich nur zu didaktischen Zwecken hatte gebrauchen wollen). – Wir wollen diese Linearantiqua im folgenden Kapitel zur Erläuterung der Buchstabenproportionen heranziehen. – Als kalligraphische Alphabete im strengen Sinne aber kann man rein lineare Skelettformen wohl nicht bezeichnen, da ihnen der Duktus des Schreibgeräts, wie er sich in Jahrtausenden der Geschichte des schönen Schreibens herausgebildet hat, fehlt. Die heute als typographische Schriften verwendeten serifenlosen Antiquaalphabete stellen im übrigen – darauf wurde schon im Kapitel ›Kalligraphie und Typographie‹ hingewiesen – keine reinen Skelettformen dar, sondern arbeiten mit subtilen Strichstärkenunterschieden, wodurch doch wieder ein Duktus in die Schrift hineingetragen wird, wenn auch nicht direkt aus der Eigenart des Schreibgeräts so doch aus der Einsicht und Einfühlung des Schriftenentwerfers. Und der besitzt in aller Regel ein gründliches kalligraphisches und oft auch paläographisches Wissen. Eine Schrift mit absolut gleichbleibender Strichstärke wirkt leicht schablonenhaft und leblos, wie etwa die Normschrift für technische Zeichnungen (die ja auch keine ästhetische Information transportieren soll); bestenfalls kann eine originelle Zeichnung der Schrift eine interessantere Figur verleihen, aber das ist ein anderes Phänomen als der werkgerechte Duktus.

Unzialen

Neben den verschiedenen Abwandlungen der Capitalis sind für die kalligraphische Praxis die Unzialen von großer Bedeutung. Sie stellen mit jenen zusammen die sogenannten Auszeichnungsschriften des karolingischen Schriftenkanons dar, also die Schriften, in denen besonders betonte Stellen, wie Anfänge, Kapitelüberschriften usw. erstellt wurden; für die Kalligraphie im allgemeinen hat sich an diesem Kanon bis heute nicht viel geändert, wenn auch durch die enorme Ausweitung der Grafik die Behandlung der Auszeichnungschriften sehr viel freier geworden ist. Farbtafel XI zeigt diese Schriftenhierarchie zum Teil in der Zusammenstellung von Capitalis quadrata momentalis, Uncialis und karolingischer Minuskel. Die gewöhnliche Hierarchie der Alphabete lautet:

1. Capitalis quadrata (ggf. monumentalis)
2. Capitalis (rustica)
3. Uncialis
4. Semiuncialis
5. karolingische Minuskel (= Massenschrift)

Die Uncialis ist eine schwere Schrift. Sie hat erheblich mehr Rundungen als die Capitalis und nutzt den Breitfederduktus durch äußerst markante Unterschiede zwischen Druck- und Haarstrich. Das Verhältnis von Federbreite zu Schrifthöhe macht das augenfällig: Drei bis vier Federstärken als Minuskelhöhe ergeben eine ganz anderen Erscheinung als die acht bis zehn Federbreiten der Capitalis.

Unser Beispiel in Abbildung 32 zeigt die Uncialis in verschiedenen Ausformungen und Schriftgraden. Die auf den ersten Blick sehr einheitliche Gestaltung erweist sich bei näheren Hinsehen als eine Sammlung von Varianten, die aber, und nur darauf kommt es hier an, alle aus dem gleichen materialen und formalen Duktus abgeleitet sind. Es lohnt sich durchaus, die verschiedenen Formen einzelner Buchstaben miteinander zu vergleichen: Bei dieser Gelegenheit wird das schriftästhetische Phänomen der Vielfalt des Gleichen verständlich. So wie aus dem verbindenden Duktus in Smiths Un-

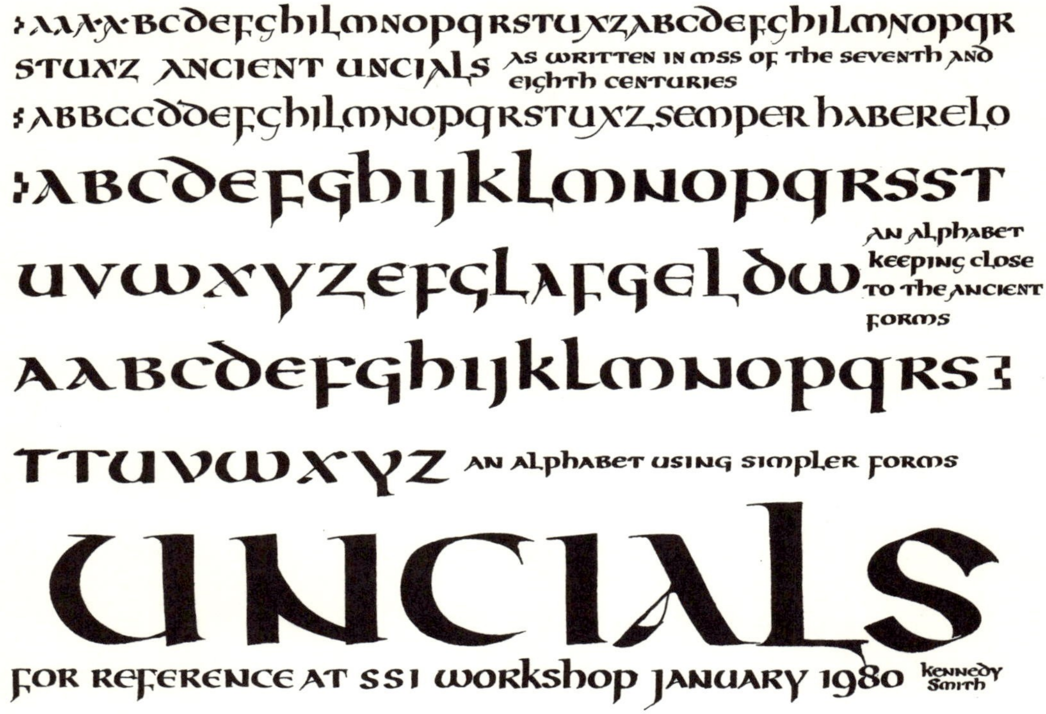

32 Moderne Unziale: Kennedy Smith, ›Unziale‹; das Musterblatt zeigt drei verschiedene Größen mit drei verschiedenen Schreibinstrumenten. Der Schriftstil lehnt sich eng an historische Vorbilder an

zialen ein bunter Strauß von Formen entsteht, haben auch die mittelalterlichen Schreiber ihr Handwerk als Kunst der Variation betrieben; erst der Buchdruck hat allmählich die Uniformität der 26 Buchstaben des Alphabets erzeugt – gegen die Rezeptionsfähigkeit des menschlichen Wahrnehmungsapparates. Wer also schreiben lernen will, sollte vor allem vermeiden, sklavisch Vorlagen einzuüben und statt dessen den Gesamtduktus erfassen wollen.

Semiuncialis

Die Semiuncialis ähnelt sehr stark unserer Kleinbuchstabenschrift, wie Abbildung 33 zeigt, kombiniert aber deren Formen mit dem schweren Duktus der Uncialis. Die relative Nüchternheit der Schriftform wurde von den iro-schottischen Mönchen des 7. und 8. Jahrhunderts durch die Einführung keilförmiger Schaftabschlüsse gemindert. Hierzu machten sie sich einen Bewegungsduktus zunutze, indem sie die Buchstabenköpfe, die wie Keile aussehen, in einer Dreiecksbewegung ausführten: erst nach links hoch (nordwest), von

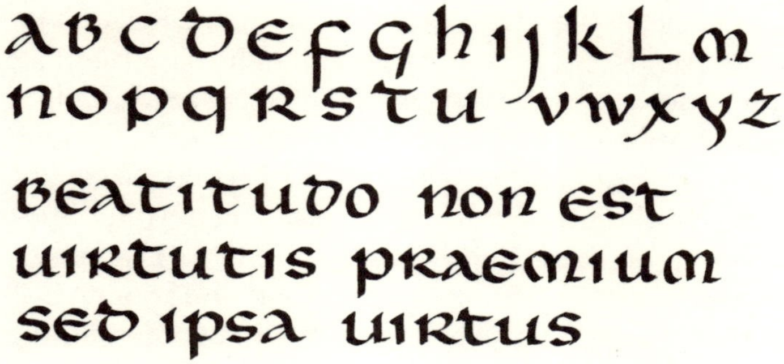

33 Unziales Übungsalphabet mit ›gehäkelten‹ Keilen

dort nach rechts hoch (nordost) und schließlich senkrecht abwärts (süd). Für einige Buchstaben, wie ›d‹, ›t‹ und ›g‹ wurde die Achse der Keile um 90 Grad versetzt.
Die sogenannte Häkelbewegung verleiht Schreiben und Schrift einen sehr geschlossenen kunsthandwerklich-dekorativen Duktus. Da er auf diese Weise – ähnlich wie bei der Capitalis rustica – wichtiger wird als die Proportionierung, können wir den Keilhäkelduktus verwenden, um eine kleine Etüde zu veranstalten: Wir formen eine vereinfachte Uncialis mit Keilansätzen, die den modernen Buchstabenformen entgegenkommt und doch den typischen runden Unzialduktus beibehält. Auch wenn diese Schrift historisch nicht stilrein ist, so weist sie doch eine formale Logik auf, die unmittelbar überzeugt, und das beste ist, daß wir sie gleich schreiben können.
Vor der eigenen Schreibübung sollte noch eine Betrachtung über den Aufbau der Schrift stehen, so wie oben anhand der Capitalis rustica dargestellt. Hierzu einige Fragehilfen:

1. Welche Buchstaben haben keine Keile?
2. Welche Buchstaben haben Oberlängen?
3. Welche Buchstaben haben Unterlängen?
4. Wie verhalten sich obere und untere Hälfte der Buchstaben ›r‹ und ›s‹ zueinander?

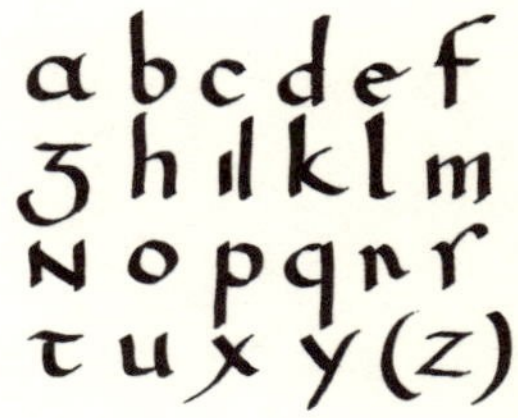

Die Semiuncialis ähnelt bis auf ›g‹, ›r‹ und ›s‹ frappierend unseren Kleinbuchstaben (Rekonstruktion)

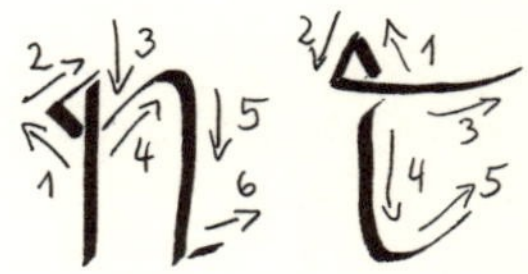

Bewegungsablauf beim ›Keile häkeln‹

Karolingische Minuskel

Bei den Minuskelschriften, insbesondere der karolingischen, die den Ausgangspunkt für unsere Antiqua-(Klein-)Buchstaben bildet, spielen Form und Proportion eine sehr gewichtige Rolle, sie soll deswegen im Mittelpunkt des folgenden Abschnitts stehen. Die karolingische Minuskel ist eine Vierlinienschrift mit ausgeprägten Ober- und Unterlängen und einer ziemlich breiten Buchstabenform, oftmals mit leichter Rechtsneigung; sie ist insgesamt sehr gut lesbar. Auffällig sind die keulenartig verdickten Oberlängen, die durch Federdruck oder doppelten Strich erzeugt wurden. Die linken Anstriche der Schäfte sind prononçiert und können keilförmig ausgebildet sein. Gegenüber der vordergründig verwandten Semiuncialis fallen das lange ›s‹ und das unziale ›a‹ ins Auge. Die Humanistenschrift folgt der karolingischen Minuskel im allgemeinen, sublimiert jedoch in ihrem Reifestadium die Formen zu einem Schriftbild, nach dem sich die Druckantiqua sichtbar gebildet hat; sie ist streng senkrecht ausgebildet – auch der ›a‹-Schaft ist senkrecht – und übernimmt manchmal von der Capitalis quadrata Serifen als Füße der Schäfte auf der Zeile.

Humanistische Kursive

Etwas anders ist es bei der humanistischen Kursive beziehungsweise der Cancellaresca: Sie sind, wie anfangs erläutert, aus dem Duktus des rückläufigen breit waagerechten und des schmalen, schräg fallenden Striches der Breitfeder entwickelt. Sowohl als Grundlage unserer modernen Handschrift als auch in künstlerischer Vollendung, wie beim Alphabet Hildegard Korgers (Abb. 34), erweist sich diese Schrift als ein Medium, das die Forderungen nach Lesbarkeit, Schönheit und Charakter in hervorragender Weise erfüllt. Die humanistische Kursive wurde historisch zunächst mit den vereinfachten Formen der Capitalis quadrata kombiniert, die aber schon bald dem handschriftlichen Duktus angepaßt und unter dem Einfluß barocken Formenreichtums zu allerlei Zierformen gesteigert wurden (Abb. 18 und 35).

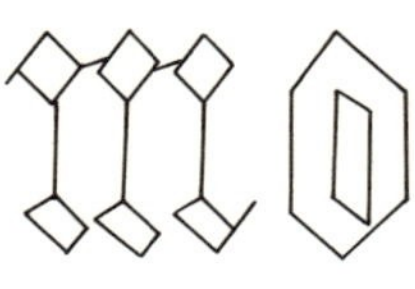

Die Textura bezieht den Flächeneffekt der Breitfeder in ihre Basisstruktur ein

Im 18. Jahrhundert entwickelte sich das Alphabet der humanistischen Kursive unter dem Einfluß der in Kupfer gestochenen Schriften (Copperplate) zu einer Schwellzugschrift, die mit spitzer Feder und Druck auf dem Abstrich geschrieben wird (Abb. 19). Erst im 20. Jahrhundert kam es, ausgehend von England, zu einer Renaissance der humanistischen Kursive als Grundschrift für das ›Italic Writing‹ (Abb. 9).

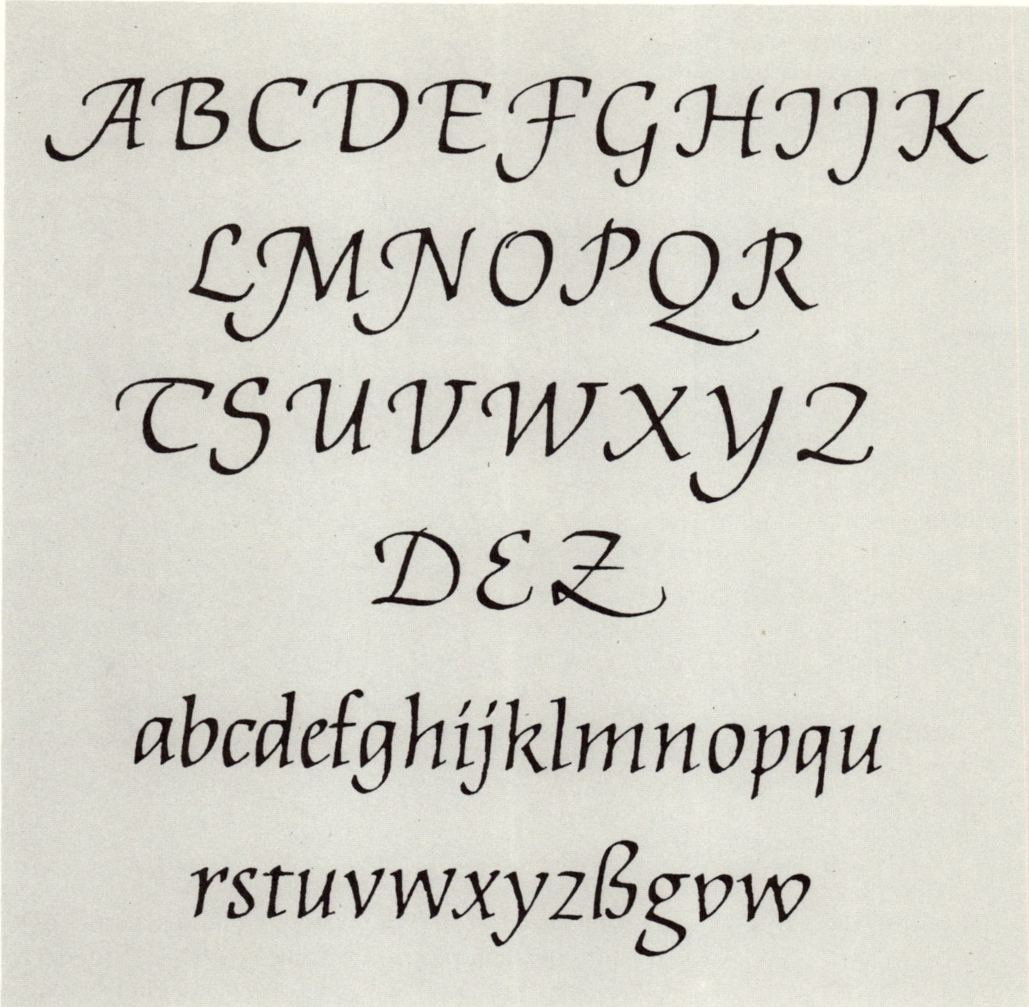

34 Moderne Kursive: Hildegard Korger, ›Kursiv-Studie‹; eine ausdrucksvolle moderne ›Renaissance‹-Kursive

Textura

Das Alphabet der gotischen Textura (Littera textualis) ist in einem wohl nicht mehr zu übertreffenden Maße auf dem Breitfederduktus aufgebaut; während die Skelettformen von Capitalis, Uncialis und Antiqua-Minuskel noch einen Gestaltsinn vermitteln, funktionieren sie bei der Textura nicht, wie das Beispiel in der Marginalie gegenüber zeigt. Die Quadrangeln (Kopf- und Fußrauten), die sich aus den oben besprochenen Keilen entwickelt haben, sind ihrer Natur nach flächig, können also nicht linear dargestellt werden.

35 Ornamentschrift: Paul Franck, ›Alphabet‹; der Holzschnitt zeigt ein kursives Versalienalphabet mit Zierschlaufen; Nürnberg 1601

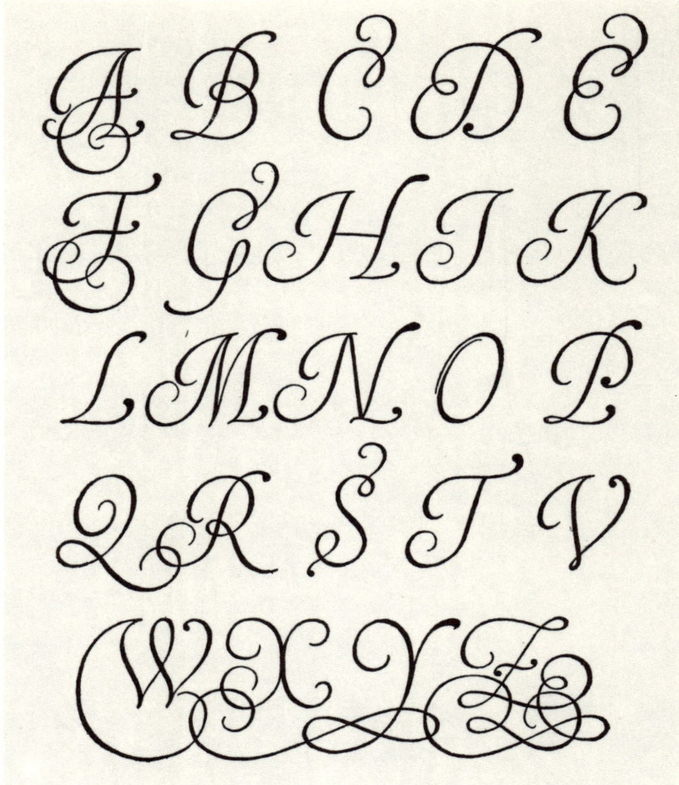

Gebrochene Schriften

Zu unterscheiden sind die nördliche (französisch/englische) und die italienische Textura. Die erste ist, ungeachtet der Stilhöhe, hochgestreckt und komprimiert, während die letztere eher quadratisch aufgebaut ist. Zudem sind die Bögen im Duktus der italienischen Textura noch gut erhalten, weshalb sie auch als ›Rotunda‹ bezeichnet wird. Als dritter Grundtypus der gebrochenen Schriften ist außerdem noch die Fraktur zu erwähnen, eine barocke Ausformung der Textura, die die optische Wirkung der Schaftbrechung durch Schwünge auflöst, insbesondere die Großbuchstaben mit den charakteristischen ›Elefantenrüsseln‹ wurden dekorativ ausgeschmückt (siehe Abb. 36 und 37).

Pinselschrift

Einen Duktus ganz eigener Art bringt die Schrift mit dem Spitzpinsel hervor. Seit Jahrtausenden in Asien praktiziert, hat sich die Spitzpinselschrift in der abendländi-

schen Kalligraphie erst in unserer Zeit einen festen Platz erobern können. Diese Entwicklung ist eng mit dem Werk Karlgeorg Hoefers verbunden (siehe hierzu das Alphabet in Abb. 47).
Der Duktus kommt dadurch zustande, daß der Pinsel mit einem gleichbleibend flachen Winkel und leichtem Druck zum Papier geführt wird, um die fetten Schattenstriche zu erzielen, während er für die feinen Striche steiler und mit minimalem Druck geführt wird.
Der Pinsel als Schreibinstrument gestattet sicherlich die spontansten Äußerungen, er setzt aber gerade deshalb auch ein Höchstmaß an mentaler und motorischer Beherrschung des Alphabets voraus. Er sollte deshalb nicht am Anfang des kalligraphischen Lernens stehen – jedenfalls nicht für Europäer. Mit der Zeit wird es jedoch angenehm sein, einmal zwischen Feder und Pinsel zu wechseln: Es scheint eine gewisse Gesetzmäßigkeit darin zu bestehen, daß die Einübung und Beherrschung der strengen Form den gelegentlichen Wunsch nach autonom-anarchischem Schreiben hervorbringt.

36 Fraktur – barock: Johann Neudörffer, ›Eine gute Ordnung und kurzer Unterricht...‹; in dieser Radierung ist ein Fraktur-Zieralphabet mit Schwungstudien zu sehen; Nürnberg 1538

3 Buchstaben

37 Fraktur – modern: Hermann Zapf, ›Fraktur-Alphabet‹; Großbuchstaben mit einigen Varianten im Stil des Nürnberger Schreibmeisters Johann Neudörffer d. Ä.

Buchstaben sind grafische Zeichen für Laute, aus denen sich die Sprache zusammensetzt; sie sollen unverwechselbare Stellvertreter für bestimmte Lautwerte darstellen. Anders als in der gesprochenen Sprache, deren Lauteinheiten (Phoneme) sich nicht weiter unterteilen lassen, sind die Buchstaben, zumindest in kalligraphischer Ausführung, zusammengesetzt. Es läge also nahe, sie als Produkt einiger weniger konstanter Grundfaktoren zu verstehen. Dies wäre aber sicherlich falsch, weil Sinn und Gestalt des Einzelbuchstabens und damit die visuell-ästhetische Qualität der Zeichen verlorengingen. Semantische Information läßt sich durch das Morsealphabet, die Braille (Blindenschrift), durch Bytes oder sonstige Ja/Nein-Matrizen übertragen; die Sinnlichkeit der Augen und die Gestaltkräfte des Gehirns brauchen wir dafür nicht.

Gestalt – Charakter

Ästhetische Information setzt aber Sinn und Gestalt voraus, und um zu ihnen zu gelangen, brauchen wir Buchstaben als unverwechselbare Individuen, Charaktere, deren Züge völlig unabhängig von der starren Topographie einer übergestülpten Matrix, einzig durch ihre Korrelation und die Andeutung ihrer Herkunft und Familienzugehörigkeit erkannt werden. Nicht umsonst bezeichnete das griechische Wort ›charaktèr‹ schon zu hellenistischen Zeiten (ca. 300 vor unserer Zeitrechnung) sowohl das eingeritzte Merkmalzeichen als auch das Bemerkenswerte einer menschlichen Persönlichkeit; Römer, Romanen und Angelsachsen verwenden das Wort noch heute in dieser Doppelbedeutung, das deutsche ›Buchstabe‹ dagegegen kommt von den Runen und ist gewissermaßen so ›charakterlos‹ wie die germanischen Schriftzeichen, aus denen sich nie eine Kalligraphie entwickelt hat.

Porträt – nicht Konstruktion

Wir sollten also jedes Buchstabenindividuum als Charakter porträtieren und nicht konstruieren – eine schwierige Aufgabe, denn sie setzt eigentlich voraus, daß das, was zu lernen ist, schon vorher gewußt wird, was natürlich Unfug ist. Wie sollen wir aber Buchstaben als Charaktere schreiben, bevor wir gelernt haben, sie als solche zu sehen? Es gibt ein Verfahren, das auf unseren natürlichen Fähigkeiten beruht: das kontemplative Schauen.

Wir sind allerdings durch die technokratische Umwelt und ihre alles überlagernde, falsche Zweckrationalität von unseren natürlichen Fähigkeiten weitgehend entfremdet und müssen sie erst wieder zurückgewinnen. Kontemplatives Gestaltsehen und bewußte Leiblichkeit sind konstitutive Eigenschaften des Menschen, die wir für die Kalligraphie produktiv werden lassen wollen und die im Akt und im Ergebnis unseres Schreibens regelrecht befreiend wirken. Die empirische Psychologie hat nachgewiesen, daß wir außerordentlich gut Gesichter unterscheiden können, daß unser Gestaltsehen als Fähigkeit geradezu darauf beruht. Die bewegte Mimik eines Gesichts hindert uns nicht daran, seine Identität zu erkennen: Ein lachendes und ein weinendes Gesicht können zur selben Person gehören. Diese Fähigkeit wollen wir uns zunutze machen, um das ›Gesicht‹ unserer Buchstaben kennenzulernen.

Im vorigen Kapitel ging es beim Thema Duktus gewissermaßen um die Familienzugehörigkeit. Betrachten wir nun verschiedene Ausführungen des gleichen Buchstabens, die wir beschreiben wollen, um eine Sprache zu

Schönheit der Buchstaben

entwickeln, die den Blick auf dasjenige lenken kann, das geübt werden soll – eine Sprache, die zugleich hilft, über Schriftformen ein klares und deutliches Bewußtsein, nämlich Kritikfähigkeit, zu erwerben.
Die Buchstaben sind, was die Zahl und Anordnung ihrer Glieder betrifft, gleich, jedoch sind die Abmessungen der Glieder verschieden, und wahrscheinlich gefällt eine Form mehr als die anderen: Die konstruktive Eigentümlichkeit jeder Form und der ästhetische Effekt (die ›Schönheit‹) treten in dieser Präsentation gemeinsam und miteinander konkurrierend auf. Für die Kalligraphie ist es nun sehr nützlich, zuerst dem Konzept der Schönheit – was immer darunter verstanden werden soll – auf die Spur zu kommen und zu lernen, wie diese Schönheit erzeugt wird; die Faszination naiver oder skurriler Eigentümlichkeit wird sich um so spürbarer einstellen, je stärker sie mit einer komplexen Ästhetik kontrastiert.
Die Frage nach dem Wesen der Schönheit ist so alt wie die Philosophie der Kunst; schon vor Platon herrschte die Auffassung, daß ausgewogene Proportionen und zweckgerechte Mittel der Kern geschaffener Schönheit seien. Für die freie Kalligraphie liegt die Zweckrichtung in der ästhetischen Information, in der befreienden Äußerung des emotionalen Anliegens und dem Hervorbringen der Strukturmöglichkeiten der Schrift im Akt des Schreibens selbst. Da Kalligraphie jedoch nicht losgelöst von der Welt besteht, sondern für uns als Bezug auf die vorhandene und uns geläufige Schrift auftritt, müssen wir elementarer ansetzen und die Schönheit der Schrift, auch der nichtkalligraphischen Gebrauchsschrift, untersuchen. Die allgemeine Schrift als Informationsmedium wird aber nach dem Kriterium der Lesbarkeit beurteilt, ihre Schönheit ist nicht eine der Form, sondern auch und besonders Angemessenheit an den Zweck. Erst die Bändigung der Expressivität durch die Rücksichtnahme auf den kommunikativen Zweck und gemeinsam damit die Verlebendigung des Mediums durch die individuelle Note der Schreiberin entwickeln das volle Potential der Kalligraphie.

Proportionslehre

Die Buchstaben der römischen Capitalis sind spätestens seit der Renaissance Gegenstand von Überlegungen zur Proportionslehre und zugleich Lehrstück für die

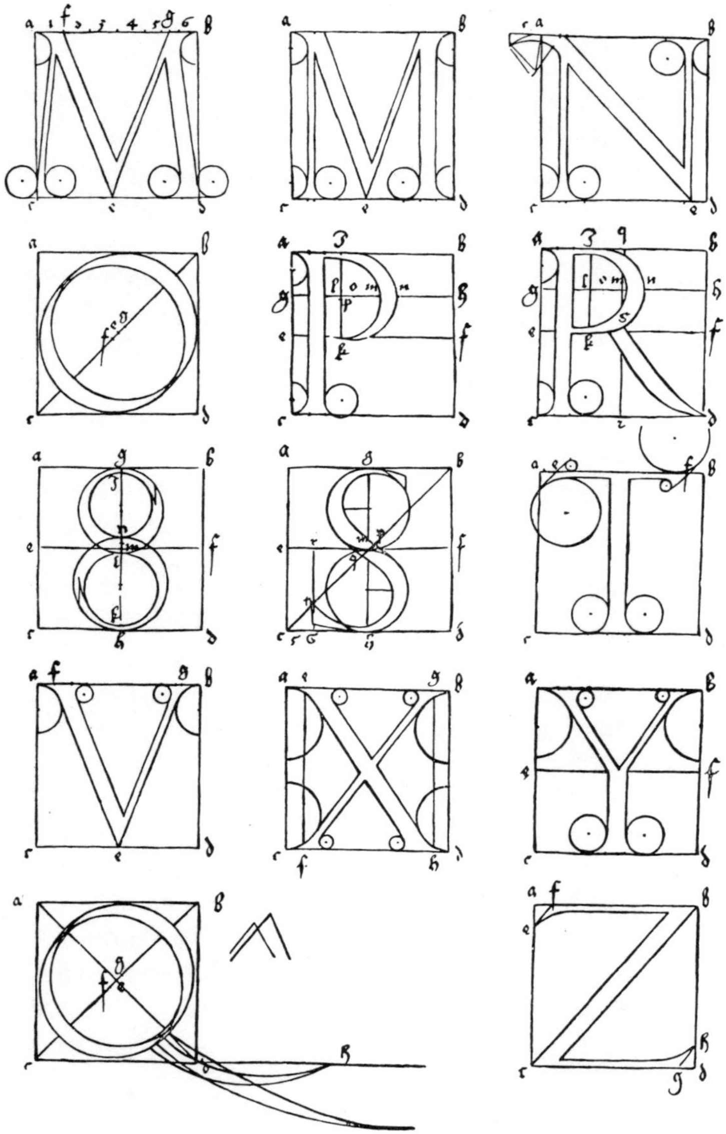

38 Konstruierte Antiqua von Albrecht Dürer, 1525

Ausbildung der Schreibmeister gewesen; einmal, weil sie als Inschriften- und Auszeichnungsschrift stark in proportionale Kontexte der Architektur bzw. der Buchseite gestellt wurden, und zum anderen, weil sie als Buchstaben eine geringere Einbindung und damit Glättung in Zeile und Absatz finden als beispielsweise die Minuskeln.

39 Skelettformen des Alphabets von Ingrid Schade

Betrachten wir die Buchstaben als Körper, ihre Bestandteile als Glieder und sehen wir vom Duktus ab, so analysieren wir die Skelettform des Alphabets. In Abbildung 39 sind alle Buchstaben in ein Quadrat gestellt und mit einem Raster überzogen, um die Augenarbeit zu erleichtern. Als erstes fällt sicherlich auf, daß kein Buchstabe das große Quadrat genau ausfüllt und daß überhaupt sehr verschiedene Formatfüllungen vorkommen – erstaunlich bei einer Schrift, für die wir grundsätzlich eine außerordentliche Regelmäßigkeit vermuten würden. Dann, bei näherem Betrachten, wird auch noch deutlich, daß kein Buchstabe die durch die Rasterlinien gut erkennbare geometrische Mitte als wesentlichen Konstruktionspunkt beansprucht. Schließlich überschreiten etliche Linien die Begrenzungen des übergelegten Quadrats.

Gestaltsehen und ›optische Täuschung‹

Als Erklärung für diese Proportionierungen kann man die Eigenarten unseres Gestaltsehens heranziehen, das miteinander korrelierte Glieder anders bewertet als die Geometrie. Es wird in diesem Zusammenhang gern von ›optischen Täuschungen‹ gesprochen, was sicher nur oberflächlich richtig ist, weil wir bei der Betrachtung von Gestalten eher bewerten als messen. Im übrigen sind die bekannten ›optischen Täuschungen‹ induktive Regeln aus empirischen Versuchen, wir wollen daher darauf verzichten, sie hier zu postulieren und dann auf die einzelnen Buchstaben abzuleiten. Das Vermögen, jenseits physikalischer Maßeinheiten über die Gelungenheit von Gestalten in einem gegebenen Kontext urteilen zu können, wird bekanntlich Geschmack genannt. Betrachten wir nunmehr das Alphabet als Gesamtkontext und interpretieren wir die Buchstaben im einzelnen.

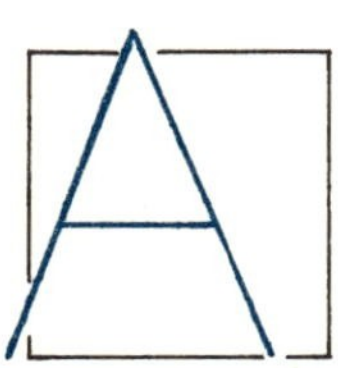

Das ›A‹ ist oben spitz und überragt die Kopflinie unseres Quadrats, zugleich ist der Querbalken unter die geometrische Mitte gerückt. Beide Maßnahmen führen dazu, daß der obere Kegel in ein ausgewogenes Verhältnis zum unteren Kegelstumpf gebracht wird und daß der Buchstabe sicher steht.

Beim ›B‹ liegt die Trennlinie zwischen oberem und unterem Bogen etwas oberhalb der geometrischen Mitte, auf der sogenannten optischen Mitte, und der untere

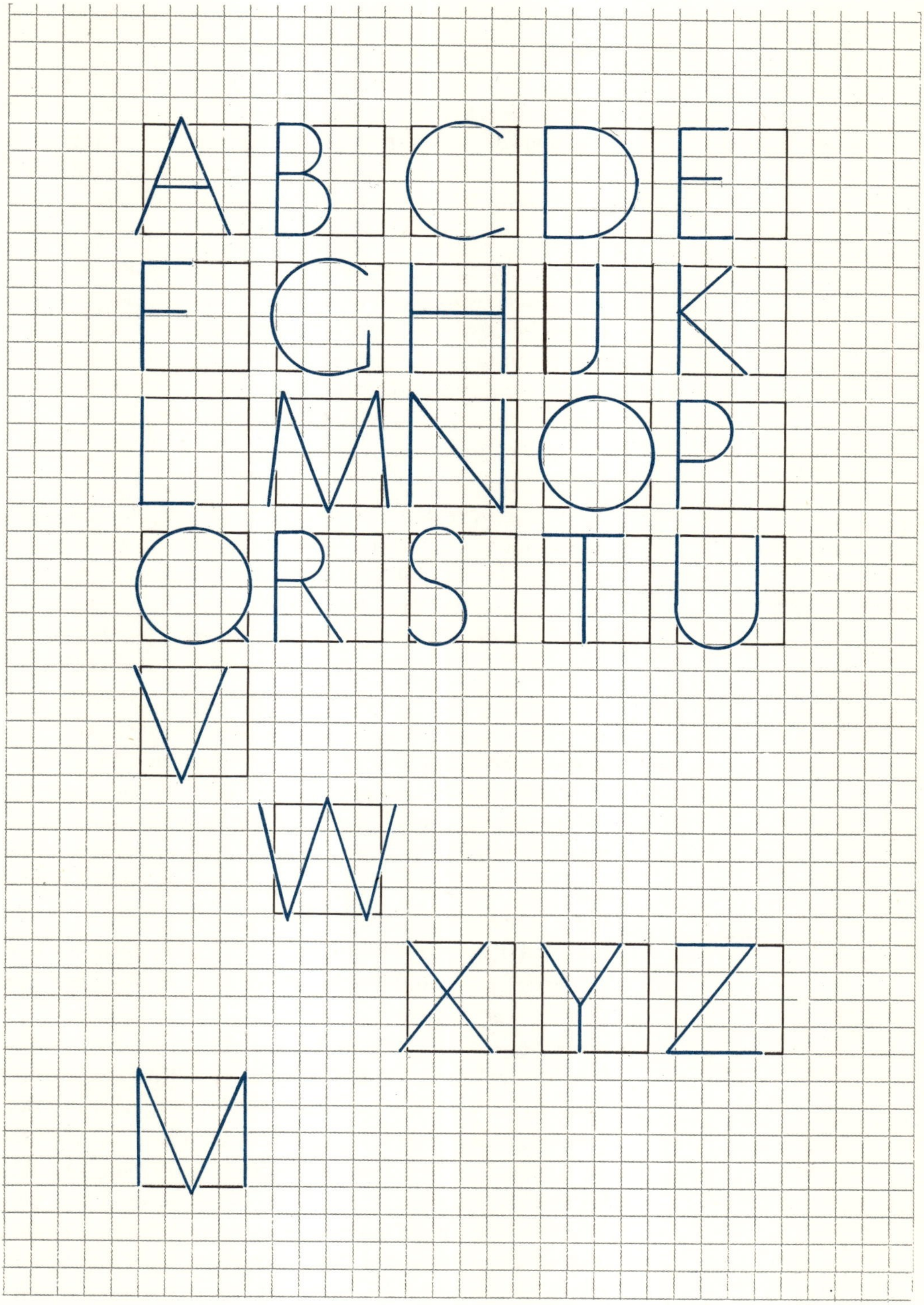
ABCDE
FGHJK
LMNOP
QRSTU
V
W
XYZ
M

Bogen baucht sich etwas weiter nach rechts aus. Dies ist einerseits die natürliche Funktion eines größeren Radius, vor allem aber wird so der Eindruck vermieden, der obere Teil, gewissermaßen der ›Kopf‹, sei zu schwer und instabil gelagert. Es ist klar, daß das ›B‹ nicht besonders breit sein sollte; die beiden übereinandergesetzen Kreissegmente könnten sonst gequetscht wirken.

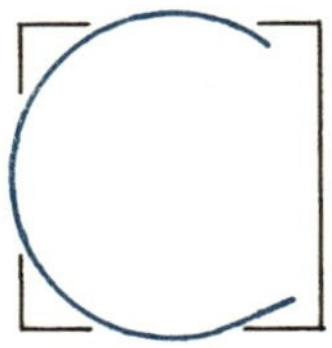

Das ›C‹ geht in allen seinen Rundungen über die Begrenzungen des Quadrats hinaus. Der Innenraum von runden und ovalen Figuren hat soviel Gewicht, daß sie kleiner als eckige Figuren gleicher geometrischer Größe wirken. Im unteren Bereich ist der Kreisbogen zum Teil verlassen worden: ein Mittel, um dem Buchstaben das Fragmentarische zu nehmen, das wir empfinden, weil das rechte Bogensegment fehlt.

Das ›D‹ ist ein extrem schwieriger Buchstabe, weil der Übergang von der Waagerechten in den Bogenradius die Balance gefährdet. Daher steht unser ›D‹ verhältnismäßig breit auf einem waagerechten Fuß. Im vergleichbaren Sinne würde der ›Bauch‹ nach unten wegrutschen, wenn oben nicht für eine kräftige Statik gesorgt wäre. Bei Schriften im Breitfederduktus überschreiten die obere und die untere Linie oft die Grenzlinien fast unmerklich, bevor sie in den Bogen übergehen.

Beim ›E‹ liegt der Querbalken auf der optischen Mitte, und der untere waagerechte Balken ist etwas weiter nach rechts gezogen, wodurch die Figur einen sicheren Stand erhält. Da ›E‹ wie schon das ›B‹ eine doppelstökkige Figur ist (zwei fast quadratische Rechtecke), ist es in der Grundbreite schmaler ausgebildet.

Das ›F‹ hat einen schweren Stand, was gerade im Vergleich zum ›E‹ auffällt. In unserem Beispiel liegt der Querbalken auf der optischen Mittellinie, weil es sich um eine reine Strichschrift handelt. Bei fetteren Schriften, besonders im Breitfederduktus, sollte der Querbalken etwas tiefer, bei betonter Fette durchaus unter der geometrischen Mitte, ausgeführt werden, um die Balance der Massen zu gewährleisten (vgl. auch das ›P‹).

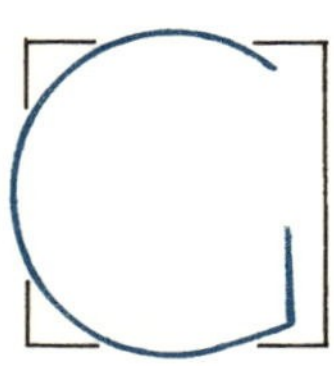

Für das ›G‹ gilt das für das ›C‹ Gesagte. Als eine subtile Besonderheit kann man den unteren Bogen in eine gerade Linie münden lassen, bevor der kurze senkrechte ›G‹-Strich angesetzt wird. Auf diese Weise wird ein scharfen Winkel zwischen einem Bogen und einer gerade Linie vermieden (das Prinzip lautet: Übergänge immer als Radius gestalten).

Das ›H‹ steht sehr breit. Da es keine doppelstöckige Form ist – es fehlen Striche in die Waagerechte –, wird es anders gesehen: als Kombination dreier annähernd gleichwertiger Balken. Das ›H‹ ist das Paradebeispiel für den Unterschied zwischen visuellen und geometrischen Gestaltgesetzen, es betont durch seine Linien die Seitenränder und die Mittellinie des optischen Quadrats, das, geometrisch gesehen, höher als breit ist, mit einer oberhalb der geometrischen Mittellinie angesiedelten Mitte.

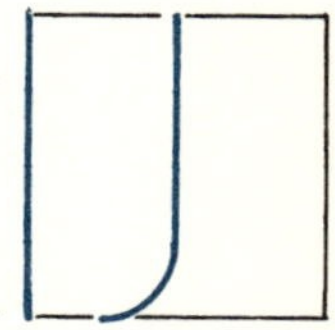

›I‹ und ›J‹ sind ohne Serifen schwer ins Alphabet einzufügen. Bei Schriften im Breitfederduktus ist beim ›I‹ – wie im übrigen bei allen Senkrechten, nur hier wegen der Alleinstellung des Schafts ganz besonders – darauf zu achten, daß der Strich in der Mitte des Schafts geringfügig schmaler ist, weil er sonst als bauchig empfunden wird.

Das ›K‹ bildet eine zweistöckige Form, selbst wenn oben und unten Begrenzungsstriche fehlen: Zu suggestiv ist die Form zweier Dreiecke. Die Spitzen berühren sich auf der optischen Mitte, so daß das obere Dreieck etwas kleiner und folglich nicht kopflastig ist, während der rechte untere Diagonalstrich sozusagen im ›Ausfallschritt‹ für einen festen Stand des Buchstabens sorgt.

Für den kurzen waagerechten Fußbalken des ›L‹ gibt es eine kontextbezogene Erklärung: Die offene ›helle‹ Stelle über einem längeren Balken würde ein Loch in das Hell/Dunkel-Kontinuum des Schriftbandes reißen; aus dem gleichen Sachverhalt erklärt sich, warum manche Buchstaben (z.B. ›T‹ und ›O‹) in den Raum über dem waagerechten ›L‹-Balken hineinragend geschrieben werden.

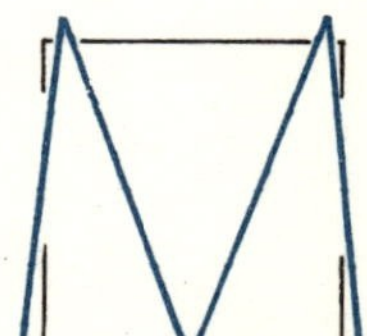

Das ›M‹ ist ein in jeder Beziehung ›herausragender‹ Buchstabe: Beide Seitenbegrenzungen unseres Quadrats, dazu die obere Begrenzung durch zwei Spitzen und die untere durch eine, werden überschritten. Die Breite erklärt sich daraus, daß das ›M‹ eine Doppelfigur darstellt, die entsprechend viel Platz braucht. Es ist allerdings darauf zu achten, daß die äußeren Striche erheb-

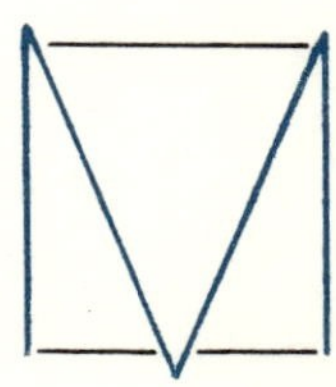

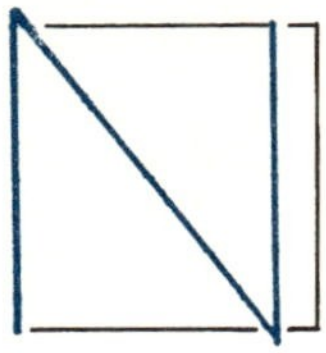

lich steiler verlaufen als die inneren; in manchen Druckalphabeten werden sie sogar senkrecht gezeichnet.
Beim ›N‹ gilt in vieler Beziehung das für ›H‹ Gesagte: es handelt sich um die Verstrebung von drei Balken; diesmal ist statt der Mittelwaagerechten die Diagonale akzentuiert. Die spitzen Winkel stellen, wie bei allen vergleichbaren Buchstabenformen, eine Korrektur der geometrischen Zeichnung zugunsten des optischen Gleichgewichts dar.

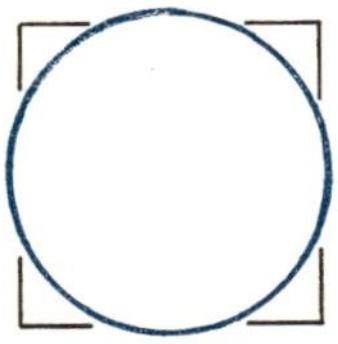

›O‹ ist optisch rund, das heißt geometrisch eine Winzigkeit höher als breit. Ein ausgezirkeltes ›O‹ würde sackartig gedrückt wirken. Beim Breitfederduktus wird die Innenkontur hochoval, um das Gewicht der Bögen auszugleichen, die in ihrer Mitte am dicksten sind, was ja den Gesetzen der Statik entspricht.

Das ›P‹ reicht mit seinem Bogen unter die geometrische Mitte. Der geschlossene Kopf würde sonst, mehr noch als dies beim ›F‹ aufträte, wie an einem Stengel aufgeknüpft wirken. Vor allem aber würde das ›P‹ im Vergleich mit dem ›R‹ unvollständig und ›kippelig‹ wirken, und dies um so mehr, als die in vielen Sprachen häufig vorkommende Kombination ›PR‹ die beiden Kontrastpartner direkt zusammenrückt.

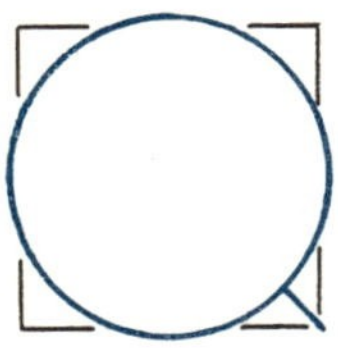

Das ›Q‹ entspricht dem ›O‹ mit einer Cauda (lat. = Schwanz). Diese reicht oftmals unter den nächsten Buchstaben, der in den meisten Fällen ein ›U‹ sein wird.

Die zweistöckige Konstruktion des ›R‹ läßt sich als Kombination aus Elementen des ›B‹ (oben) mit dem ›K‹ (unten) erklären. In unserem Beispiel, das an die Form der Trajansäule angelehnt ist, geht der Diagonalstrich rechts unten nicht aus einem Gelenkpunkt in Höhe der optischen Mitte hervor (was auch gemacht wird), sondern aus dem Ansatz des Radius am oberen Bogen. Im Breitfederduktus ist der Diagonalstrich leicht unter die Zeile gezogen.

›S‹ ist an der optischen Mitte ausgerichtet, der obere Bogen ist folglich geringfügig kleiner, und der untere läuft ein bißchen weiter nach rechts aus. Als doppelstökkige Figur ist das ›S‹ schmal zu halten. Eine kaum wahrnehmbare Rechtsneigung vermeidet den Eindruck eines zurückweichenden Schwanenhalses und verleiht dem Buchstaben Dynamik in Leserichtung.

Das ›T‹ ist im Maßstab 3:4 proportioniert (Breite:Höhe). Der Stamm ist die spiegelsymmetrische Achse für den Querbalken. Dieser wird optisch gerade ausgebildet, das heißt zur Mitte hin leicht konkav, damit nicht der Eindruck hängender Enden entsteht. Regel: je fetter der Strich, desto größer das ›Balkengewicht‹, desto stärker die Aushöhlung.

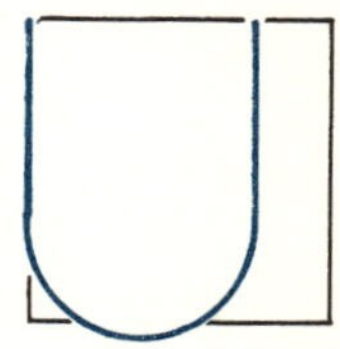

Der untere Bogen des ›U‹ tritt leicht unter die Zeile, weil er sonst ›schweben‹ würde. Für diesen Bogen gibt es im ganzen sonstigen Alphabet keine Entsprechung, dennoch fügt er sich gut ein, da er eine Ausformung der Gestaltlogik: Gerade, Winkel, Bogen darstellt. Die Breite 3:4 (Breite:Höhe) wird vom einfachen, offenen Innenraum determiniert.

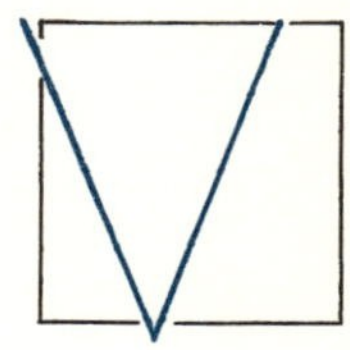

Das ›V‹ verwendet die gleiche Proportion 3:4 (Breite : Höhe) wie ›U‹ und ›T‹ und reicht mit seiner Spitze leicht unter die Zeile. Es muß sehr gut ausbalanciert sein, sonst droht es zu kippen. In gelungener Form stellt es einen Triumph über die Schwerkraft dar (anders als z.B. ›F‹ und ›P‹, die wie eingepflanzte Masten wirken).

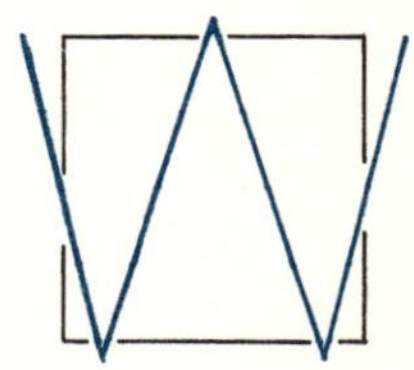

»Zweimal ›V‹ gleich ›W‹« lautet die einfache Formel, nach der das ›W‹ gebaut ist. Auf keinen Fall ist es ein ›umgekehrtes‹ ›M‹! Wie das ›M‹ sprengt aber auch das ›W‹ den Rahmen, es ist sogar noch ein bißchen breiter als das ›M‹. Selbstverständlich überschreiten die Spitzen die waagerechten Linien. Man kann das ›W‹ auch schreiben, indem man zwei ›V‹ mit sich überkreuzenden Ästen schreibt. Wenn sich die Äste nur berühren, wie in unserem Beispiel, werden die ›V‹-Winkel spitzer.

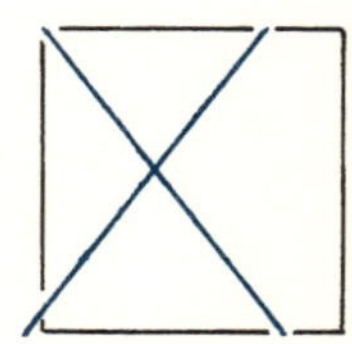

›X‹ ist nach unserer Interpretation eine Balkenform und keine doppelstöckige Form. Daher ist dieser Buchstabe breit im Verhältnis 3:4 (Breite:Höhe). Thematisiert werden natürlich die Diagonalen. Der Gelenkpunkt liegt auf der optischen Mitte, daher spreizen sich die Schenkel des unteren Dreiecks über die Fallinie der oberen Enden hinaus, was der Figur einen festen Stand verleiht.

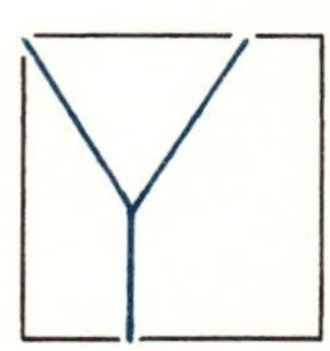

Für das ›Y‹ gelten ähnliche Argumente wie für ›P‹ und ›V‹: Der obere Teil wird wie beim ›P‹ durch einen Ansatz unterhalb der geometrischen Mitte vergrößert, um den Eindruck eines ›Stengels‹ zu vermeiden. Ähnlich wie beim ›V‹ spielt die richtige Balance des auf der Spitze stehenden Dreiecks eine wesentliche Rolle.

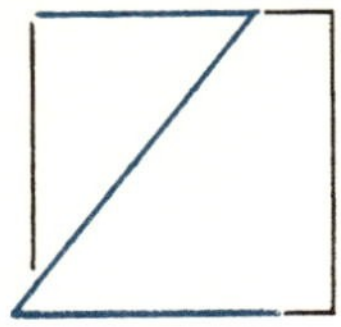

Schließlich das ›Z‹: wieder eine Variation zum Thema ›Balkenverstrebung‹. Die Spitze links unten ragt über den Rand des Rasterquadrats hinaus, um dem Buchstaben Stand und elastische Spannung zu verleihen. Rechts kann der untere Balken über die Fallinie hinausreichen. Bei Formen im Breitfederduktus muß der Diagonalbalken kräftig ausfallen (Federdrehung!), sonst wirkt er gebrechlich.

Zum Üben verwenden wir weder die Skelett- noch die Monumentalform mit den gezeichneten Serifen, sondern eine serifenlose Breitfeder-Capitalis. Anders als bei der schlicht gebauten Capitalis rustica, die ganz aus dem Federduktus entstand, gehen hier Duktus, Proportion und ästhetisches Bild Hand in Hand, mit der Folge, daß die Federhaltung bei einigen Buchstabengruppen unterschiedlich ist. Die folgenden Übungen sind nach Schwierigkeit und Abweichung vom Grundduktus gestaffelt:

Die erste Gruppe umfaßt die Buchstaben, die aus senkrechten und waagerechten Strichen zusammengesetzt sind und mit dem Standardfederwinkel von etwa 30 Grad gezogen werden (Breitfeder/ArtPen 1.5 oder 1.9).

EFHILT E F H I L T

Die Buchstaben sollten nach Anschauung abgeschrieben werden. Es ist aber vor allem das oben unter ›I‹ über den senkrechten Schaft Gesagte zu beachten. In der zweiten Gruppe sind die Formen mit einfachen (großen) Bögen versammelt.

CDGOQU C D G O Q U

Als Vorübung kann ein Kreis aus einem linken und einem rechten Halbmond zusammengesetzt werden. Es erfordert einige Übung, bis die Motorik so weit geschult ist, daß die Enden der Schwünge zusammentreffen. Bitte lieber vorbeiziehen, als den Schwung in sich knicken, um doch noch den Anschluß zu bekommen! – Die dritte Gruppe umfaßt die doppelstöckigen Buchstaben mit den kleinen Rundungen.

B P R S

BPRS

Beim Breitfederduktus soll der Bogen des ›P‹ unten nicht ganz an den Schaft anschließen; er würde sonst wieder dicker als am Ende des Radius werden. Wenn wir ihn mit dem Radius spitz auslaufen lassen, bleibt der Kopf des ›P‹ offen und wirkt leicht. Bei den folgenden Buchstaben, die alle aus schrägen Strichen aufgebaut sind, wird die Feder flacher (ca. 20°) geführt, damit die Breite der linksfallenden Striche nicht zu schmal gegenüber den rechtsfallenden gerät.

A K V W X Y

AKVWXY

Das gegenteilige Vorgehen ist bei ›N‹ und ›M‹ erforderlich: Die Feder wird für den ersten und den dritten Strich erheblich steiler (ca. 45°) gestellt – der zweite und beim ›M‹ der vierte bleiben im 30-Grad-Winkel –, damit der Breitfederduktus zum Vorschein kommt. Bei den gewöhnlichen 30 Grad würden alle Striche annähernd gleich dick wirken, bei 20 Grad überdies zu dunkel und zu schwer.

M N

MNZ

Abschließend der Buchstabe ›Z‹: Hier muß die Federhaltung für den linksfallenden Diagonalstrich auf annähernd null Grad geändert werden, da andernfalls dieser Strich zu leicht wäre und statisch nicht ausreichte, den oberen Querbalken zu tragen. Die waagerechten Striche werden in 30-Grad-Federhaltung ausgeführt.

Einzelne Buchstaben sollten nicht mehrmals hintereinander geschrieben werden, es sei denn im Sinne einer spontanen, einmaligen Korrektur, die verhindert, daß man sich eine falsche Bewegung einprägt. Sobald die Regeln der Federhaltung verinnerlicht sind, sollte man aus den Buchstaben der einzelnen angegebenen Gruppen Wörter formen, damit das Umsetzen geschult wird. Eine hübsche Übung geben Aphorismen ab, und wem gar nichts mehr einfällt, der kann mit dem Standardsatz ›The quick brown fox jumps over the lazy dog‹ sichergehen, keinen Buchstaben beim Üben vergesssen zu haben. Die Wechselwirkung von Schreiben und kriti-

40 Basiskursive – modern: Ingrid Schade, ›Anleitungsblatt zur schrittweisen Erlernung eines kursiven Alphabets I‹

scher Betrachtung vertieft von allein das Formverständnis und weist der Motorik den Weg.

Die serifenlose Capitalis eignet sich gut als Majuskel-Alphabet für kursive Handschriften (›Italic Handwriting‹; vgl. Abb. 7). Die dazugehörigen Kleinbuchstaben sollen als nächstes intensiv geübt werden. Wir verwenden hierzu eine Übersicht über die Skelettformen der humanistischen Kursive, die Ingrid Schade zusammengestellt hat (Abb. 40).

Humanistische Kursive, Proportionen

Die Bewegungsabläufe sind eingezeichnet. Gegenüber den bisher anhand der Capitalis rustica und der serifenlosen Capitalis erprobten Bewegungen kommt hier erstmals eine rückläufige Federbewegung zum Tragen. Wie aus der Konstruktion des ›a‹ ersichtlich, wird die Feder ein kleines Stück von rechts nach links bewegt, das heißt gegen den normalen Breitfederduktus, bevor sie in die linksfallende Kurve übergeht. Dies erfordert eine sehr leichte Hand und eine gewisse Geschwindigkeit. Bildlich ausgedrückt, muß die Feder gegen ihre Schreibkante von rechts geschoben werden, und zwar so leicht und flott, daß sie keine Zeit zum Widerstreben findet. Mit festem Strich abwärtsgezogen, ergibt sich ein klarer Druckstrich, der ohne abzusetzen in einen flinken, völlig von Druck gelösten, rechts steigenden Haarstrich übergeht, um schließlich wieder betont zu fallen. Was hier an der Ausführung des ›a‹ beschrieben wurde, macht, zusammen mit dem Anstrich, im wesentlichen den Duktus der humanistischen Kursive aus und gilt mit der einen oder anderen kleinen Modifikation für sämtliche Minuskeln, die mit einem hochovalen Körper oder einem Teil davon beginnen (›a‹, ›c‹, ›d‹, ›e‹, ›g‹, ›o‹, ›q‹ und in gewissem Sinne auch ›s‹). Bei den übrigen Buchstaben, die mit einem senkrechten Schaft beginnen, finden wir einen kleinen linken Anstrich, der, technisch gesehen, einen kontrollierten Einsatz des Tintenflusses erleichtert und in Hinsicht auf den Duktus für einen einheitlichen Charakter sorgt.

Formale Handschrift

Die Kombination ovaler Buchstabenkörper mit dem Wechselduktus Druck/Entlastung macht die humanistische Kursive als Ausgangspunkt für eine formale Handschrift außerordentlich geeignet. Es muß übrigens deutlich zwischen dem Druckstrich der Breitfederkursive

SCHEMA EINER HUMANISTISCHEN KURSIV

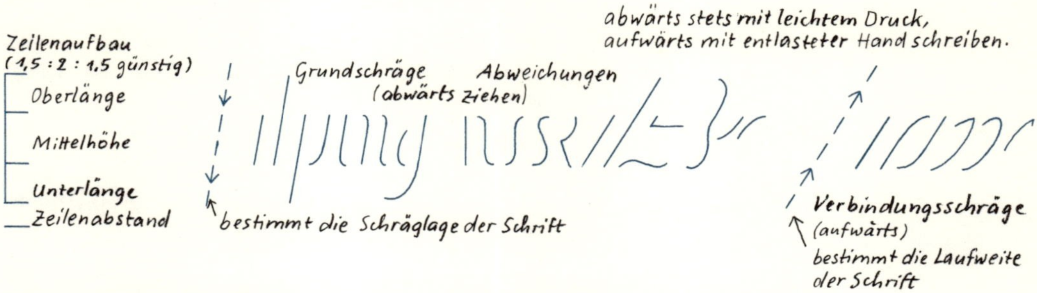

Die hier gezeigten Einzelformen bilden die wesentlichen Bestandteile der Minuskeln. Es bedarf nur weniger zusätzlicher Elemente zu ihrer Vervollständigung.

a b c d e f

ghijklmn opqrrsſt

uvwxyz 1234567890

Für die Majuskeln gelten die selben Bewegungsabläufe, nur sind hier großzügigere Schwünge und Bögen einzusetzen.

* Majuskeln sind niedriger als die Oberlänge der Minuskeln, damit sie nicht aus dem Schriftbild „herausfallen". Auch die Unterlängen können etwas gekürzt werden.

ABCDEEFGGHIJKLL

MNOPQRSTUVWX

YZ 1234567890

und dem der englischen Schreibschrift im Schwellzugduktus (vgl. Abb. 19) unterschieden werden: Mit der Breitfeder wird nur minimal gedrückt, aber für den Haarstrich so weit wie möglich entlastet. Beim Schwellzug dagegen wird durch relativ starken Druck die spitze Feder zum Spreizen gebracht, um einen Strich zu erzeugen, der erheblich breiter als die Federspitze selbst ist. Hier wird Druck zum Kraftaufwand, was bei der Breit- (oder Bandzug-)Feder unnötig und unorganisch wäre. Zum Einüben des feinen Haarstrichs als Ergebnis der maximalen Entlastung ist es nützlich, die Skelettform der humanistischen Kursive mit einem weichen Bleistift zu schreiben.

Humanistische Kursive, Breitfederduktus

Wenn man die Minuskelformen verstanden und gegebenenfalls mit Bleistift eingeübt hat, werden sie mit der *Breit*feder (ArtPen *1.1* oder *1.5*) geschrieben. Der Federwinkel beträgt ca. 45 Grad, gleichzeitig wird eine Rechtsschrägung von 10 bis 15 Grad verwendet. Zieht man den Winkel der Schräge vom Gesamtwinkel ab, so erhält man wieder den Grundwinkel von ca. 30 Grad, bei dem Senkrechte, Waagerechte und Diagonale zu abgestuften Strichdicken und damit zu einem differenzierten und spannungsreichen Duktus führen. Der 45-Grad-Winkel würde im vertikalen Stil zu gleichdikken Waagerechten und Senkrechten führen, was eine mechanische Gleichförmigkeit bewirkt, während bei 30 Grad plus Schräglage die Differenzierung zwischen Waagerechter und Diagonale leiden würde. An der Darstellung der Ziffer ›4‹ in den verschiedenen Winkelvarianten läßt sich das sehr anschaulich zeigen.

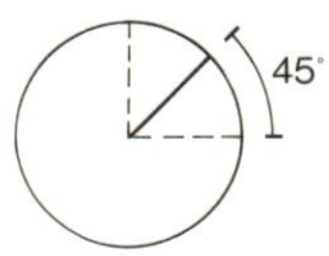

Federwinkel 45°

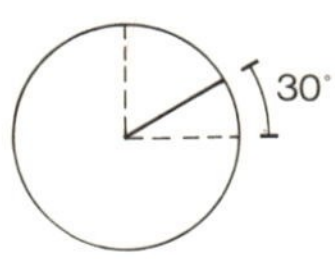

Federwinkel 30°

Kursive Majuskeln

Nach den Minuskeln sollen die kursiven Majuskeln in rechts geschrägtem Duktus vorgestellt werden. Sie sind weniger streng aufgebaut als die serifenlose Capitalis und handschriftgerechter. Im Beispiel von Ingrid Schade sind insbesondere die Buchstabeninnenräume (›B‹, ›D‹, ›P‹ und ›R‹) freier gestaltet, und die schrägen Striche der ›A-K-V-W-X-Y‹-Gruppe (siehe oben) sind in Schwünge aufgelöst. Der schwungvollere Duktus einerseits und die Verwendung einer schmalen Feder (ArtPen 1.1) andererseits gestatten, den Federwinkel von ca. 45 Grad durchweg beizubehalten; die Schrift wird so flüssiger schreibbar (Kursive!), ohne flüchtig zu wirken. Zunächst

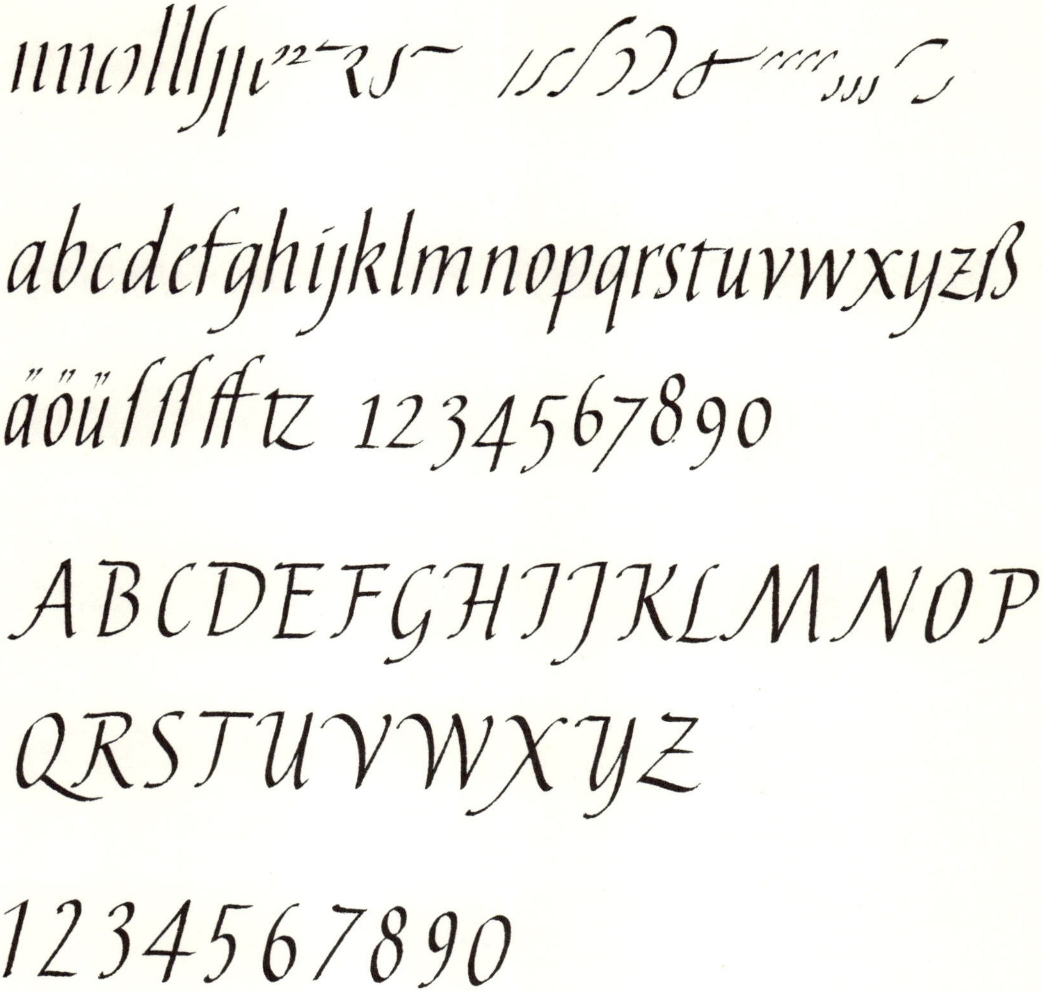

betrachten wir wieder die Skelettform, die gleichfalls mit dem Bleistift studiert werden kann, aber nicht muß. Die Art und Weise, wie die Buchstaben einer Schrift studiert werden, so wie es anhand der Capitalis und der humanistischen Kursive durchgeführt wurde, kann nunmehr auf weitere Alphabete angewendet werden, das ›Handbuch Kalligraphie‹ hält hierfür zahlreiche Beispiele bereit. Wer mehr Anregungen sucht, sei auf die Instruktionsbüchlein von Hermann Zapf und Karlgeorg Hoefer verwiesen, die gut gestaltete moderne Alphabete enthalten. Wer darüber hinaus den Formenreichtum in

41 Basiskursive – modern: Ingrid Schade, ›Anleitungsblatt zur schrittweisen Erlernung eines kursiven Alphabets II‹; hier wurde eine Breitfeder verwendet

Hilfslinien für den Anfang
Üben üben üben
Minuskeln
rechte Federecke
linke Federecke (FE)
Grundschräge
(bestimmt die Schräglage der Schrift)
Federansatz
1. Ansatzstrich
2. Druck für Farbvorrat
3. auf der rechten oder linken Federecke „wegreißen".
während des Zuges in waagerechter Richtung langsam auf rechte FE drehen.
Ligaturen
rechte FE (wie ⑨)
rechte FE
linke FE
linke FE (wie ⑩)
linke FE (wie ⑫)
aufwärts ziehen
= langes und rundes s als Ligatur (ſs)
Oberlänge
Mittelhöhe
Unterlänge
Übung
Minuskelzahlen
Majuskelzahlen
1234567890 1234567890
Höhe der Majuskeln deutlich niedriger als Minuskel-Oberlänge
Majuskeln
ABCDEFGHIJKLMNOPQRSTUVWXY
Varianten
mit Schwüngen sparsam sein; das ist effektvoller

geschichtlicher Dimension studieren möchte, sollte sich in einer größeren Bibliothek nach den ›Proba Centum Scriptuarum‹ Leonard Wagners umschauen (vollständige Angaben siehe Literaturverzeichnis).

42 Übungsblatt von Ingrid Schade

Der schönste, wenn auch sicherlich mühseligste Weg zum Studium der Schriften ist die Auseinandersetzung mit historischen kalligraphischen Buchschriften und Schreibmeisterblättern. Im Kapitel B ›Schriften‹ wurden hierzu zahlreiche Illustrationen vorgestellt. Wege zu weiterem Forschen schließlich finden sich in der besprochenen Literatur.

4 Worte, Zeilen, Blätter

Worte sind die kleinsten selbständigen sprachlichen Bedeutungsträger; sie sind, verglichen mit Buchstaben oder Silben, Zeichen höherer Ordnung (›Superzeichen‹ im Sinne der Informationstheorie). Buchstaben bzw. die durch sie repräsentierten Laute tragen keine sprachliche Bedeutung, sie sind nur Bausteine, die erst dadurch, daß wir sie absichtsvoll zusammenfügen, zur Äußerung einer Bedeutung taugen. Dennoch, so sahen wir, transportierten schon die Buchstaben einen ästhetischen Inhalt, nämlich den der Gelungenheit in Hinsicht auf den Duktus des Alphabets und die innere Proportionierung ihrer Bauglieder.

Komplexität

Die Dimension des ästhetischen Inhalts betrifft natürlich das Wort genauso wie die einzelnen Buchstaben. Die Gesamtgestalt eines Wortes soll möglichst mühelos erfaßbar sein und dem Anspruch an die ›Gute Gestalt‹ gerecht werden, ganz abgesehen vom persönlichen Seherlebnis des Betrachters in ästhetischer Hinsicht. Die ›Gute Gestalt‹ zeichnet sich durch Geschlossenheit, Einfachheit, Prägnanz und Regelmäßigkeit aus, wobei ihre innere Mannigfaltigkeit (Komplexität) je größer, desto interessanter und anregender ist; die Komplexität entspricht den Möglichkeiten, bei wiederholter Beschäftigung immer noch neue Aspekte zu erfahren.

Kognitiver Inhalt und Äußerungsform

Die Kalligraphie als Kunst der handschriftlichen Gestaltung hat entweder mit reinen Zeichen wie Buchstaben oder mit bedeutungstragenden Wörtern oder Texten zu tun. Die letzteren haben mindesten zwei Ebenen, die für uns relevant sind: den kognitiven Aussageinhalt und die wahrnehmbare Äußerungsform, den Ausdruck. Die Schreibtechnik (das Handwerk des Kalligraphen) befaßt sich vor jeglichem Inhalt mit der Äußerungsform in Gestalt der Buchstaben und ihrer Verbindungen. Natürlich ist auch der kognitive Inhalt eines Textes, der kalligraphiert werden soll, ein wesentlicher Gesichtspunkt; wir werden diese Problematik aber erst nach der handwerklichen Schreiblehre untersuchen (vgl. Kapitel D ›Gestalten‹). Zunächst setzten wir die Existenz von Wörtern als gegeben voraus und fragen nicht nach ihrer Bedeutung.

Binnenstruktur des Wortes

Ein Wort läßt sich am einfachsten eingrenzen, wenn wir die Buchstabengruppe, durch die es repräsentiert wird, von anderen Buchstabengruppen trennen, etwa indem wir Zwischenräume einschalten, wie es ja auch seit der Spätantike gemacht wird (davor allerdings war die Worttrennung ungebräuchlich). Wie aber steht es mit der Binnenstrukturierung? Durch die Uniformität der Druck- und Schreibmaschinenschrift sind wir keine differenzierten Buchstabenformen mehr gewohnt; die Kalligraphie aber kann den in der Schriftgeschichte entwickelten Formenreichtum wieder aufnehmen und uns dadurch neue Seherlebnisse schaffen. Die Verfeinerung des Formsinns kann dann als ästhetisches Bedürfnis produktiv werden und zu neuen Ausdrucksformen anregen.

Die innere Geschlossenheit des Wortes wird einzig und allein durch die Frage beantwortet, ob zwei aufeinanderfolgende Buchstaben zum gleichen Wort gehören. Die Buchstaben müssen irgendwie zusammenhängen, sie dürfen entsprechend unseren Wahrnehmungsgewohnheiten keinen Bruch bewirken. Andererseits ist auch nicht wünschenswert, daß sie so eng aneinanderkleben, daß man das Gefühl bekommt, das ganze Wort sei zusammengestaucht worden. Als ästhetische Regel hat sich herauskristallisiert, daß innerhalb des Wortes der jeweilige Raum zwischen allen Buchstaben die gleiche Helligkeit aufweisen soll. Angesichts der unterschiedlichen Grundformen der Buchstaben, die aus runden, senkrechten oder schrägen Grenzflächen beste-

Liane

Schreibmaschinenschriften können keine Rücksicht auf die ästhetischen Bedürfnisse der Spationierung nehmen

hen, lassen sich die Buchstaben allerdings nicht in einem konstanten metrischen Abstand nebeneinanderstellen, ohne daß das Wort ›auseinanderfällt‹.

LAMPIONE

Eine Generalregel für das Ausgleichen der Buchstabenabstände (die sog. ›Spationierung‹) gibt es nicht. Die erwünschte gleiche Helligkeit der Zwischenräume ist eine relative Größe. Da aber die Wirkung erst beim fertigen Wort betrachtet werden kann und es dann zu spät ist, die Abstände zu verändern, hier die wichtigsten Buchstabenrelationen:

Senkrechte : Senkrechte
weitester Abstand — NIHIL

Senkrechte : Runde
näher zusammen — NON

Runde : Runde
ganz nahe zusammen — OCO

Runde : Schräge
näher zusammen — OVO

Bei Buchstaben, die große ›Resträume‹ haben, wie etwa ›L‹ und ›T‹, aber auch ›A‹ und ›V‹, ist eine sehr enge Verbindung erforderlich.

TALAR

Spationierung nach Schriftarten

Die Beispiele können nur in etwa eine Richtung geben und dies natürlich nur für die angeführte Schrift. Gebrochene Schriften, insbesondere die Textura, sind anders zu behandeln, haben ja auch andere Formen. Minuskeln werden im allgemeinen enger aneinandergesetzt, der Abstand sollte höchsten so breit sein, wie ein Innenraum des Buchstabens ›m‹. Alphabete mit Serifen haben einen stärkeren linearen Zusammenhalt und können weiter spationiert werden als serifenlose; bei kursiven und sehr schmalen Schriften können die Buchstabenabstände stark reduziert werden.
Das Ausgleichen ist eine Frage des Geschmacks, der sich erst aus der Beobachtung und der eigenen Praxis entwickelt, deshalb sollte man immer Worte schreiben, sobald die Grundformen der Buchstaben verinnerlicht sind. Die Wechselbeziehung der Buchstaben aufeinan-

43 Rotunda-Alphabet von Ingrid Schade

der mag am Ende, je nach Position, nur mikroskopisch kleine Differenzierungen erzeugen, sie wird aber einem kalligraphisch geschriebenen Text immer mehr Lebendigkeit einflößen, als dies ein Druck je erreichen könnte.

›Sperrung‹

Bei Verwendung von Versalien (Majuskeln als Auszeichnungsschrift), bei Überschriften und monumentalen Inschriften können die Abstände zwischen den einzelnen Buchstaben vergrößert werden. In Anlehnung an den entsprechenden Terminus des Druckens können wir hier von ›Sperren‹ sprechen. Es ist dies jedoch die berühmte Ausnahme, die die Regel bestätigt. Monumentale Schriften ›schreiten‹ oft majestätisch einher. Diese Vortragsform gehört zum Gestus eines Schriftstücks – darauf soll später noch eingegangen werden (siehe das Kapitel über ›Gestalten‹). Die gewöhnlichen Textschriften, insbesondere die Minuskeln, gehen in normalen Schrittarten und sollten deswegen nicht gesperrt geschrieben werden.

Metrum und Rhythmus

Allgemein gilt, daß sich die Schrift rhythmisch über einem Metrum bewegt. Dieses wird durch die Antizipation (Erwartung) eines gleichbleibenden Hell/Dunkel-Wechsels erzeugt, wobei die etwas größeren Abstände zwischen den Wörtern die grammatikalisch notwendige Phrasierung bewirken. Es ist also enorm wichtig, das Ebenmaß des Metrums durch gleichmäßiges Schreiben zu entwickeln. Der Rhythmus kann und muß später kommem. Ein Schlagzeuger, der den Takt nicht sauber halten kann, hat keinen Rhythmus, sondern zerstückelt den Fluß der Musik. Erst der Könner vermag seinen eigenen Puls in ein swingendes Verhältnis zum Metrum zu bringen; beim Schreiben verhält es sich sinngemäß genauso. Daher dauert es auch etliche Jahre bis zur Schreibmeisterschaft, dann allerdings ist die Feder ein ungeheuer ausdruckvolles Instrument.

Motorische Übung

Überhaupt wird häufig übersehen, daß das Schreiben als motorische Aktivität den gleichen Bedingungen unterliegt wie alle anderen körperlichen Leistungen, sei es auf künstlerischem, sei es auf sportlichem Gebiet. Die wichtigsten Bewegungsabläufe müssen gründlich und kontinuierlich geübt werden, und bevor man an die Ausführungen eines Schriftstücks geht, ist es nütz-

Rotunda

a b c d e f g h i j k l m n o
p q r ꝛ s t u v w x y z ſ
be co de ff ft ho oe or pp pr p
tr tt ſſ ſt

A B C D E F G H I K L
M N O P Q R S T U V
W X Y Z

1 2 3 4 5 6 7 8 9 0

44 Kanzleischrift: Ludovico degli Arrighi, ›La Operina‹; Anleitung zum Erlernen der Kanzleischrift, 1522

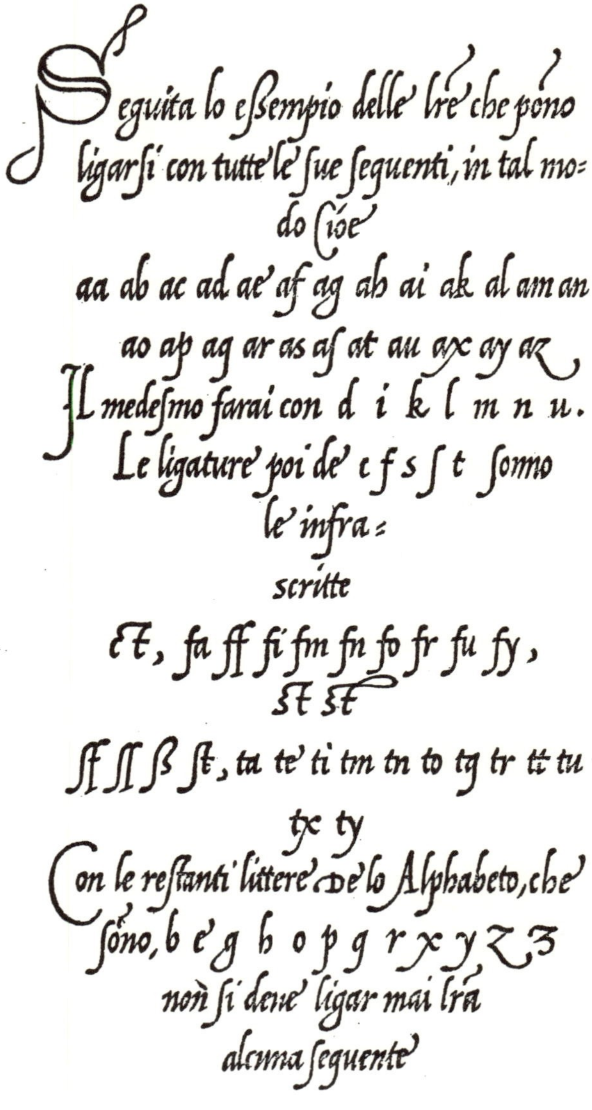

lich, die Motorik ›aufzuwärmen‹: Wenn man bedenkt, wie viele verschiedene Bewegungsabläufe wir mit unseren Armen und Händen vollführen, leuchtet ein, daß der Kalligraph, wie der Pianist oder der Sportler, seine Motorik für die speziellen Aufgaben langsam vorbereiten muß. Verkrampfung ist das Schlimmste, was dem Körper beim Schreiben passieren kann; deshalb sollte man die Aufwärmzeit immer einplanen. Da wir am meisten lernen, wenn wir uns spontan für etwas interessieren, ist es außerdem unbedingt zu empfehlen, einen kleinen Block und einen ArtPen für unterwegs dabeizuhaben; Wartezeiten und langweilige Konferenzen lassen sich wunderbar zu Schriftstudien verwenden, und auch sonst tut es gut, spontane Eingebungen rasch kalligraphisch skizzieren zu können. Wörter oder kleine Texte eignen sich als Ganzheiten vorzüglich zum Üben; der auf Vorlagen erpichte Blick wird in unserer schrifterfüllten Stadtwelt genug Anregungen finden.

Ligaturen und Sonderformen

Zur Binnenstrukturierung des Wortes gehört nicht allein das Ausgleichen der Abstände. Besondere Buchstabenformen für das Wortinnere und das Wortende sowie konventionelle Buchstabenverbindungen (Ligaturen) unterstreichen ebenfalls die Ganzheitlichkeit des geschriebenen Wortes, von der Hervorhebung des Anfangs durch Großschreibung ganz zu schweigen. Die Buchstabenformen mit den auffälligsten Unterschieden finden sich in der gotischen Epoche, in der wir zugleich auch am spürbarsten die Unterwerfung des einzelnen Buchstaben unter ein übergeordnetes Textkonzept finden. Im Rotunda-Alphabet von Ingrid Schade (Abb. 43) sehen wir zunächst je zwei Formen für ›s‹ und ›r‹. Beim ›s‹ ist die lange Form für das Wortinnere, die runde Form für das Wortende zu verwenden. Das sogenannte ›halbe r‹ steht in unmittelbarem Anschluß an Bögen (vgl. Kapitel B 3). Das Konzept der ›beißenden Buchstaben‹, die einander zugewandte Rundungen miteinander verschmelzen, gehört, ebenso wie die zahlreichen Ligaturen, zur Etablierung eines geschlossenen Wortbilds. Ihrer Natur als rascher, geläufiger Schrift gemäß weisen die Kursiven die meisten Ligaturen auf; die Abbildung 44 aus der ›Operina‹ Ludovico degli Arrighis gibt davon ein anschauliches Beispiel.

Literatur: Three Classics of Italian Calligraphy. An Unabridged Reissue of the Writing Books of Arrighi, Tagliente, and Palatino, New York 1953

Welche Schrift man auch immer studieren will, das Repertoire ihrer Ausdrucksformen läßt sich am besten durch einen Katalog von Wörtern einüben, bei denen Spationierung und Ligaturen ästhetisch folgerichtig eingesetzt werden. Wenn es sich um historische Schriften oder Ableitungen daraus handelt, ist selbstverständlich das Studium der überlieferten Beispiele zu empfehlen.

Größere kalligraphische Einheiten

Für die Komposition größerer kalligraphischer Einheiten gelten grundsätzlich die gleichen Regeln wie für Worte:

45 Gotische Bastarda aus dem Schreibbuch des Tory, Paris 1529

LETTRE BASTARDE. FEVIL. LXXV.

a b c d e f g

h i k l m n o

p q r r ſ s t u

v y z . 9 . ⁊ c̃ .

Aſſez demande

qui bien ſert

O.M.

46 Gotische Bastarda aus dem Schreibbuch des Tory

Die anzustrebende prägnante, komplexe Gestalt wird mit einfachen, einheitlichen Mitteln erzeugt. Je klarer das Konzept, desto besser, denn dann verfügt der Leser gewissermaßen über eine Leitlinie, innerhalb derer er die spezifischen Ausformungen (die Komplexität), den Rhythmus und den Gestus mit optimalem Verständnis genießen kann. Der österreichische Philosoph und Wegbereiter der Gestaltpsychologie Christian von Ehrenfels hat die Grundregel über den Qualitätsgrad der ästhetischen Wahrnehmung wie folgt formuliert: »Bei gleichem Grad von Mannigfaltigkeit ihrer Teile sind die Gestalten die höheren, welche diese Mannigfaltigkeit zu einer strengeren Einheit verbinden«.

Zeilen

Ein sehr einfaches Konzept ist die Darstellung eines Schriftabschnitts als Zeile. So banal es klingt, da wir ja von Kindesbeinen an daran gewöhnt sind, in Zeilen zu schreiben, so schwierig ist es, eine gute Zeile zu schreiben, als einzelne ebenso wie als eine im Konzert vieler. Insofern ist die Zeile mit dem Vers zu vergleichen, und deshalb sollte man sich auch ein Gedicht als Übungsstoff aussuchen.

Platzbedarf

Ein häufiger Irrtum besteht darin, daß man glaubt, den Platzbedarf für einen Text berechnen zu können, ähnlich wie man Schreibmaschinenanschläge zählt. Dieses Verfahren ist nur für eine Überschlagsrechnung geeignet. Die Probe aufs Exempel ist jedoch durch nichts zu ersetzen; die tatsächliche Länge einer Zeile ergibt sich aus einem oder, wahrscheinlicher noch, mehreren Versuchen. Wenn ein Gedicht geschrieben werden soll, sucht man zuerst die längste Zeile und schreibt diese einmal auf ein Stück Papier mit der Originalbreite. Es hat wenig Sinn, etwa mit verkleinerten Formaten Versuche anzustellen; der Schriftcharakter verändert sich mit der Federbreite und der Buchstabenhöhe in einer nichtlinearen Proportionalität, die normalerweise nicht zu beherrschen ist. Die Schriftgröße bzw. die Federbreite richten sich in der Regel nach dem benötigten Papierformat; sinnvollerweise beginnt man mit der breitesten Feder, von der man annimmt, daß mit ihrer Schrift das Format maximal ausgenutzt wird (Raumbedarf für die Ränder nicht vergessen!). Weiteres zum Format wird im Kapitel D 2 erläutert.

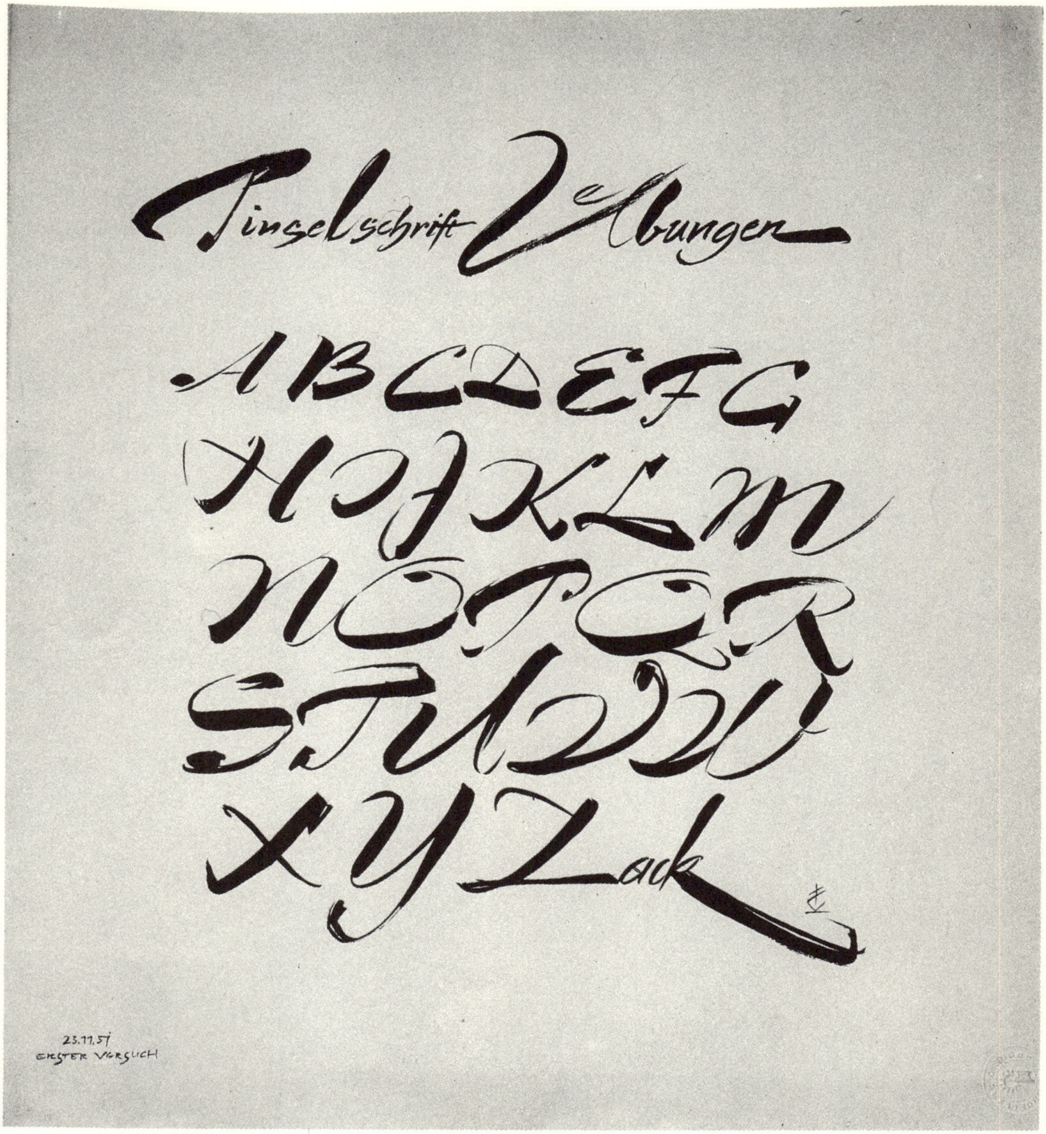

Wenn der Raumbedarf für die längste Zeile geklärt ist, wird die Schriftgröße festgelegt und Zeile für Zeile sorgfältig, aber nicht pedantisch, geschrieben. Es hat keinen Sinn, die Buchstaben nur flüchtig zu skizzieren – erst als Ergebnis langer Erfahrung entwickelt sich eine Entwurfsschrift, die der Reinschrift in Maß und Wirkung vergleichbar ist. Den gleichen Grauwert und die gleiche Rhyth-

47 Pinselschrift: Karlgeorg Hoefer, ›Pinselschrift-Übungen‹; Versalienalphabet, mit dem Spitzpinsel flach aufliegend geschrieben, schwarze Tusche auf Papier

mik bei Entwurfs- und Reinschrift zu erzielen ist die Errungenschaft von wahren Schriftmeistern. Nicht zuletzt deshalb hat schon Edward Johnston empfohlen, jede Aufgabe mit dem Vorsatz zu beginnen, eine Reinschrift zu schaffen.

Das Gefühl für die Aufteilung der Schrift auf einer gegebenen Oberfläche ist Ergebnis langer Erfahrung, guten Sehens und einer trainierten, aber dennoch spontanen Motorik. Die Pinselschriftübungen von Karlgeorg Hoefer (Abb. 47) zeigen dies in vorbildlicher Weise. Sie sind mehr als zusammengestellte Buchstaben, nämlich Komposition mit Schrift – wahre Gestaltung.

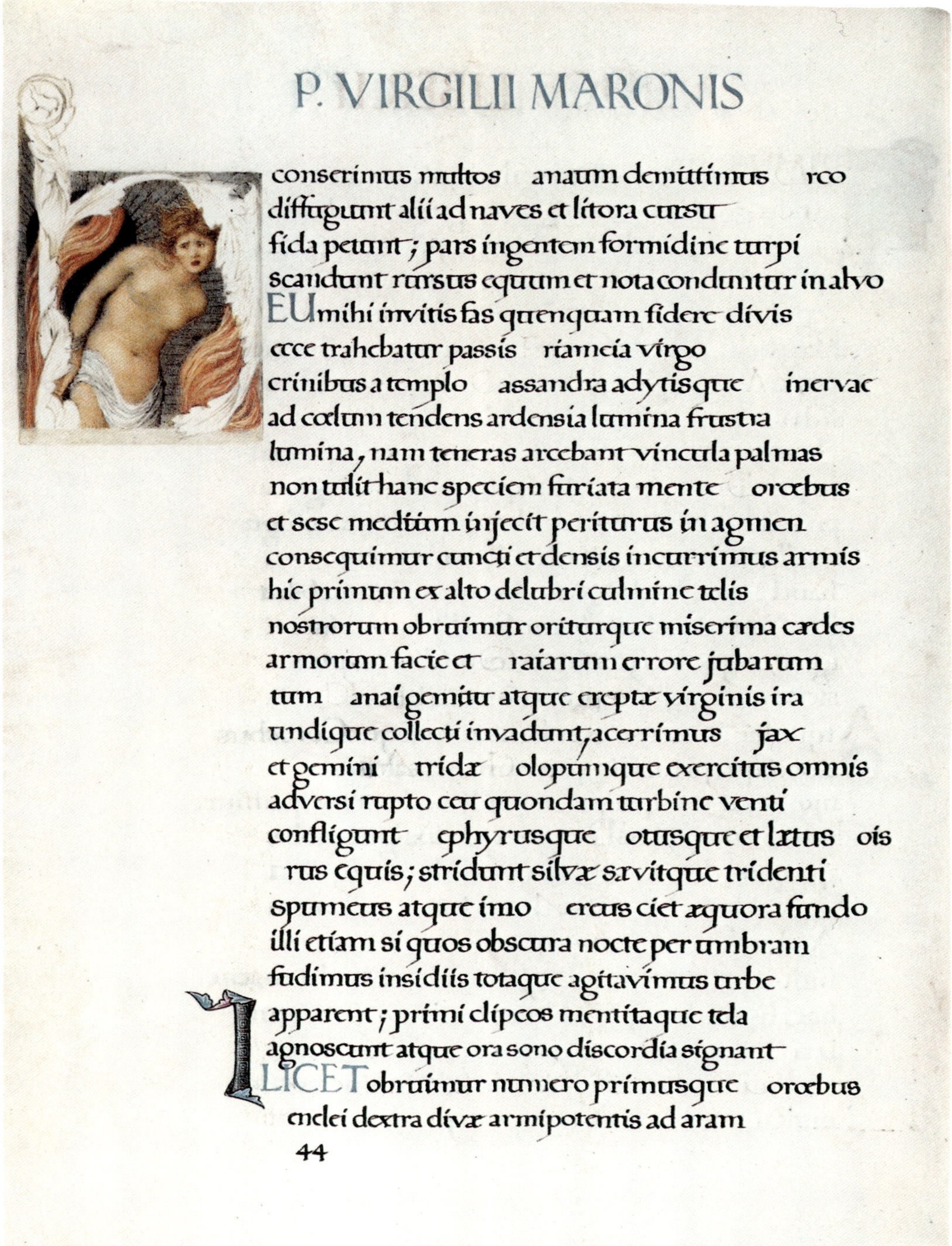

P. VIRGILII MARONIS

conserimus multos anaum demittimus rco
diffugiunt alii ad naves et litora cursu
fida petunt; pars ingentem formidine turpi
scandunt rursus equum et nota conduntur in alvo
EU mihi invitis fas quenquam fidere divis
ecce trahebatur passis riameia virgo
crinibus a templo assandra adytisque inervæ
ad cœlum tendens ardentia lumina frustra
lumina, nam teneras arcebant vincula palmas
non tulit hanc speciem furiata mente orœbus
et sese medium injecit periturus in agmen
consequimur cuncti et densis incurrimus armis
hic primum ex alto delubri culmine telis
nostrorum obruimur oriturque miserrima cædes
armorum facie et raiarum errore jubarum
tum anai gemitu atque ereptæ virginis ira
undique collecti invadunt, acerrimus jax
et gemini tridæ olopumque exercitus omnis
adversi rupto ceu quondam turbine venti
confligunt ephyrusque otusque et lætus ois
rus equis; stridunt silvæ sævitque tridenti
spumeus atque imo ereus ciet æquora fundo
illi etiam si quos obscura nocte per umbram
fudimus insidiis totaque agitavimus urbe
apparent; primi clipeos mentitaque tela
agnoscunt atque ora sono discordia signant
ILICET obruimur numero primusque orœbus
enelei dextra divæ armipotentis ad aram
44

XXXII William Morris, ›P. Virgilii Maronis‹

XXXIII Karlgeorg Hoefer, ›Schriftballett‹

XXXIV Max Ernst, abstrakte Kalligraphie aus: Maximiliana ou l'exercise illégale de l'astronomie

XXXV Hermann Zapf, Erinnerungsblatt für die 25. Internationale Buchmesse

XXXVI Hermann Zapf, ›Geometry can produce . . .‹

XXXVII ›Bible moralisée‹ (Werkstatt): Beispiel für mittelalterliche Ganzheitlichkeit, 1. Hälfte 13. Jh.

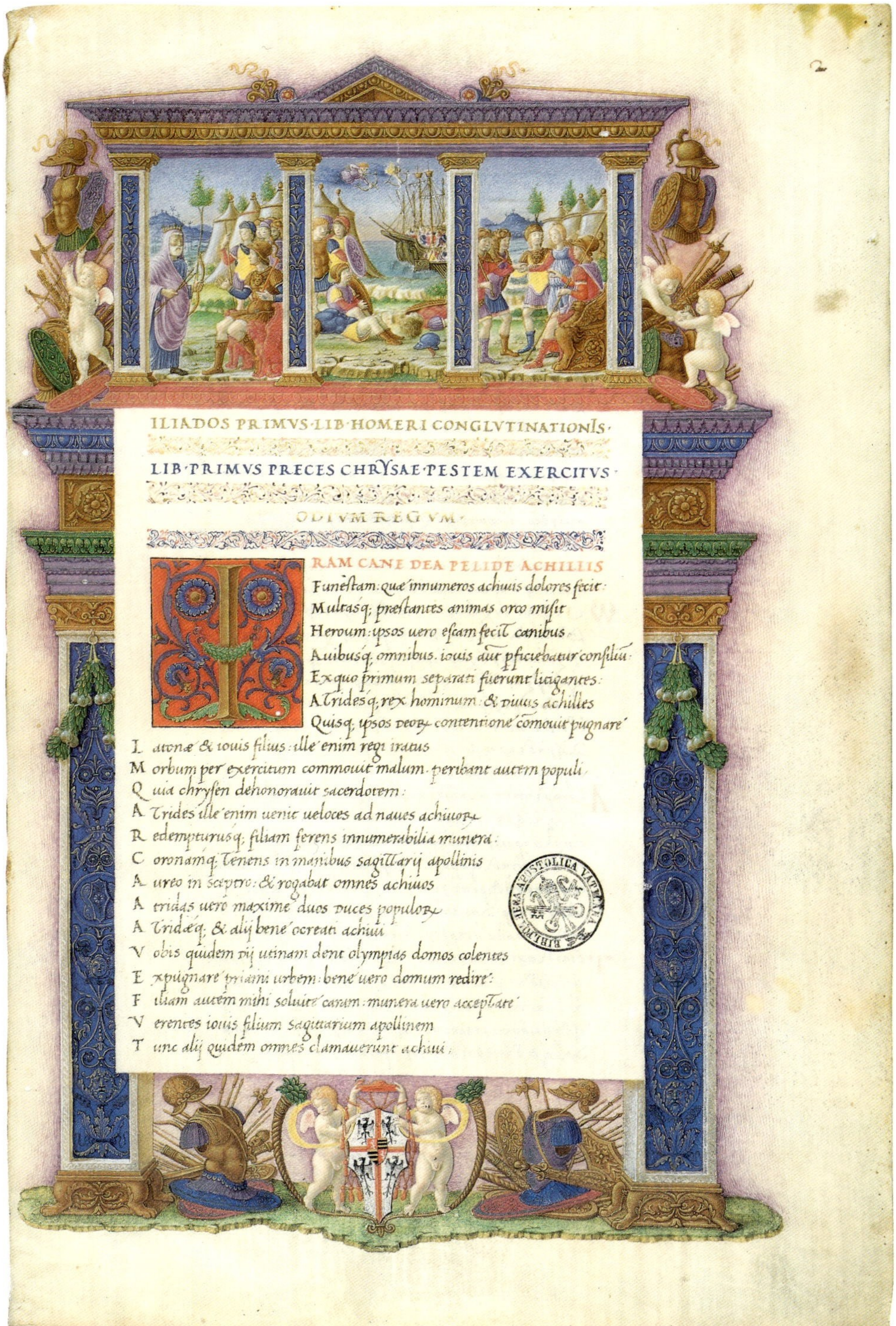
ILIADOS PRIMVS·LIB·HOMERI CONGLVTINATIONIS·

LIB·PRIMVS PRECES CHRYSAE·PESTEM EXERCITVS·

ODIVM REGVM·

IRAM CANE DEA PELIDE ACHILLIS
Funestam: quae innumeros achiuis dolores fecit:
Multasq; praestantes animas orco misit
Heroum: ipsos uero escam fecit canibus
Auibusq; omnibus. iouis aut pficiebatur consiliu
Ex quo primum separati fuerunt litigantes:
Atridesq; rex hominum: & diuus achilles
Quisq; ipsos deorum contentione commouit pugnare
Latonae & iouis filius: ille enim regi iratus
Morbum per exercitum commouit malum. peribant autem populi
Quia chrysen dehonorauit sacerdotem:
Atrides ille enim uenit ueloces ad naues achiuorum
Redempturusq; filiam ferens innumerabilia munera:
Coronamq; tenens in manibus sagittarij apollinis
Aureo in sceptro: & rogabat omnes achiuos
Atridas uero maxime duos duces populorum
Atridaeq; & alij bene ocreati achiui
Vobis quidem dij utinam dent olympias domos colentes
Expugnare priami urbem: bene uero domum redire:
Filiam autem mihi soluite caram: munera uero acceptate
Verentes iouis filium sagittarium apollinem
Tunc alij quidem omnes clamauerunt achiui.

XXXVIII Giovanni Rosi, ›Homer: Ilias‹: griechische Minuskelbuchschrift, 1477

XXXIX Donald Jackson, ›In the Land of Mordor, where the Shadows Lie‹

THE FLAMES CREEP
under the sky
Seven for the Dwarf
Lords in their halls of stone
NINE FOR MORTAL MEN DOOMED TO DIE
ONE FOR THE DARK LORD ON HIS DARK THR
ONE RING TO RULE THEM ALL
ONE RING TO FIND THEM
ONE RING TO BRING THEM ALL
AND IN THE DARKNESS BIND THEM

XL Christine Hartmann, Fraktur, Skizze mit Kanzleifeder auf Aquarellgrund

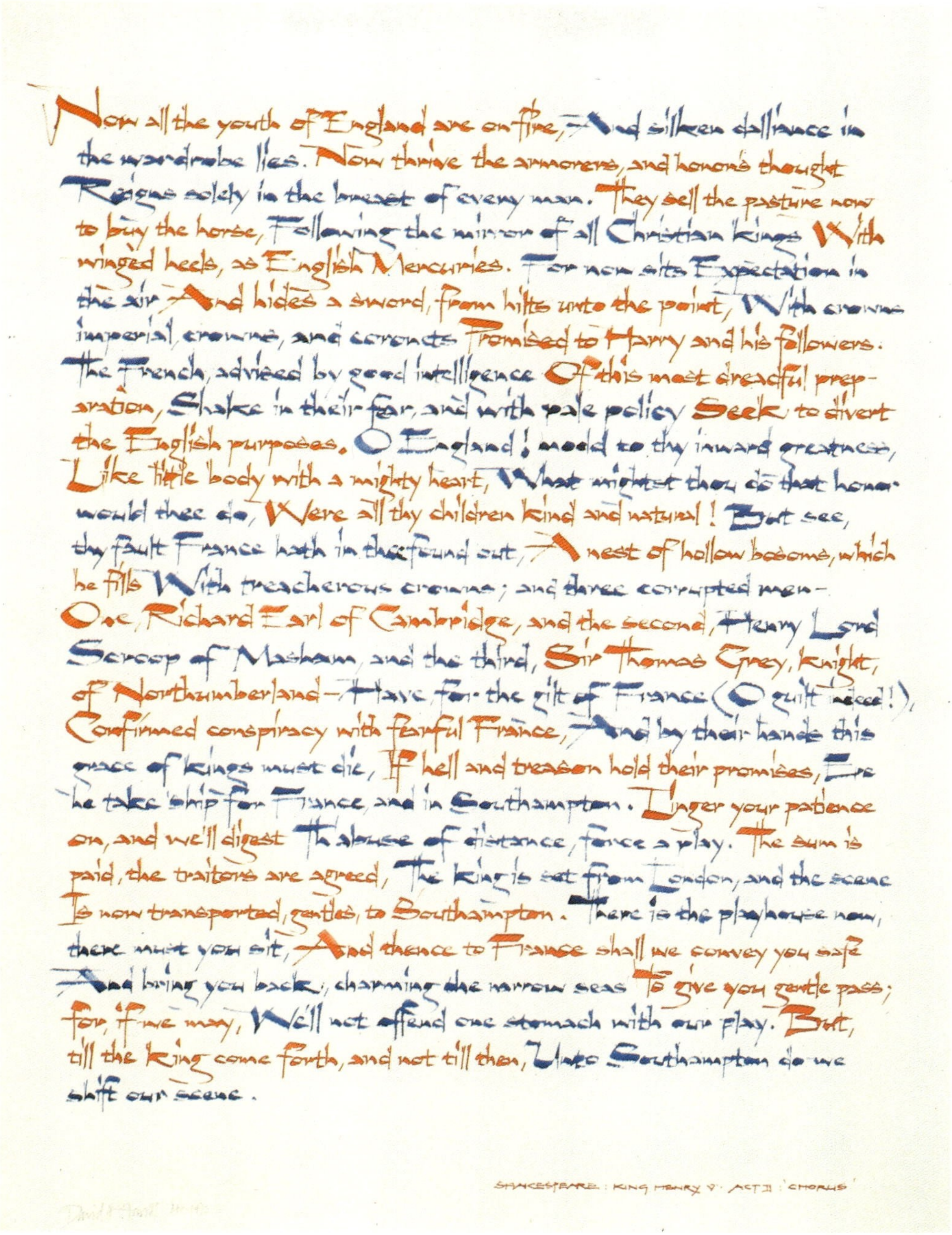
Now all the youth of England are on fire, And silken dalliance in
the wardrobe lies. Now thrive the armorers, and honor's thought
Reigns solely in the breast of every man. They sell the pasture now
to buy the horse, Following the mirror of all Christian kings With
winged heels, as English Mercuries. For now sits Expectation in
the air And hides a sword, from hilts unto the point, With crowns
imperial, crowns, and coronets Promised to Harry and his followers.
The French, advised by good intelligence Of this most dreadful prep-
aration, Shake in their fear, and with pale policy Seek to divert
the English purposes. O England! model to thy inward greatness,
Like little body with a mighty heart, What mightst thou do that honor
would thee do, Were all thy children kind and natural! But see,
thy fault France hath in thee found out, A nest of hollow bosoms, which
he fills With treacherous crowns; and three corrupted men–
One, Richard Earl of Cambridge, and the second, Henry Lord
Scroop of Masham, and the third, Sir Thomas Grey, knight,
of Northumberland– Have, for the gilt of France (O guilt indeed!),
Confirmed conspiracy with fearful France, And by their hands this
grace of kings must die, If hell and treason hold their promises, Ere
he take ship for France, and in Southampton. Linger your patience
on, and we'll digest Th'abuse of distance, force a play. The sum is
paid, the traitors are agreed, The king is set from London, and the scene
Is now transported, gentles, to Southampton. There is the playhouse now,
there must you sit, And thence to France shall we convey you safe
And bring you back, charming the narrow seas To give you gentle pass;
for, if we may, We'll not offend one stomach with our play. But,
till the King come forth, and not till then, Unto Southampton do we
shift our scene.

SHAKESPEARE : KING HENRY V · ACT II · 'CHORUS'

XLI David Howells, Auszug aus ›Henry V‹: freie Handschrift mit blauer und roter Gouache auf handgemachtem (grauem) Papier

XLII Evangeliar Heinrichs des Löwen: Purpurpergament mit Goldschrift, Goldverzierung und blauem Rahmen, nachottonisch

XLIII Donald Jackson, Buchstabenkonstruktion in Gold und Silber

XLIV Keigetsu Niwa, ›Der Traum‹

XLV Günter Junge, ›Don Juan‹

XLVI Donald Jackson, ›Über die vier Elemente‹

D

GESTALTEN

1 Oberfläche

Schreiben ist eine anspruchsvolle künstlerische Beschäftigung, wie Malerei, Zeichnen, Bildhauerei etc. Die Praxis der Kalligraphie erschöpft sich nicht in der Fähigkeit zum Nachschreiben von Buchstaben und der Beherrschung einiger Kompositionsschemata. Wer lediglich mechanische Beherrschung wünscht, findet zwar auf dem Markt eine große Anzahl von Instruktionsbüchern, die die Schreibbewegungen mit Pfeilen darstellen und die Reihenfolge der Striche mit Nummern kennzeichnen. Dieses Verfahren ähnelt allerdings dem Erlernen eines Gedichts dem Wortklang nach, ohne die Sprache zu verstehen, und verspricht die gleiche Befriedigung wie ein Beruf, in dem man Tätigkeiten ausübt, ohne etwas über Sinn und Zweck des Ganzen zu wissen.

Bedingungen und Schritte der Gestaltung

Gestalten im wohlverstandenen Sinne setzt eine umfassende, bewußt erworbene Kenntnis des Gegenstands, der Verfahren und der Hilfsmittel voraus. Die praktische Einübung bis zur Meisterschaft kann Jahre dauern und wird am Ende ohne Lehrer nicht auskommen; zu Beginn ist die richtige geistige Ausrichtung auf das Ziel und die Auslösung der richtigen Impulse Aufgabe des verstehenden Studiums. Der Zugang zur Kalligraphie ist unter den heute üblichen Bedingungen in der Reihenfolge: Neigung zur Handschrift – Schulung des Wissens – Schulung des Auges – Schulung der Motorik (Beherrschung der Gestaltungstechniken) am besten möglich; natürlich wirkt erworbene Kompetenz auf jeder Ebene auf die anderen zurück.

Die folgenden Ausführungen sollen hilfreiches Wissen vermitteln, wie man sich der kalligraphischen Gestaltung am besten nähern kann. Im Mittelpunkt steht die Vorstellung, daß jeder Mensch über gestalterische Fähigkeiten verfügt, weil jeder Gestalten erkennen kann. Wer immer schreiben kann, besitzt für die Kalligraphie elementare Voraussetzungen, der Rest ist Motivation und Übung. Einige theoretische Überlegungen sollen den mehr am praktischen Detail orientierten folgenden Abschnitten vorausgeschickt werden, um den Blick von vornherein für die künstlerischen Entfaltungsmöglichkeiten freizumachen, die die Kalligraphie in unserer Zeit eröffnet.

Was heißt ›gestalten‹?

Gestalten heißt ganzheitlich formen. Diese Bedeutung des Wortes ist für die Kunsttheorie wichtig geworden, weil so eine kategoriale Abgrenzung künstlerischen Schaffens gegen das alltägliche Handeln und die technische Konstruktion möglich wurde. Technik bedingt bekanntlich die Einhaltung präsiser Maße und enger Toleranzen der Bestandteile: Eine Uhr funktioniert nicht, wenn die Zahnräder nicht sauber ineinander greifen. Das ist eine physikalische Regel, die für die realen Dinge der Außenwelt (die Phänomene) gilt. Kunst dagegen hat, sowohl für den Schaffenden als auch für den Betrachtenden, etwas mit der Wahrnehmung der Dinge und ihrer Verknüpfung mit einem Sinn zu tun, mit psychischen Prozessen, also der Konstituierung unserer Vorstellung. Die von der Wahrnehmung erzeugte ›Gestalt‹ ist eine Verbindung zwischen Elementen, die sich eigenständig vor dem Hintergrund der sonst noch auf uns einströmenden Informationsflut abzeichnet und eine bestimmte Bedeutung anzeigt (ohne Bedeutung würden wir die Gestalt aus Desinteresse nicht identifizieren). Je prägnanter sie ist, desto schneller und klarer wird sie wahrgenommen. Sie übersteht allerlei Verzerrungen und ist transponierbar, das heißt, sie kann vor dem Hintergrund verschoben werden, repräsentiert aber immer noch die gleiche Bedeutung: Ein ›A‹ bleibt ein ›A‹, ob es nun in gotischer oder in Antiquaschrift geschrieben wird, ob es gerade steht oder geneigt ist. Schriftzeichen sind wegen ihrer prägnanten Gestalthaftigkeit ideale Bedeutungsträger, zugleich gestatten sie aufgrund ihrer

Die Gestalttheorie wendet sich heute besonders Fragen der neuronalen Verarbeitung und Gedächtnisleistung zu; vgl. Gerhard Roth, Die Selbstreferentialität des Gehirns und die Prinzipien der Gestaltwahrnehmung, in: ›Gestalt Theory‹ 7 (1988), S. 228-244, sowie den Sammelband: ›Gedächtnis‹ – Probleme und Perspektiven der internationalen Gedächtnisforschung, hrsg. v. Siegfried J. Schmidt, Frankfurt am Main 1991

Modifizierbarkeit eine Aufladung mit ästhetischer Information.

Das Kriterium ›Gelungenheit‹

Gestalt und Gestalt ist offensichtlich für unsere Wahrnehmung nicht das gleiche: Es gibt gute, prägnante und welche, die weniger gut gelungen sind. Zu berücksichtigen ist, daß es sich hierbei, unabhängig von der physikalischen Struktur der Gegenstände, in erster Linie um Wahrnehmungsqualitäten für individuelle Betrachter mit ihrer eigenen lebensgeschichtlichen und kulturellen Prägung handelt (zum Beispiel haben viele Menschen in den fünfziger Jahren den heute so berüchtigten Nierentischen eine gute Gestalt zugebilligt). Die Karikatur etwa zeichnet sich durch ein hohes Maß an Prägung aus, ihre Gestalten sind durch Reduktion aufs Wesentliche und dessen Verstärkung genial einfach, ohne das dazugehörige Sinnumfeld aber nicht verständlich. Nur derjenige, der den Sinn kennt, kann die Gestalt genießen. Der Sinn erlaubt oftmals erst, die Gestalt zu ermitteln oder eine rudimentäre Gestalt zu vervollständigen. Unser Vorwissen hilft uns bei der Suche nach Gestalten vor einem Hintergrund: »Das soll ein ›A‹ sein...«, diese Probe aufs Erkennen eines Buchstabens (hier als Beispiel für irgendeine Gestalt) beruht auf dem Satz: »Es würde diesen und jenen Sinn ergeben, wenn dies hier die Gestalt des Buchstabens ›A‹ ergäbe.« Ohne Vorwissen um Sinn wären wir fast in der gleichen Situation wie ein Gestalterkennungscomputer, der äußerste Mühe hat, verzerrte oder unvollständige Formen zu identifizieren. Aus diesem Grunde ist es übrigens auch problematisch, wenn Europäer asiatische Kalligraphie betreiben, weil sie in der Regel nicht über das inhaltliche Vorwissen zu deren Schriftzeichen verfügen, die sie daher gestaltpsychologisch in der Sinndimension nicht zulänglich erfassen können. Allerdings können sie den rein grafischen Wert in der ästhetischen Wahrnehmung verarbeiten. Strenggenommen handelt es sich aber dann nicht mehr um Kalligraphie; diese Bezeichnung kommt bloß vom wissenden Verstand, nicht aber von der Wahrnehmung.

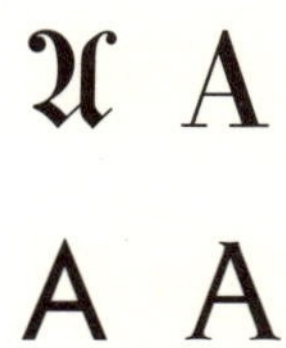

Der grafische Wert als allgemeines Kriterium und der schriftästhetische Wert als spezifisches Gestaltungsprinzip sind nun Eigenschaften, die in einer Visualisierung zusammen auftreten können. Um dies verständlich zu machen, müssen wir die Ästhetik der Schrift allerdings in ein übergeordnetes Gestaltungskonzept einbetten.

Visuelle Kommunikation

Gestalten mit Schrift bedeutet mehr als ›Schreiben‹, es bedeutet: visuell kommunizieren. Die Schrift ist nicht nur ein Zeichencode, der kognitive (kenntnismäßige) Botschaften vom Sender zum Empfänger transportiert, sondern, durch ihre Form ausgedrückt, selbst interpretierbarer ästhetischer Inhalt. Durch ihren grafischen Wert steht sie in Wechselwirkung mit anderen visuellen Ausdrucksformen wie Zeichnung, Malerei, Foto, Video etc., mit denen sie gemeinsam auf einer Gestaltungsfläche erscheinen kann. Zwischen diesen künstlerischen Ausdrucksformen gibt es heute keine festgefügte Hierarchie mehr, etwa in dem Sinne, daß ein Bild die eigentliche visuelle Botschaft transportiert und die Schrift nur kognitive Rahmeninformationen mitteilt; man denke etwa an ein Ausstellungsplakat, an dessen Schriftteil strenggenommen nur die Kenntnis von Ort und Zeit interessieren. Umgekehrt hat auch die Dichotomie Text/Illustration nicht mehr wertenden Sinn: Beide sind gleichrangige künstlerische Mittel der visuellen Komposition, über deren Verwendung im einzelnen der Gestalter autonom entscheiden kann. Das bedeutet, daß die Wahrnehmungsform: »Ich sehe dies als Schrift (mit Abtastung der Oberfläche nach Zeilen) oder als Bild (mit Abtastung nach kompositorischen Schwerpunkten)«, nicht festgelegt ist, sondern nach Gewichtung und Reihenfolge individuell erzeugt und wahrgenommen wird, wobei durchaus offenbleibt, inwieweit der Gestalter auf die vermutliche Wahrnehmungsweise des Betrachters eingeht oder überhaupt eingehen will.

Literatur: Anton Stankowski/Karl Duschek, Hg., Visuelle Kommunikation. Ein Design-Handbuch, mit einem Vorwort von Otl Aicher und einer Einleitung von Abraham Moles, Berlin 1989

Komplexe Visualisierung

Die allgegenwärtige optische Reizüberflutung und die Konkurrenz der Medien hat das Wort (und damit vielfach auch das rationale Argument) als Kommunikationsmittel stark zurückgedrängt, und das gilt auch für das aufgezeichnete Wort, das ja nur den flüchtigen Klang fixierte. Damit ist aber auch die Instrumentalisierung der Schrift als bloßer Kanal für semantische Information ein gutes Stück rückgängig gemacht worden. Das Zeichensystem selbst und unsere Kompetenz, mit ihm umzugehen, haben sich verändert. Eine unausweichliche, permanente (Fern-)Sehpraxis bringt es zudem mit sich, daß die Welt heute mit einem besser geschulten und feiner differenzierten Gesichtssinn erfahren wird; mit den mediengeprägten Wahrnehmungsgewohnheiten und einer gesteigerten visuellen Genußfähigkeit ändern sich auch die ästhetischen Ansprüche. Alle sichtbaren Darstellungsformen können jetzt miteinander kombiniert werden und im Zusammenwirken starke Effekte erzielen. Wir haben gelernt, komplexe Visualisierung als Superzeichen gestalthaft zu lesen (z.B. die ›Welten‹ der Werbung). Eindimensionale Visualisierungen – nur Schrift, nur Foto, nur Zeichnung – erscheinen uns oft als dürftig.

Die grafische Gesamtoberfläche

Die Entwicklung der Menschen zu permanenten Multimedia-Rezipienten hat Auswirkungen auf alle visuellen Darstellungstechniken. Sie sind zu Figurenrepertoires geworden, die durch eine übergeordnete Choreographie ästhetisch verfügbar sind, und diese Choreographie stellt eine Metasprache dar, eine Grammatik der Gestaltungstechniken. Die Schrift und damit die Kalligraphie findet sich, wie alle anderen zweidimensionalen Gestaltungstechniken, aufgehoben im Konzept der *grafischen Gesamtoberfläche.* Was in der Collage noch sichtbar zusammengeklebt wurde, wird durch die Gesamtoberfläche zu einem Ganzen verschmolzen.

Metasprache: eine Sprache, die das Funktionieren einer anderen Sprache beschreibt

Der Begriff der Grafik selbst wird durch die zunehmende Rolle der künstlerisch gestalteten visuellen Kommunikation und die rasant wachsenden Ausdrucksmöglichkeiten zum Oberbegriff ›Graphic Art‹ und subsumiert dadurch die verschiedenen visuellen Ausdrucksformen als Elemente einer übergeordneten Gestaltungsklasse (ein brauchbares deutsches Wort für ›Graphic Art‹ wurde übrigens noch nicht gefunden). Längst hat sich die ›Graphic Art‹ von der Werbung, die ihre Wirkungsmechanismen im Rahmen der Gesamtoberfläche zuerst auszubeuten wußte, emanzipiert.

›Graphic Art‹ soll der Oberbegriff für oberflächenbezogene visuelle Gestaltungsformen sein. Der Begriff ist weiter als Grafik und enger als ›Multimedia/Mixed Media‹ (der verschiedene Sinne anspricht)

Komplexe Visualisierung im Mittelalter

Die so möglich gewordene Einbeziehung der Kalligraphie in den Kreis der kompatiblen oberflächengestaltenden Teildisziplinen von ›Graphic Art‹ ist in Wirklichkeit nur eine wiedergewonnene Würde: 500 Jahre Druck hatten das Schreiben abgedrängt in die Sphäre des nur Pragmatischen und bestenfalls noch des handwerklichen Virtuosentums. Da Bilder bekanntlich die längste Zeit dieser 500 Jahre nicht adäquat gedruckt werden konnten – zumindest nicht farbig –, wurden Text und Bild getrennt, die Oberfläche wurde, medienmäßig gesehen, eindimensional, wenn man von monochromen grafischen Darstellungen einmal absieht. In der antiken und mittelalterlichen Buchkunst war das Konzept der Gesamtoberfläche schon einmal verwirklicht, wenn auch mit weniger reichen Mitteln als uns heute zur Verfügung stehen.

Das Grundthema der visuellen Kommunikation aber, die Verbildlichung der Zeichen und die Zeichenwerdung der Bilder, wurde schon im Mittelalter mit viel Phantasie und Erfindungsgabe durchgespielt. Es sei nur an die großartige Kunst der Initialen erinnert, aus der sich die mittelalterliche Buchmalerei und die Ornamentik entwickelt haben.

Rezeptionsgewohnheiten

Einen großen Unterschied zwischen der mittelalterlichen Buchkunst und der Kunst der heutigen visuellen Oberfläche dürfen wir allerdings nicht übersehen: Die Freiheit der Gestaltung ist heute um soviel größer, daß Quantität in Qualität umschlägt. Die Möglichkeiten der Gestaltung mit Schrift stehen dem einzelnen Menschen und seiner Kreativität zur freien Verfügung. Die Medientechnik hat vor allem eine Rezeptionsgewohnheit geschaffen: Das Eigenständige und Neue wird begrüßt; demgegenüber kam es im Mittelalter mehr darauf an, das Vorbildliche zu treffen, und daraus ergab sich ein zähes Festhalten an einmal sanktionierten Formen. Ob in den Skriptorien der Klöster oder in weltlichen Werkstätten: Die Kalligraphie des Mittelalters entwickelte sich langsam, über Generationen von Schreibern, und der einzelne war in fast allen gestalterischen Belangen an einen strikten Regelkanon gebunden; Veränderungen bedurften der Zustimmung hoher Autoritäten.

Subjektivität des Schreibens

Der Kalligraphie unserer Zeit dagegen steht neben der Interpretation historischer Stilmittel der vollkommen freie Umgang mit dem Medium Schrift offen; der individuelle Ausdruck wird als Kundgabe des persönlichen Charakters akzeptiert. Mit anderen Worten: Die heutige Kalligraphie ist viel subjektiver als es die alte jemals war. Dieser subjektive Zug widerspricht natürlich dem konventionellen Charakter des Zeichensatzes ›Alphabet‹.

Die kalligraphische Gestaltung kann nun zumindest zwei grundsätzlich verschiedene Wege gehen, um der Subjektivität des Schreibers gerecht zu werden. Erstens, die nicht schrifthaften Möglichkeiten zur Gestaltung der Gesamtoberfläche zusammen mit Schrift zu verarbeiten oder, zweitens, den konventionellen Zeichensatz uminterpretieren, ihn verfremden, seinen grafischen Wert thematisieren oder, wie in der Malerei vorexerziert, abstrakt werden. Betrachten wir die beiden Vorgehensweisen in der angegebenen Reihenfolge.

William Morris ›Aeneis‹

Von den verführerischen Möglichkeiten des eigenen freien Ausdrucks sollte man besser erst dann Gebrauch machen, wenn die handwerklichen Grundfertigkeiten erworben wurden. Es lohnt sich immer, gestalterisch zunächst dem zu folgen, was schon geschaffen wurde, um durch Verstehen die eigene Fähigkeit zu schulen. Für die freie Gestaltung mit den Mittel der Komposition von kalligraphischer Schrift und anderen Techniken der ›Graphic Art‹-Oberfläche gibt es gute Beispiele seit etwa dem Ende des 19. Jahrhunderts. Der englische Universalkünstler und Sozialreformer William Morris liefert uns für diesen Zweck einen günstigen Ausgangspunkt; sehen wir uns einmal an, wie er bei der Gestaltung einer ›Graphic Art‹-Buchseite vorging. Morris' handgeschriebenes Vergil-Buch (vgl. Ft. XXXII) greift mit der ›Aeneis‹ das vornehmste Sujet der spätantiken römischen Buchkunst auf, bietet also von der Stilhöhe her Gelegenheit, unsere theoretischen Überlegungen nach strengen Maßstäben anschaulich durchzuspielen. Die grafische Auffassung der ausgewählten Seite inklusive der ›belebten‹ Initiale, also die Gesamtoberfläche, läßt sich zunächst und zur Orientierung mit anderen Vergil-Interpretationen vergleichen, zum Beispiel mit denen der Abbildungen 7, 12 und Farbtafel III.

Historische Vorbilder

Die Schriftseite des ältesten Beispiels, des ›Codex Augusteus‹, abgefaßt in der Capitalis quadrata, steht ganz im Zeichen der Schrift, lediglich die große ›A‹-Initiale stellt ein schmückendes Element dar. Praktisch der gesamte ästhetische Wert wird durch die Qualität der Kalligraphie repräsentiert. Im ›Vergilius Romanus‹ dagegen wechseln sich Schrift und Bild ab; das ›Layout‹ ist sequentiell aufgebaut: Schrift – Bild – Schrift etc; die

Illustration nimmt bezeichnenderweise die ganze Breite des Schriftspiegels ein. Im Beispiel der Abbildung 7, die die Seite eines handgeschriebenen Vergil aus der Renaissance zeigt,ist die Initiale ›P‹ mit Zurückhaltung im Text placiert worden und trägt zu einem klassisch ausgewogenem Gesamtbild bei. Erst bei diesem Blatt kann eigentlich von einer bewußt komponierten grafischen Gesamtoberfläche die Rede sein; im ersten Teil ist von einem ästhetisierten Schriftbild zu sprechen, im zweiten von Text und Illustration. Vergleichbar mit dem Beispiel des Renaissancebuches und im Gegensatz zu der etwas starr montierten Illustration im Rustica-Beispiel komponiert Morris Initiale, figürliche Abbildung, Überschrift und Fließtext zu einem organischen Ganzen, das sich durch seine innere Struktur selbst trägt.

Komposition von Bild und Schrift

Das eigentliche Thema der Seite, das Unglück Kassandras beim Sturm der Griechen auf Troja, beginnt im Text in Zeile fünf und ist formal hervorgehoben durch die Versalien ›EU‹, die mit dem Initial ›H‹ zusammenzulesen sind. Unter leichter Abwandlung des Originaltextes läßt Morris Kassandra gewissermaßen das ›Weh mir‹ (›Heu mihi‹) aus dem Initial heraus rufen. Das flatternde, aufgelöste Haar der Abbildung gehört zur Geschichte und entspricht dem Text. Die Ikonographie des gelösten Haares, die die bedrohte Keuschheit Kassandras konnotiert (mitdenken läßt), ist übrigens ein schöner Beleg für das Gestaltungsverfahren ›Zeichenwerdung des Bildes‹. Die Darstellung basiert also auf der Kongruenz des literarischen Inhalts mit der bildlichen Darstellung.

Initial aus William Morris' ›P. Vergilii Maronis‹ (Ft. XXXII)

Wie aber verhält es sich mit der Schrift? Morris wählte eine frei interpretierte Humanistenschrift. Die strenge Form wird durch einige Striche an den Unterlängen von ›p‹ und ›q‹ aufgelockert, bleibt aber doch im Duktus sehr formal. Auffällig sind die farblich abgesetzten Majuskeln bei den Namen innerhalb des Fließtextes. Sie lenken das Auge des Betrachters unwiderstehlich auf die grafische Gestaltung der Gesamtoberfläche und signalisieren ästhetische Information. Mit anderen Worten: Die kalligraphische Gestaltung des Textes integriert diesen in das visuelle Erlebnis der Wahrnehmung, eine Technik, die Morris mittelalterlichen Verfahren entlehnt hat, die er aber durchaus eigenständig einsetzt.

Wo bleibt dann aber der Inhalt der Geschichte? So paradox es klingen mag: Er wird vorausgesetzt! Es ist ziemlich unwahrscheinlich, daß jemand, der die ›Aeneis‹ im Original lesen könnte, sie nicht, zumindest dem Inhalt nach, schon kennt; wir hören unsere kulturtragenden Fabeln ja schon als Kinder, bevor wir ihre literarische Form kennenlernen. Die semantische Information spielt also keine Rolle, einfach, weil kein kenntnismäßiges Bedürfnis des Lesers vorausgesetzt wird. Was also bleibt, ist die ästhetische Information, die die Kalligraphie im Kontext der Gesamtoberfläche vermittelt.

Der erzählte Inhalt

Morris' Vergilseite bzw. seine Kassandra-Darstellung im Bild zum Text interpretieren durch ihre Visualisierung das Verhältnis des Gestalters zum klassischen Epos des Vergil und sind damit zugleich ein Zeugnis seiner Sicht der Dinge. Trotz der Kongruenz zwischen Text und bildlicher Illustration muß gefragt werden, wie der Künstler die epische Dimension verarbeitet. Durch die Wahl eines humanistischen Schrifttyps und durch die bei aller Dramatik spielerische bildliche Darstellung wird eine fast schon romantisch zu nennende Verklärung des Mythos und des Humanismus zum Ausdruck gebracht, wobei dem letzteren sowohl die Rolle des Restaurators des Mythos als auch eine gewissen Distanz ihm gegenüber zukommt.

Interpretation

Hätte Morris seinen Vergil sozusagen aus der Immanenz des römischen Empfindens gestalten wollen, hätte er eine antike Schrift wählen müssen. Die ›Aeneis‹ und selbst die Tragik Kassandras gehören demnach für ihn, ähnlich wie für die Humanisten des ausgehenden Mittelalters, zum ›erzählten‹ Erbe der menschlichen Kultur und können dementsprechend historisierend ästhetisiert dargestellt werden.

Das Beispiel von William Morris zeigt die Vielschichtigkeit auf, die Kalligraphen ins Kalkül ziehen sollten, wenn sie mit Schrift gestalten wollen. Er oder sie muß die eigene Stellung zum kognitiven Inhalt des Textes, zu Ort und Zeit der Entstehung des Themas, im Zweifel zur Wirkungsgeschichte und zu seinem ästhetischen Inhalt klären; außerdem sind historisch gewachsene Konnotationen, die eine Schrift als solche hervorruft, zu berücksichtigen.

Vielschichtigkeit und historische Konnotation

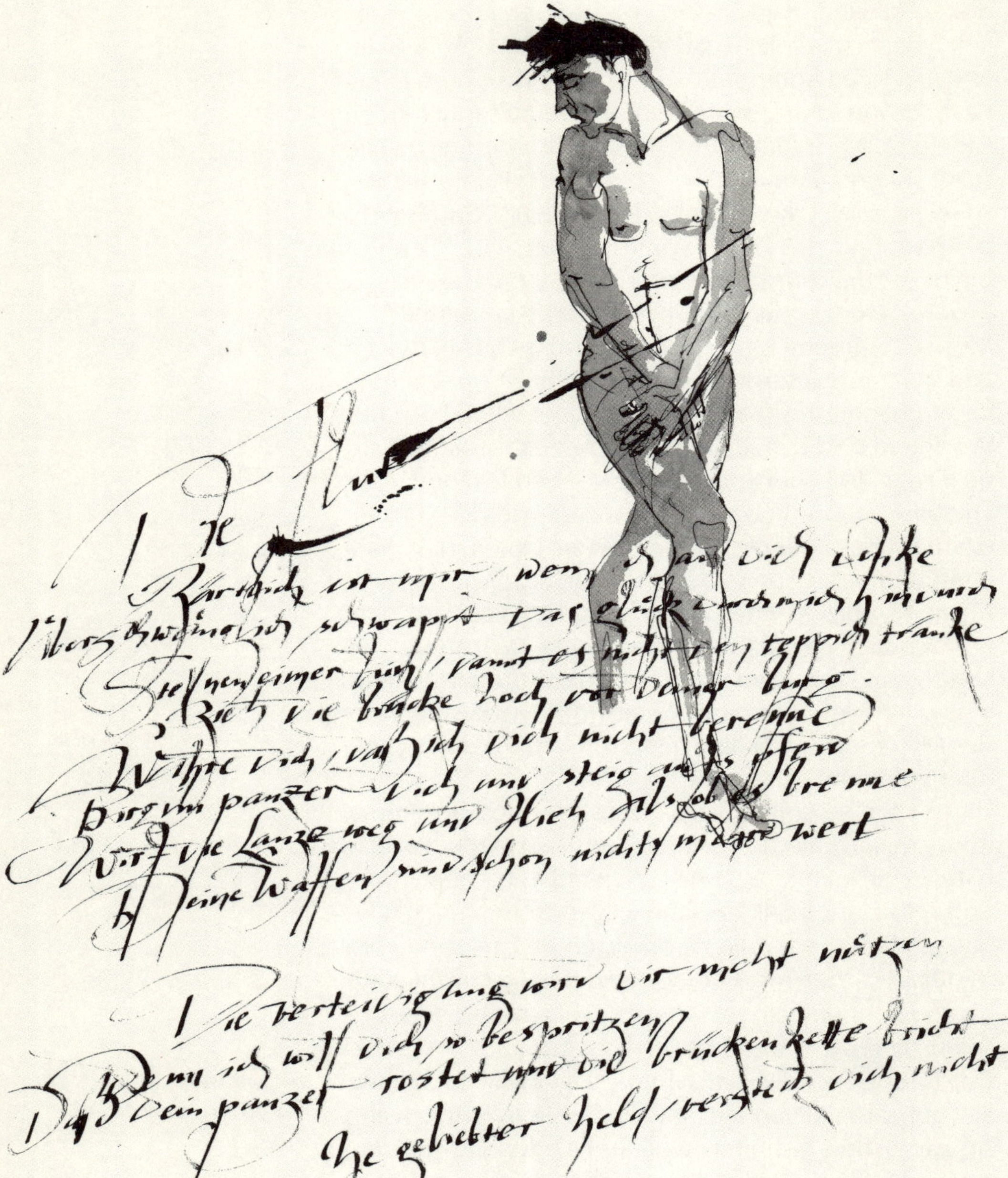
Die Zärtlichkeit ist mir wenn ich an dich denke
überschwänglich schwappt das Glück aus mir hinaus
Stell nen Eimer hin, damit es nicht den Teppich tränke
Zieh die Brücke hoch vor deiner Burg.
Wehre dich, daß ich dich nicht berenne
Birg im Panzer dich und steig aufs Pferd
Wirf die Lanze weg und flieh als ob es brenne
Deine Waffen sind schon nichts mehr wert
Die Verteidigung wird dir nicht nützen
Denn ich will dich so bespritzen
Daß dein Panzer rostet und die Brückenkette bricht.
Geliebter Held, versteck dich nicht.
August Schade
'88

Es dürfte auf der Hand liegen, daß konservative Einstellungen es erleichtern, traditionelle Texte in traditioneller Schrift darzustellen. Möglicherweise ist dies ein Grund dafür, daß viele kalligraphierte Texte aus dem religiösen Bereich stammen: Es ist dann leicht, beispielsweise mittelalterliche Schriften zu verwenden, weil es hierfür genug Vorbilder gibt. Eine sicherlich ebenso interessante und zugleich aufregendere Aufgabe ist es, profane und vor allem sinnlich befreite Texte zu schreiben: Die Kalligraphie schließt so zu den bildenden Künsten auf, die nichtklassische Themen schon stärker verarbeitet haben, und vor allem bietet diese Vorgehensweise mehr Möglichkeiten, zu experimentieren und neue visuelle Erfahrungen zu schaffen.

48 Ingrid Schade, ›Die Flut‹

Kalligraphische Experimente

Als schönes Beispiel für zeitgemäße kalligraphische Gestaltung kann Abbildung 48 von Ingrid Schade dienen. Text, Schrift und Zeichnung sind in einer sehr originellen Weise aufeinander bezogen: Die Tinte der Schrift bespritzt die gezeichnete Männerfigur, so wie es im Text die sprechende Person sagt. Die Tinte ist also zugleich zeichenhaft und körperhaft eingesetzt. Auch wenn die Darstellung rein äußerlich nichts mit der integralen mittelalterlichen Auffassung von der Wesentlichkeit des Materials für die Bedeutung zu tun hat, hebt sie das Material doch deutlich ins Bewußtsein und schafft so einen umfassenden ästhetischen Inhalt. Die Schrift selbst ist außerordentlich bewegt, persönlich und frei. Der einzige äußerliche Bezugsrahmen ist das Format des Blattes; Zeilen, Ränder ja selbst die horizontale Schreibrichtung sind irrelevant geworden. Beim Schreiben kommt neben dem Duktus der individuelle *Gestus* als Gestaltungsmittel voll zum Tragen. Letzterer bezeichnet die Spur einer körperlichen Bewegung, vorzugsweise die der Hand (eine als konventionelles Zeichen verwendete Geste wird dagegen als Gebärde bezeichnet). Die Abstimmung der grafischen Werte von Schrift und Zeichnung ist stringent und schafft eine Geschlossenheit der Gesamtoberfläche, die es fast unmöglich macht, von einer illustrierten Kalligraphie oder einer mit Text versehenen Zeichnung zu sprechen; im Zweifel wird man, wie bei jedem ›Graphic Art‹-Werk, von einem Blatt zu reden haben.

Gestus muß von Rhythmus unterschieden werden. Der Gestus ist die Spur des Ausdrucks; der Rhythmus bezieht sich auf ein Grundmuster (das Metrum)

Formale Mittel der Integration der Oberfläche

Freies Schreiben und freie Zeichnung lassen sich, wie man sieht, als Gestaltungsmittel gut miteinander verbinden, weil beide der persönlichen Gestik Platz geben. Die Verwendung der gleichen Tinte für beide Zwecke hat natürlich eine integrierende Wirkung, die mit der Lavierung (Verwaschen der Tinte mit einem Pinsel) sogar ein gewisses malerisches Element einbezieht. Voraussetzung für eine gelungene Gestaltung ist aber natürlich die Beherrschung der Formsprache und die Schulung der Motorik. Formal gesehen kommt das gestenbetonte Schreiben übrigens der asiatischen Vorstellung meditativer Kalligraphie nahe. Inhaltlich bleibt es jedoch kulturspezifisch: Sowohl Schreiber als auch Leser haben die zugrundliegenden – in unserem Fall lateinischen – Buchstaben auch bei den expressivsten Verformungen noch immer ›im Hinterkopf‹. Und indem der Text durchaus als Gedicht gelesen sein will, damit der Leser alle angelegten ästhetischen Werte zu einem Gesamtbild verschmelzen kann, zeigt sich an unserem Beispiel sehr schön auch die Tragweite der sprachlich-kognitiven Dimension von Schrift, selbst wenn sie formal frei interpretiert wird.

Abstraktion der Schrift von ihrer Bezeichnungsfunktion

Die zweite zeitgenössische Richtung der kalligraphischen Gestaltung, die uns wesentlich erscheint, verwendet die Abstraktion der Schrift als konstitutive Technik. Unter Abstraktion ist hier zu verstehen, daß die Buchstaben von ihrer Bezeichnungsfunktion getrennt werden. Der Buchstabe ›A‹ bezeichnet dann nicht mehr den Klang ›a‹ und ist nur noch grafische Form (Linguisten würden sagen: Das Graphem entledigt sich seiner Repräsentanzfunktion für das Phonem). Wie in der abstrakten Malerei Form und Farbe phänomenologisch (wesenschauend) erfaßt werden sollen, so soll in der abstrakten Kalligraphie die Schrift wahrgenommen werden. Das tanzende Alphabet Karlgeorg Hoefers ist hierfür ein hervorragendes Beispiel (Ft. XXXIII). Die offenkundige Verbindung von Farbe, Form und Schriftgestus ist in sich so stark, daß der Schreiber auf einen Text nicht nur verzichten kann, sondern nachgerade dazu gezwungen ist. Die Gewichte innerhalb der Gestaltung sind autonom gesetzt, entsprechen also der grafischen Sehweise und nicht der der Schrift mit ihrem Zeilenschema. Hoefer hat im übrigen mit der meditativen Technik des ›Alphabet-Schreibens‹ der westlichen Kalligraphie ein Sujet erschlossen, das in adäquater Weise gestattet, äußerst komplexe Inhalte von Schriftbewußtsein, die nur intuitiv faßbar sind, aber nicht ohne Verlust linear ausgeführt werden können, mit einer explosiven Motorik spontan zur Entladung zu bringen. Ähnlich wie in der japanischen Kalligraphie ist hierbei die Dichte und Qualität des Bewußtseins ausschlaggebend; der Gestus selbst spiegelt dies für den Kenner wider. »Pinselkalligraphie dient der Befreiung, zugleich der Findung der Persönlichkeit, und ist eine Absage an die Normfabrik.« (Karlgeorg Hoefer). Für an Kunsttheorie interessierte Leser sei hier noch auf die strukturale Verwandschaft dieser Art des Schreibens mit Jackson Pollocks ›Drip Painting‹ verwiesen. Wie Pollocks Malerei anfangs verkannt wurde, mußte sich auch die gestusbetonte Kalligraphie allerlei Schelte von Ignoranten anhören; mittlerweile aber findet die abstrakte ›Kalligraphie der Befreiung‹ die ihr gebührende internationale Anerkennung.

Verschriftlichung von Grafik

Einen wieder anderen Weg geht Max Ernst in einem weiteren Beispiel abstrakter Kalligraphie. Die ›Geheimschrift‹ in Farbtafel XXXIV ›spielt‹ gewissermaßen mit unserer Gewohnheit, sequentiell aufgereihte Figuren als Zeichen zu interpretieren, Zeilen zu sehen etc. Wir können uns auf dem Blatt einen schwarzen Schriftblock über einer roten Textseite vorstellen und wissen doch, daß es keine ›richtige‹ Schrift ist. Der Reiz abstrakter Kalligraphie liegt hier also offenbar im Umgang mit den Wahrnehmungsgewohnheiten der Schriftästhetik, zu der sich natürlich die Lust am Erfinden unbesetzter Formen gesellt. Und anders als beim Kalligraphen Hoefer, der mit seinem Alphabet die schrifttypischen Wahrnehmungsgewohnheiten sprengt und uns fast schon zwingt, Geschriebenes wie Grafik zu ›lesen‹, ordnet der Maler und Grafiker Ernst Form und Farbe den Wahrnehmungsgewohnheiten von Schrift unter und gewinnt durch diese Verfremdung einen staunenden, frischen Blick des Betrachters.

Subjektiver Aspekt

Noch einen Schritt weiter in Richtung Abstraktion geht Helmut Bischoff, wie in Abbildung 49 zu sehen ist. Die Frage, ob sein ›Bild‹ Kalligraphie sei, Zeichnung, Grafik

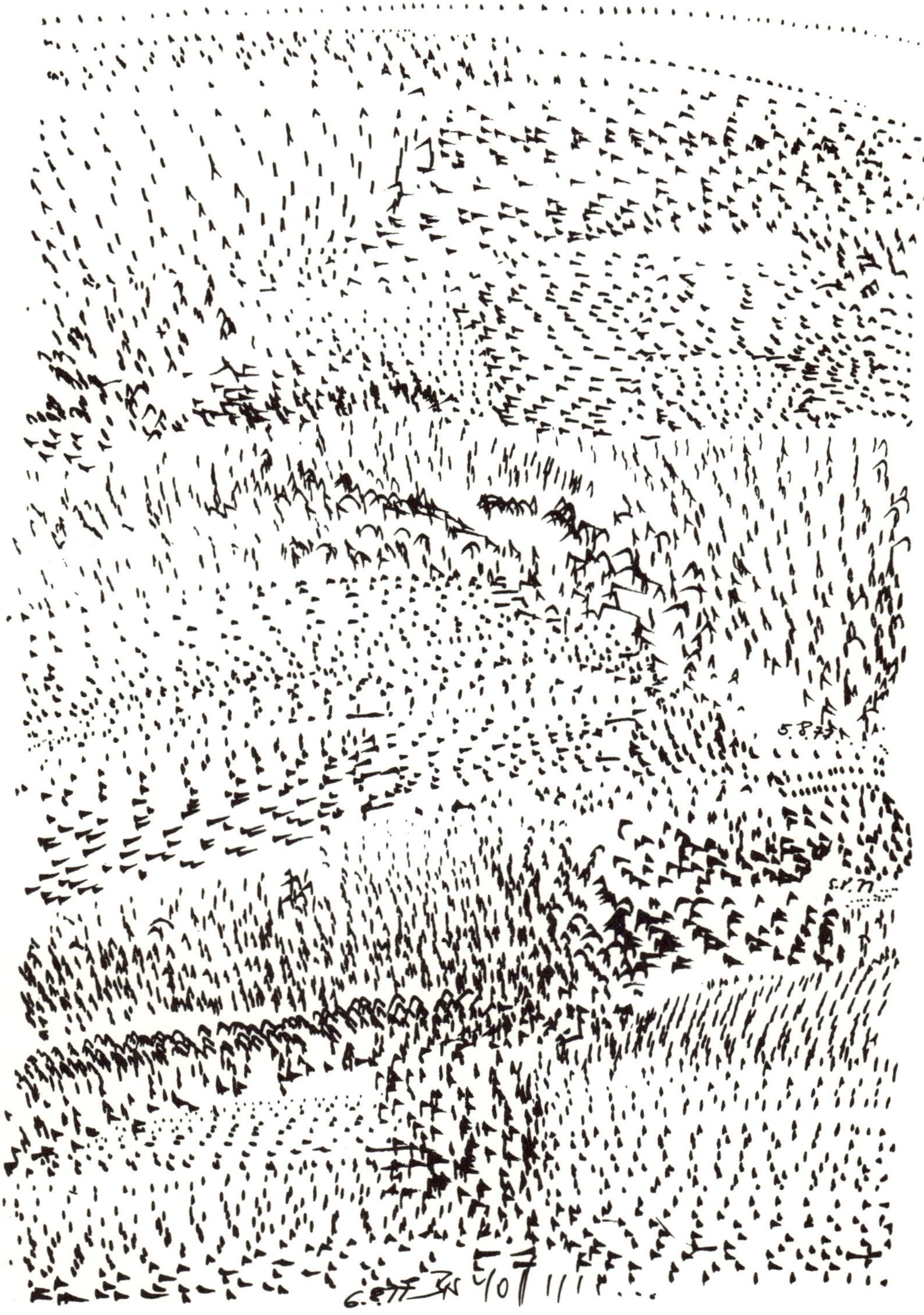

oder was denn?, ist möglicherweise gar nicht zu entscheiden. Die einzig sichere Tatsache, an die wir uns vorläufig halten können, ist die Faszination, die Bischoffs Arbeit ausstrahlt. Bei näherer Betrachtung läßt sich eine Differenzierung der Gesamtoberfläche in Felder mit ähnlichen Texturen (Oberflächenbeschaffenheiten) und ein komponierter Zusammenklang dieser Felder feststellen, auch stellt sich die Assoziation der, wenn auch sehr schematischen Darstellung realer Felder in der Landschaft ein. Wie auch immer, die Frage bleibt, was denn dies mit Kalligraphie zu tun hat. Eine mögliche Antwort wäre erstens: Die schwarzen Figuren erinnern in ihrer Form an Keilschrift und zweitens: Die einzelnen Figuren wirken wie Mitglieder ein und derselben Formklasse. Die Ausprägung der Zeichen mag eine Spur ihrer Machart sein und ist insofern dem Schriftduktus verwandt.

49 Abstrakte Kalligraphie: Helmut Bischoff, ›Ohne Titel‹; Tuschezeichnung mit keilschriftähnlichen Zeichen, schwarze Tusche auf weißem Grund

Am Beispiel von Helmut Bischoff läßt sich das Konzept der ›Graphic Art‹-Gesamtoberfläche sehr anschaulich machen: Die Verschmelzung der einzelnen Techniken Schrift, Zeichnung, Malerei etc. kann soweit vorangetrieben werden, daß ihre kategoriale Trennung nur noch durch das Wahlverhalten der Wahrnehmung bestimmt wird. In dem Maße, wie Kalligraphie sich auf der Gesamtoberfläche den anderen Ausdrucksformen anverwandelt, kann sie über ihr beschränktes Aktionsfeld als schöne Schrift hinauswachsen und ein Zugang zu zeitgemäßer künstlerischer Praxis sein.

Wahlverhalten der Wahrnehmung

2 Proportion

Als Proportion wird das sinnvolle Verhältnis von Teilen untereinander und zum Ganzen verstanden. Für die Gestaltung einer kalligraphischen Oberfläche ist daher die Verteilung der Massen auf der zunächst leeren Fläche eine elementare Aufgabe. Der Gesamteindruck wird von unbeschriebenen Teilen ebenso beeinflußt, wie von beschriebenen; das Wechselspiel von Hell und Dunkel ist wesentlich für die grafische Ästhetik, es bildet das Medium der Unterscheidung von Gestalt und Hintergrund.

Parameter des kalligraphischen Blatts

Die Gestaltungsmittel erstrecken sich konkret auf die Parameter des kalligraphischen Blattes, sei es eine Seite bzw. Doppelseite (also ein Teil eines Heftes oder Buches), sei es eine Inschrift oder Beschriftung (nur einer Oberfläche oder eines Teiles einer Oberfläche). Die wichtigsten Parameter sind: das Format (Höhe x Breite), der Schriftspiegel und die Ränder, die Schrifthöhe, die Zeilenlänge, der Zeilenabstand, die Gesamtzahl der Zeilen und der grafische Wert von Gestaltungselementen, die nicht der Grundschrift angehören. Die zuletzt Genannten lassen sich begrifflich auf zwei Klassen verteilen: illustrative und farbliche Gestaltungsmittel, die ersten mit primär thematischem, die zweiten mit emphatischem Gehalt. Diese Mittel werden in den beiden folgenden Kapiteln en détail abgehandelt; hier nun zunächst die Parameter der eigentlichen Schriftproportion im einzelnen.

Die Beschriftungsfläche

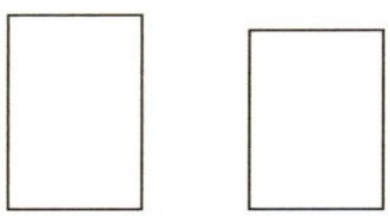

DIN-Format $1:\sqrt{2}$ Format 3:4

Literatur: Jan Tschichold, ›Willkürfreie Maßverhältnisse der Buchseite und des Satzspiegels‹, in: Ausgewählte Aufsätze über Fragen der Gestalt des Buches und der Typographie, Basel 1975

Das Format der Beschriftungsfläche ist in der Regel rechteckig, Hochformate überwiegen gegenüber Querformaten. Auch wenn prinzipiell alle Formate für eine Beschriftung geeignet sind, so gibt es doch einige, die im Laufe der Geschichte bevorzugt wurden und unsere Wahrnehmungsgewohnheiten geprägt haben. Für den zeitgenössischen Schreiber ist dabei zunächst einmal wichtig, daß die kulturhistorischen Formate nichts mit den DIN-Formaten zu tun haben. Diese wurden erst in den zwanziger Jahren eingeführt und beruhen auf der isometrischen Teilungsregel $1:\sqrt{2}$, die bei Halbierung eines Blattes wieder ein Blatt mit dem gleichen Verhältnis von Länge zu Breite entstehen läßt. Eine einfache Beobachtung macht deutlich, daß diese Formate für schriftästhetische Belange nicht eingesetzt werden: Es gibt praktisch keine Bücher im DIN-A-4- oder A-5-Format. Der Schriftgestalter und Schrifthistoriker Jan Tschichold hat den Schlüssel zur mittelalterlichen Formatästhetik durch sorgfältiges Nachmessen von alten Manuskripten und frühen Drucken ermittelt und gewissermaßen die ›goldene Regel des Buchformats‹ aufgestellt. Ihr zufolge wurde das Ausgangsformat für ein Blatt im Verhältnis 3:4 (Höhe : Breite) geschnitten (im Druckgewerbe spricht man heute vom Planobogen). Einmal um die senkrechte Mittelachse gefalzt, hat dieses Blatt die

Breite Zwei und die Höhe Drei für jede der nun insgesamt vier Seiten. Das Format der Einzelseite, das sich aus dieser Falzung ergibt, wurde als ›Folio‹ (vom lateinischen folium = Blatt) bezeichnet. Eine weitere Falzung, diesmal um die waagerechte Mittelachse, führt zu Seiten im Verhältnis von 1,5:2, die Grundproportion 3:4 erscheint erneut. Wir erhalten jetzt acht Seiten bzw. vier Blätter, woher der Name Quart (lat. quartus = vierter) kommt. Die nächste Falzung, diesmal wieder um die senkrechte Achse, bringt schließlich 16 Seiten auf acht Blättern hervor, im Verhältnis 1:1,5 (wieder die Proportion 2:3), das Oktavformat (von lat. octavus = achter). Die alten Formatbezeichnungen finden sich übrigens noch in den meisten Titelaufnahmen der Bibliotheken; sie bezeichnen dort neben der relativen Größe (die Maße für Höhe und Breite wurden nicht genau festgelegt), die Art der Heftung in Lagen: Folio = 2°, Quart = 4°, Oktav = 8°. Bei auf Oktavformat gefalzten Bogen etwa werden jeweils 16 Seiten als eine Lage mit dem Faden geheftet. Von den Falzen verbleibt nur der mittlere, die äußeren bzw. oberen und unteren Ränder werden beschnitten. Während das Mittelalter das Verhältnis 3:4 bzw. 2:3 als Grundmodul für das Seitenformat entwickelte, griff die Renaissance den Goldenen Schnitt, der schon in der Antike berechnet worden war, wieder auf. Allerdings hat er sich für die Schrift- und Buchkunst nicht so durchgängig bewährt, wie etwa für die Architektur. Immerhin läßt sich aus dem Goldenen Schnitt ein interessantes, wenn auch ziemlich schmales Oktavformat von ca. 12 x 19,4 Zentimeter ableiten, jedoch wird allgemein ein angenähertes 2:3-Format bevorzugt. Das Quartformat aus dem Goldenen Schnitt erscheint allerdings als sehr breit. Vielleicht sind es aber auch die schlecht merkbaren Proportionen von ca. 21:34 (die oft genannten 5:8 sind zu ungenau) bzw. 1:1,618, die dem Goldenen Schnitt in der Buchkunst nicht zum Durchbruch verholfen haben. Schon Tschichold hatte darauf aufmerksam gemacht, daß die Verhältnisse 3 : 4 und 2 : 3 aus der Logik des Duodezimalsystems (Maßsysteme mit der Zwölf als Grundzahl) hervorgehen, und in unserer Zeit hat Otl Aicher die Natürlichkeit des Proportionierens aus der Grundzahl Zwölf (dem Dutzend) gegenüber den unan-

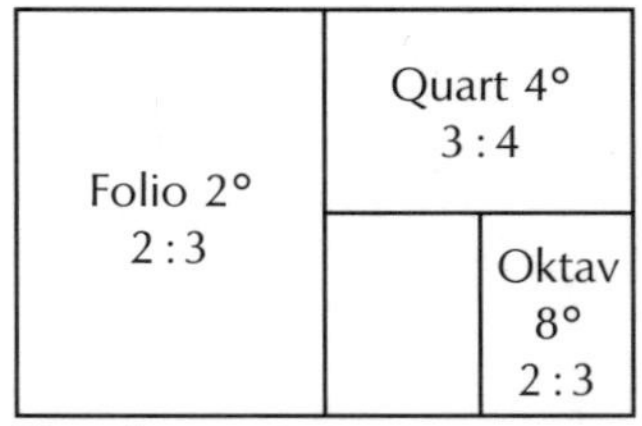

Planobogen 3:4

Teilungsverhältnisse für mittelalterliche Buchformate

»Die beiden Hauptproportionen 2:3 (Oktav) und 3:4 (Quart) bilden ein sinnvolles Paar wie Mann und Weib. Der Versuch, sie durch die Zwitterproportion $1:\sqrt{2}$ der sogenannten Normalformate zu verdrängen, ist ebenso widernatürlich wie es der Wunsch wäre, die Polarität der Geschlechter aufzuheben.« (Jan Tschichold)

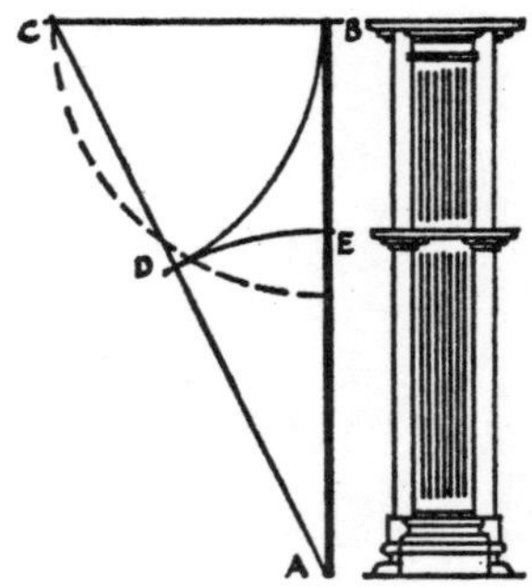

Der Goldene Schnitt: Die Strecke AE steht zur Strecke EB im gleichen Verhältnis wie AB zu AE; Konstruktion: BC = ½AB = CD, AE = AD

schaulichen Dezimalbrüchen verteidigt. Immerhin hat das Duodezimalsystem, das von Karl dem Großen verbindlich eingeführt und auch von der angelsächischen Welt übernommen wurde, für eintausend Jahre, von ca. 800 bis ca. 1800, die Maßvorstellungen des Abendlandes geprägt.

Die Proportionen Oktav und Quart

Die berühmtesten Beispiele für das Modell 2:3 sind das ›Catholicon‹ des Johannes de Janua (Ft. IX) und die 42-zeilige Gutenberg-Bibel (Ft. VIII)

Die Wahl des Formats hängt in starkem Maße von der gewählten Aufgabe ab. Die mittelalterlichen Handschriften verwendeten oft das Seitenformat 2:3 für mehr oder weniger reine Textdarstellung, und auch heute werden gedruckte Bücher vielfach in diesem Format entworfen (ein Beispiel ist etwa das Buch ›Hofkünstler‹ von Martin Warnke, mit einen Seitenformat von 14,8 x 22,2 cm). Das vorliegende Handbuch ist dagegen im Quartformat aufgebaut (17,5 x 23,5 cm). Das Quartformat ist besser geeignet für Texte mit Marginalien (Randbemerkungen), wie sie hier verwendet werden. Für die Kalligraphie ist Quart gut geeignet, da die Schrift genügend Rand erhalten kann. Eine anschauliche Vorstellung von den Formaten erhält man, wenn man einen DIN-A-3-Bogen (Format 29,7 x 42 cm) auf das Format 28 x 42 Zentimeter zurückschneidet und dies als Folio (2°) betrachtet. Das entsprechende Quartformat (4°) von 21 x 28 Zentimeter ist zwar etwas größer als die historischen Quartformate, läßt sich aber dafür sehr gut mit dem DIN-A-4-Format vergleichen; ebenso können wir durch eine weitere Falzung ein Oktavformat (8°) von 14 x 21 Zentimetern erzielen, das mit dem DIN-A-5-Format (14,9 x 21 cm) kontrastiert. Schon einfaches Beschriften mit Handschrift sollte die unterschiedlichen ästhetischen Auswirkungen der Formate deutlich machen. Wer übrigens schon einmal auf amerikanischem Briefpapier geschrieben hat (Format 21,5 x 29,9 cm, also etwas mehr als 3:4), wird erfahren haben, wieviel angenehmer dieses Format dem Auge ist.

Schriftspiegel und Ränder

Der Schriftspiegel und die Ränder stehen für das Verhältnis von Schriftgestalt insgesamt zu Hintergrund. Es ist unbedingt zu beachten, daß alles Geschriebene mitsamt den Buchstabenabständen, Wort- und Zeilenzwischenräumen als geometrische Figur gesehen wird, solange die Abstandslücken einer inneren Regelmäßigkeit gehorchen, ganz so, wie bei einem Musikstück die

Pausen zum Ganzen gehören, solange sie sich dem allgemeinen Taktschema unterordnen. Entsprechend kann der Schriftspiegel in mehrere in sich geschlossene Absätze unterteilt sein, wie etwa eine Sinfonie in mehrere Sätze. Die Absätze sollten im Zweifelsfall so dicht aufeinander bezogen werden wie möglich, ohne daß die Trennfunktion beeinträchtigt wird, damit der Schriftspiegel als Ganzes intakt bleibt und nicht in isolierte Blöcke auseinanderbricht.

Von der Ausgewogenheit, die zwischen Schriftspiegel und Rändern herrscht, wird die harmonische Erscheinung des Blattes bestimmt. Auch hier, wie beim Format, hat schon die mittelalterliche Buchkunst einen universellen Kanon gefunden, der uns als Merkformel dienen kann, ohne zu sklavischer Einhaltung zu zwingen. Überliefert ist dieser Kanon übrigens im Bauhüttenbuch des Villard de Honnecourt, des einzigen, das aus der Hochgotik (13. Jh.) erhalten geblieben ist; das Original wird in der Bibliothèque Nationale in Paris aufbewahrt.

Literatur: A. E. Brandenburg et al., Hg., Carnet de Villard de Honnecourt, Paris 1986

Diagonalen der Seite und der Doppelseite

Stellen wir uns der Einfachheit halber ein aufgeschlagenes Buch vor, also eine Doppelseite, auf der zwei rechteckige, geschlossene Schriftblöcke positioniert werden sollen. Wie hoch und wie breit sollen die Schriftblöcke sein? – Nach Tschichold müssen sie zumindest so proportioniert sein, daß die innere (zum Falz des Buches weisende) obere Ecke und die äußere untere Ecke des Schriftblocks auf der Seitendiagonalen liegen. Damit ist aber noch nichts Definitives über die Ränder gesagt, der Textblock kann theoretisch auf der Diagonalen ›herumrutschen‹. Die mittelalterlichen Buchmeister brachten eine einfache Regel ein: Der Textblock sollte mit der oberen äußeren Ecke auf der Diagonalen der Doppelseite liegen. Damit wurden gleichzeitig auch die Ränder in ihrer relativen Größe zueinander definiert.

Die innere Harmonie, die aus diesem Teilungsverfahren spricht, beruht auf der Fortsetzung der Formatverhältnisse in den Randbreiten. Der innere Rand steht zum oberen Rand im Verhältnis Breite zu Höhe (der Seite), der obere Rand zum Außenrand im gleichen Verhältnis und der Außenrand zum unteren wieder im gleichen Verhältnis. Dabei ist der Außenrand doppelt so breit wie der Innenrand und der untere Rand doppelt so breit wie

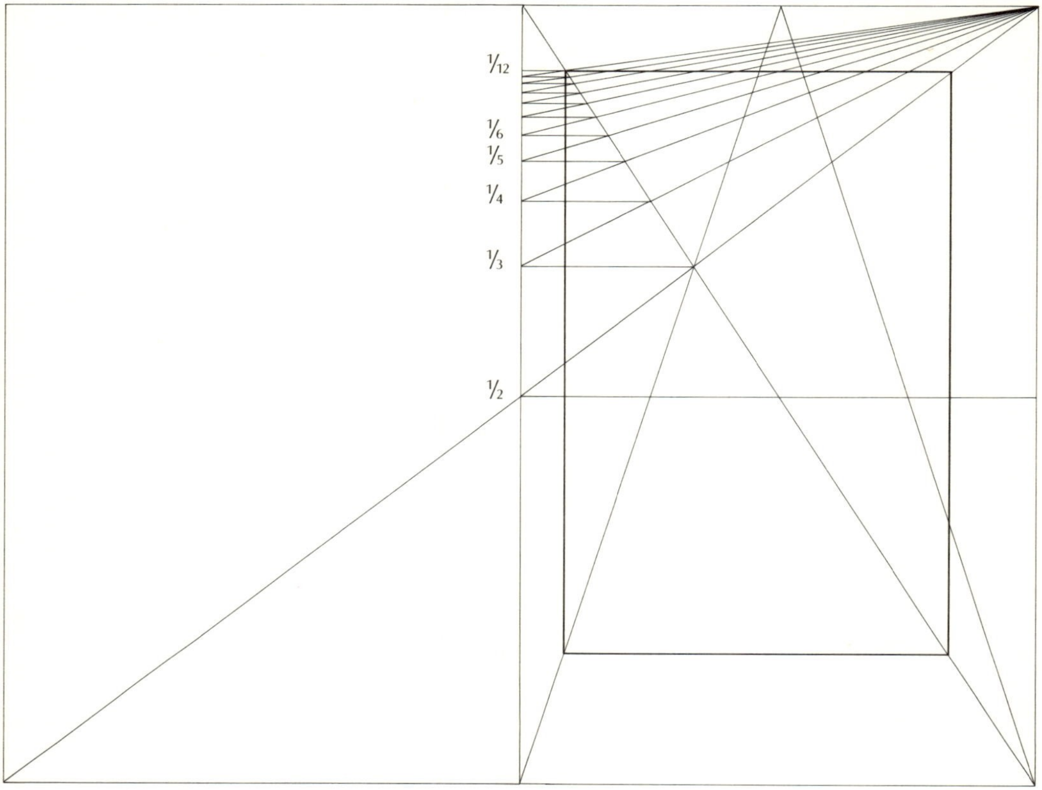

50 Der Villardsche Teilungskanon, einem Rechteck 2:3 einbeschrieben. Die lange Seite bis zu einem Zwölftel geteilt (nach Jan Tschichold)

der obere (vgl. Abb. 50). Kein Wunder, daß die mittelalterlichen Buchkünstler in diesen Zahlenverhältnissen eine geradezu kosmische Wahrheit erblickten, ähnlich, wie es schon die Pythagoräer im alten Griechenland getan hatten, die aus der Entdeckung der Proportionen der Intervalle in der Musik auf eine magische Zahlenordnung des Kosmos geschlossen hatten. Leider sind die Proportionen der Ränder oft durch unsachgemäßes Beschneiden der Seiten wieder zerstört worden; William Morris hat aus diesem Grund die Buchbinder sogar zu Feinden der Menschheit erklärt! Beim Einrichten von Blattformat und Schriftspiegel sollte man immer ein wenig mehr Rand einplanen, falls die Blätter gebunden werden sollen; am inneren Rand für den durch das Binden optisch zurücktretenden Teil, an den äußeren Rändern für den Beschnitt.

Der Schriftspiegel als Ganzes ist in sich durch Absätze gegliedert, vor allem aber durch die Zeilen und deren Zwischenräume. Verschiedene Schriften und verschiedene Textzwecke ergeben hierbei ganz unterschiedliche Gesamtbilder. Regeln für die Gestaltung des Zeilenabstands können nur andeutungsweise entwickelt werden. Die optimale Balance zu finden wird immer Aufgabe des einzelnen Schriftkünstlers bleiben, jedoch gibt es gewisse Erfahrungswerte, die zur Schulung des Urteilsvermögens herangezogen werden können. Sie beschreiben, was gewöhnlich als stimmig betrachtet wird: Gebrochene Schriften verlangen einen geringeren Zeilenabstand als Antiquaschriften, insbesondere die Textura verwendet einen geringen Zeilenabstand zur bewußten Abdunklung des Schriftbilds. Umgekehrt sind die Minuskelschriften Antiqua und Kursive auf einen relativ weiten Zeilenabstand angewiesen, da sie ihre Formen nur mit Freiraum für jeden Buchstaben entfalten können. Ober- und Unterlängen sind aus den gleichen allgemeinästhetischen Gründen bei der Textura (als Extrem gebrochener Schrift) kurz, während sie bei den Antiquaschriften lang ausgeprägt sind. Die Majuskelschriften Capitalis und Uncialis sind typische Zweilinienschriften und verleihen dadurch dem Schriftspiegel insgesamt gewissermaßen ein Streifenmuster. Hier spielt der Zweck des Schriftstücks direkt in die Proportionierung hinein: Je zeremonieller der Anlaß, desto weiter darf der Zeilenabstand sein, die Schwere der Schrift, die durch die Schwärze des Buchstabens (Fette) gegeben wird, sollte im übrigen zum Ausbalancieren beachtet werden. Eine gewisse Grenze stellt die Breite des Außenrands einer Seite dar; diese Breite sollte als Zeilenzwischenraum normalerweise nicht überschritten werden.

Zeilenabstände

V E R S A L I E N
S P E R R E N

minuskeln nicht
sperren

Die mittlere Schrifthöhe steht auch in Relation zur Zeilenlänge. Eine kalligraphische Schrift sollte nicht zu klein, das heißt so bemessen sein, daß in eine Zeile möglichst nicht mehr als fünf bis maximal acht Worte hineinpassen, wobei auf deutsche Wortungetüme (›Donaudampfschiffahrtskapitän‹) verzichtet werden sollte. Das Auge muß die schwierige Aufgabe vollbringen, die Wortindividuen als selbständige Teile eines

Zeilenlänge

umfassenden Zeilenindividuums aufzufassen. Die deutsche Orthographie bereitet dem Schreiber hinsichtlich der einheitlichen Zeile gewisse Schwierigkeiten: die häufigen Substantiva mit dem ersten Buchstaben als Majuskel wirken trennend und stören den Zusammenhalt der Zeile. Für den Anfang empfiehlt es sich, lateinische oder englische Texte zu schreiben, die geschlossenere Zeilen ermöglichen. Wichtig ist die metrische Wirkung, die von einer sauber eingehaltenen Minuskelhöhe ausgeht: die Körper der Kleinbuchstaben jeder Schrift sollten möglichst gleichmäßig zwischen zwei Linien geschrieben werden, und es tut ihr außerordentlich gut, wenn sie in diesen Linien einen einheitlichen Grauwert aufweist.

Durchschnittliche Helligkeit

Der Grauwert wird durch die in Kapitel C, Abschnitt 3, beschriebenen Gestaltungsregeln für die Buchstaben und ihre Verkettung erzielt. (Aufgrund dieser Tatsache ist es übrigens dem Layouter möglich, eine grafische Gesamtoberfläche zu skizzieren, in der die Massenschrift nur durch graue Linien angedeutet wird.) Generell sollte die Helligkeit zwischen zwei Buchstaben der Helligkeit des durchschnittlichen Buchstaben-Innenraums entsprechen, soweit die Minuskeln als Massenschrift betroffen sind. Die Forderung nach Vereinbarkeit mit dem allgemeinen Grauwert gilt auch für den Einsatz der Wortabstände, die auf keinen Fall zu weit sein sollten: Die Breite des Innenraums eines kleinen ›n‹ ist für die meisten Schriften eine geeignete Orientierungsgröße für den Wortabstand.

Varianzbildung

Wer eine eigene kalligraphische Schrift entwickeln möchte, sollte die Proportionierungsregeln verinnerlicht haben; für typographische Gestaltung gilt dies in noch stärkerem Maße, da in diesem Fall individuelle Varianzen zum Angleichen der Grauwerte nicht möglich sind. Aber auch die rein handschriftliche Arbeit sollte sich nicht aufs Ausgleichen verlassen: Varianzformen können die Lesbarkeit beeinträchtigen und widersprechen dem gestalttheoretischen Postulat der Einfachheit und Prägnanz des Repertoires. Zudem besteht die Gefahr, daß ein Buchstabe, der modifiziert wurde, um einen gewünschten Grauwert im Gesamtbild zu erzeugen, gerade wegen seiner Abweichung vom erwarteten Schriftbild isoliert betrachtet wird und dann natürlich als unproportioniert erscheinen muß.

Die Auseinandersetzung mit der Proportion der Schrift ist also eine gestalttheoretische Herausforderung par excellence: Erstens müssen alle Buchstaben in sich ausgewogen sein, zweitens sollen sie durch unverwechselbare Individualität ermöglichen, daß sie vom Auge schnell und mühelos erkannt werden (Lesbarkeit), und drittens sollen sie im Schriftbild ein harmonisches Ganzes bilden, das sich zu einer gelungenen Form summiert. Eine Schrift läßt sich mit einem Mobile vergleichen: Alle Elemente sind untereinander ausbalanciert, und jede Übertreibung an einer Stelle bringt das gesamte Gleichgewichtssystem durcheinander.

Linearität ist Metapher der Zeit

Die Handschrift ist nicht nur eine Kunst der Oberflächengestaltung, sie ist durch ihre gerichtete Linearität auch eine Metapher der Zeit, genauer gesagt, sie spiegelt das pulsierende Zeitempfinden des Schreibers wieder, darin der Musik eng verwandt. Stellen wir uns einmal vor, der gleichbleibende Hell/Dunkel-Wechsel innerhalb des Schriftbandes entspräche den Schlägen des Taktes in einem Musikstück. Wir hätten dann das Metrum, den gleichförmigen Puls der Zeit. Dieser Puls ist aber zunächst menschlicher Puls: Er ist in sehr kleinem Maßstab charakteristisch unregelmäßig und unterscheidet sich damit fundamental von einem technisch erzeugten periodischen Impuls. In der Musik wird die Lehre von den mikroskopischen Temposchwankungen nach Hugo Riemann als ›Agogik‹ (von griech. agoge = Führung) bezeichnet; dieser Begriff eignet sich auch sehr gut zur Charakterisierung der Handschrift. Die Proportionierung im linearen Verlauf der Schrift ist demnach unmittelbarer Ausdruck der Eigenbewegung des Schreibenden, kann also folglich auch nicht sinnvoll maßlich bestimmt werden. Ebenso wie der stampfende Takt der Marschmusik den Soldaten seiner Eigenzeit beraubt und ihn der ›toten‹ Maschine Militär anverwandelt, wird der Schreibende sich im Geschriebenen nicht wiederfinden können, wenn er den Fluß der Buchstaben nicht nach seinem inneren Empfinden, sondern nach starren, mechanischen Kriterien ausrichtet. Proportion und Person sind deshalb Werte, die aufeinander

51 Kalligraphische Pinselschrift von Karlgeorg Hoefer

bezogen in gute Schrift eingehen (was natürlich nicht ausschließt, daß die Motorik in Richtung genereller Gleichförmigkeit geschult werden muß).

Handschrift, Zeichnung und Malerei

Damit dürfte deutlich geworden sein, daß die Handschrift, so sehr sie eine visuelle Kunst ist, Ausdruck der inneren Zeit und der linearen Abwicklung ist. Ihre Nähe zur Malerei und zur Zeichnung sollte daher nur als graduell, nicht aber als kategorial begriffen werden. Heute, wo die Übergänge zwischen mehr oder minder abstrakter Malerei und freier Kalligraphie zu verfließen scheinen, muß die kategoriale Unterschiedlichkeit der beiden Gestaltungsformen besonders betont werden. Insbesondere die Handschrift (man denke an Alfred Fairbank) wird in ihrer inneren Proportioniertheit nur durch das Prinzip der Linearität und damit durch Zeit und Puls, wie sie die Agogik erfaßt, verständlich. Die Nähe zur Musik geht auch aus der spezifischen Bewegtheit der Handschrift hervor. Karlgeorg Hoefers Satz: »Der Pinsel tanzt und die Tusche singt« (siehe Abb. 51) spricht dies in aller Deutlichkeit aus.

Rhythmik

Wenn die Agogik die Begründung für den menschlichen Eigencharakter des Schreibens gegenüber der technisch erzeugten Schrift liefert, so ist die Rhythmik

das Kriterium für die interpretierende Gestaltung des Schriftbilds. Der Rhythmus der Schreibbewegung schlägt sich sowohl in den einzelnen Formen der Buchstaben, als auch im Zeilen- und Textbild nieder. Besonders deutlich wird dies bei Vierlinienschriften, die Ober- bzw. Unterlängen besitzen. Deren Ausprägungen richten sich nach der verwendeten Schrift, sollten aber zunächst in jedem Fall zurückhaltend ausgebildet werden. Die ästhetische Wirkung der Minuskel (der Vierlinienschrift) geht ganz entscheidend von dem Verhältnis aus, das zwischen dem innerem Metrum und dem damit kontrastierenden äußeren Rhythmus besteht.
Erst aus dem Wechselspiel dieser beiden Prinzipien kann innerhalb der linearen Darstelllungsform Spannung entstehen, Spannung, die in ihrer Verstärkung und Auflösung eine dramatische Handlung repräsentiert, die der Wahrnehmung wert ist. Das Auge findet eine Entwicklung und immer wieder neue Variationen vor, die die Aufmerksamkeit beleben und Ermüdung durch Monotonie verhindern. Doch auch dies ist eigentlich noch nicht das Wichtigste. Der Rhythmus von Ober- und Unterlängen formt die Individualität der gesamten Gestaltungsoberfläche in Kontrast zum generellen Grauwert.

3 Ornamentik

»Das Ornament (lat. ornare = schmücken) tritt in der menschlichen Kultur als Motiv auf, welches ein Gegenständliches verziert, indem es dessen sichtbare Oberfläche gliedert.« Anders also als bei der Proportion, die die innere Relation von Elementen der Oberfläche ausdrückt, geht es beim Ornament um äußerliche Gliederungsmittel, die dem Betrachter eine Ordnungshilfe anbieten und dabei einen eigenen ästhetischen Effekt hervorrufen.

Literatur: Johannes Pawlik et al., Bildende Kunst. Begriffe und Reallexikon, 9. Aufl., Köln 1987

Die ornamentalen Mittel der Kalligraphie sind außerordentlich vielfältig; sie reichen von der Übertreibung einzelner Bestandteile von Buchstaben über geometrische Muster bis zur Illustration. Für die kunsthandwerkliche Kalligraphie läßt sich eine gewisse Kodifizierung der

52 Edward Johnston, ›Line Finishings‹; aus ›Writing & Illuminating & Lettering‹

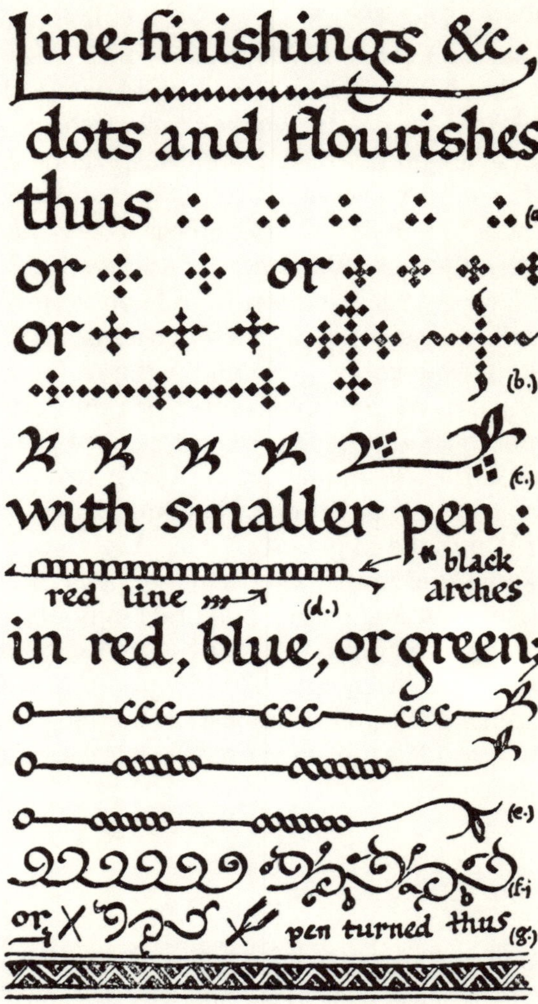

Ornamentik beobachten; diese Richtung findet besonders in England ein breites Interesse und trifft sich mit einer vergleichweise starken Beachtung der Heraldik. Zu diesem Komplex sei hier nur auf die weiterführende Literatur verwiesen, für die einmal mehr Edward Johnston die wichtigste moderne Quelle darstellt. Auch wenn diese Form von Ornamentik systematisch erlernbar ist, sollte die eigene Analyse nach gründlicher

Betrachtung am Beginn des Studiums stehen. Das erkennende Verständnis wird die Formungsregeln der Ornamente rasch begreifen; ohne deren Verständnis würden sich bei mechanischer Nachahmung ohnehin nur Fehler einschleichen.

Ornamentale Buchstaben

Die an Typographie und Grafik geschulte Kalligraphie, für die stellvertretend Hermann Zapf genannt sei, arbeitet mit keiner festen Ornamentik, sondern versucht, der allgemeingültigen inneren Proportion der Buchstaben (die wieder und wieder geübt werden müssen) eine individuelle ornamentale Ausformung des Textes an die Seite zu stellen, eine Ausformung allerdings, die sich kongenial zur Formgebung der Buchstaben und werkgerecht in Hinsicht auf Material und Motorik verhält. Auf die spontane ›freie‹ Kalligraphie schließlich, die in ihrer meditativen Disposition der asiatischen Kalligraphie verwandt ist, sollte der Begriff der Ornamentik nicht angewendet werden; aus ihrem Charakter als Kunst des ganzheitlichen Aktes heraus werden kategoriale Unterscheidungen sinnlos. Es muß jedoch betont werden, daß dies nur eine Spielart der Kalligraphie darstellt, die ihrerseits aber nicht die künstlerische Berechtigung der anderen Formen in Frage stellt.

Literatur: John R. Nash / Gerald Fleuss, Practical Calligraphy, London 1992 (insbes. zur Heraldik)

Wenn man aus methodischer Zweckmäßigkeit die eigentliche Schrift und ornamentale Ausformungen aus-

53 Edward Johnston, ›Woven Hollow‹; aus ›Writing & Illuminating & Lettering‹

einanderhält, so ist für die Betrachtung der Gesamtoberfläche als Spielraum erweiterter Kalligraphie nunmehr die Frage von Bedeutung, welche dekorativen Formen mit dem Schriftbild derart harmonieren, daß die Geschlossenheit des Eindrucks erhalten bleibt. Auch in diesem Fall ist es zunächst sinnvoll, die Formentwicklung historisch zu betrachten, bevor einige Anregungen für eine zeitgenössische Ornamentik gegeben werden. Die Ergänzung der Schrift durch verzierende und illustrierende Elemente ist, wie bereits ausgeführt, im wesentlichen im Mittelalter entwickelt worden; die Antike strebte eher danach, die verschiedenen Gestaltungsgattungen sauber voneinander zu trennen.

So finden sich auch kaum antike Schriften mit Ornamenten im Schriftbild; der Schmuck etwa unserer Seite aus Vergils ›Georgica‹ im ›Codex Augusteus‹ (vgl. Abb. 12) beschränkt sich auf ein großes, aber nur sehr sparsam verziertes Initial, und die Bildillustration im ›Vergilius Romanus‹ (Ft. III) wird durch einen nüchternen Rahmen hermetisch vom Text separiert. Die frühe mittelalterliche Buchkunst mit ihrem Sinn fürs Dekor wird dagegen, was ihre ornamentalen Techniken betrifft, zu Recht als Wiederaufnahme prähistorischer künstlerischer Verfahren betrachtet (Otto Pächt).

Keltische Ornamentik

Es liegt auf der Hand, daß sich derartige Techniken am ehesten in Gebieten hatten halten können, die von der mediterranen antiken Zivilisation wenig oder gar nicht berührt worden waren. Vornehmlich Irland und die keltischen Rückzugsgebiete in Nordengland und Schottland waren seit dem frühen 8. Jahrhundert Ausgangspunkte für die Entwicklung einer ornamentalen Buchkunst, die auf einen großen Reichtum nichtfigürlicher Zierformen zurückgreifen konnte; Beispiele einer hochentwickelten iro-keltischen Ornamentkunst sind insbesondere aus Goldschmiede- und Steinmetzarbeiten erhalten. Sie wurde aus vorchristlicher Zeit offenbar ohne große Brüche in die christliche hinübergenommen. Irische (Klosterinsel Iona) und angelsächsische Mönche (aus Northumbrien, einem kleinen Königreich im Norden Englands) übernahmen gegen Ende des 7. Jahrhunderts die lateinische Vulgata-Bibel des Hl. Hieronymus, die italienische Missionare mitgebracht

Literatur: Otto Pächt, Buchmalerei des Mittelalters. Eine Einführung, 3. Aufl., München 1989

Françoise Henry, Early Christian Irish Art, Dublin 1963

hatten, sowie die iro-keltische Ornamentik und schufen daraus eine neue Ästhetik des handgeschriebenen und dekorierten Buches.

Beispiele für die aus keltischen Motiven erwachsene Buchornamentik sind die Farbtafeln V, VI und VII. Schrift und Ornament sind hier zu einer nicht mehr auflösbaren Einheit verschmolzen; dem heutigen Kalligraphen sollen nun die einzelnen Techniken bewußt werden. Zunächst muß festgehalten werden, daß die Ornamentik der Initialen organisch in die Schrift ›hinübergleitet‹; dies läßt sich besonders gut am ›Book of Durrow‹ (Incipit-Seite des Markus-Evangeliums, Ft. V) zeigen. Die große ›IN‹-Ligatur mit dem riesigen, pendelförmigen ›I‹-Schaft ist aus (farbigen) Flächen, geraden Linien, geflochtenen Bändern, Spiralformen und Fischblasenmotiven mit, die Bewegung fortsetzenden, Ausläufern und gepunkteten Linien aufgebaut. Diese Vielfalt der Mittel wird beim Hinüberwachsen in den Text stetig vermindert (Otto Pächt nennt das in Anlehnung an den Musikbegriff sehr treffend ›Diminuendo‹). So steht etwa ›tium‹ (der Rest des Anfangswortes ›Initium‹) zwar noch in einem gerasterten Punktfeld, die Buchstabenformen aber stammen aus der gewöhnlichen Schrift. Dennoch sind sie durch ihre Größe, ihre Goldfarbe und die Konturierzeichnung deutlich hervorgehoben. Die beiden darunter liegenden Zeilen (›Evangelii Jesu Christi‹, abgekürzt) stehen noch in Punktfeldern und in besonderer Größe, sind aber bereits in der gewöhnlichen Tinte geschrieben. Ab Zeile vier beginnt der laufende Text, aus dem lediglich die Anfangswörter der Verse (›Ecce‹, ›Vox‹ etc.) durch Größe und Punktierung hervorgehoben sind. Die Verzierung von Buchstaben mit roten Punkten sowie die Flechtbandornamentik haben die Iren übrigens von den (ägyptischen) Kopten übernommen, die zu den ersten Missionaren auf den Inseln gezählt hatten.

Keltische Spiralornamentik im Book of Durrow (Ausschnitt aus Ft. V)

Ableitbarkeit der ästhetischen Mittel

Die Integration der ornamentalen Mittel in die von der Schrift beherrschte Gesamtoberfläche wird im wesentlichen dadurch erreicht, daß beständig neue Mittel zur Hervorhebung der Schrift zu den alten hinzukommen. Es spielt dabei keine Rolle, wie sich dies historisch genau zugetragen hat – ob keltische und koptische

Ornamentik nachgeahmt wurden oder ob eine allgemeine Mentalität künstlerische Eingebungen hervorbrachte; wichtig ist hier die strukturale Beobachtung, daß ästhetische Geschlossenheit verhältnismäßig einfach zu erzielen ist, indem sich die verschiedenen Mittel auseinander oder aus einer gemeinsamen Quelle ableiten lassen.

In Abschnitt 1 dieses Kapitels war schon einmal die Rede von einer Zeichnung im Rahmen eines Kalligraphieblatts, die mit der gleichen Feder und der gleichen Tinte ausgeführt war wie die Schrift (Abb. 48). In diesem Fall bewirkte das gemeinsame Werkzeug eine gewisse Integration der Gesamtoberfläche. Bei unserem Beispiel aus dem ›Book of Durrow‹ dagegen wechseln die Mittel, aber die Übergänge sind organisch und nachvollziehbar ausgebildet.

Doktrinäre Ornamentik

In Laufe der geschichtlichen Entwicklung haben sich verschiedene Formen und Funktionen der Dekoration von kalligraphischen Blättern zu einer Standardpraxis verselbständigt; hier ist nunmehr der Begriff einer doktrinären Ornamentik angebracht. Ähnlich wie die Schreiber mehrere standardisierte Alphabete beherrschten und diese je nach Aufgabe und Würde des zu schreibenden Textes nach festgelegten Regeln einsetzten, wurden auch die Ornamente nach sanktionierten Mustern verwendet, so daß die Entwicklung zu neuen Formen normalerweise die alten nicht vollständig verdrängte, sondern (zunächst) nur ergänzte.

Interessant ist nun, daß die Ausarbeitung eines ornamentalen Verfahrens mit der Zeit zu etwas kategorial neuem, einem neuen Paradigma des kalligraphischen Schmucks, führen konnte und dies auch in regelmäßigen Abständen geschah. Betrachten wir etwa die ›Incipit‹-Seite des Lindisfarne-Evangeliars (Ft. VI) im Vergleich zum ein bis zwei Generationen früher geschriebenen ›Book of Durrow‹, so fällt als Unterscheidungsmerkmal neben der lebhaften Farbigkeit vor allem ins Auge, daß die Kalligraphie von Lindisfarne einen Rahmen erhalten hat, der bei dem älteren Werk noch nicht vorhanden war (wiewohl es auf rein ornamentalen, den berühmten ›Teppich-Seiten‹, durchaus Rahmen aufwies). Gleichzeitig ist der Anteil des Textes zugunsten des grafischen Werkes stark zurückgedrängt, von der Lesbarkeit ganz zu schweigen. Daß die Entwicklung zum Rahmen organisch war, läßt sich übrigens noch gut daran erkennen, daß die linke Vertikale des Rahmens aus dem ›I‹-Schaft von ›Initium‹ besteht; es braucht sich allerdings wohl niemand zu schämen, der das nicht auf Anhieb sieht – zu weit hat sich das Schriftbild von der Schrift weg und hin zum Bild entwickelt.

Der Rahmen als Gestaltungsparadigma

Durch die ornamentale Ausarbeitung der Initiale, die beim ›Book of Durrow‹ schon weit entwickelt war, auf das Format der ganzen Vertikalen der Seite, entstand die Möglichkeit, das Ornament über die Vorstellung des Zierbuchstabens hinaus als Element eines Rahmens zu interpretieren und aus den Elementen der Ornamentik ein neues Gestaltungsparadigma, eben den Rahmen, zu gewinnen. Die Geschlossenheit der Darstellung von Schrift und Ornament, die das Evangeliar von Lindisfarne auszeichnet, kontrastiert sichtbar mit dem reihenden Verfahren der antiken Kalligraphien, die aus lauter in sich schönen visuellen Individuen (Zeilen, Illustrationen, Initialen) bestehen, aber keine durchkomponierte Gesamtheit bilden. Demgegenüber hat in der (früh)mittelalterliche Kalligraphie das kreative Konzept der alles einbeziehenden Gesamtoberfläche unter dem Einfluß der irischen Ornamentik (und ihrer Anleihen bei koptischen Motiven) im Laufe eines historisch-genetischen Prozesses strukturelle Harmonie entwickelt.

›Belebte‹ Ranken

Im Evangeliar von Lindisfarne finden sich bei näherer Betrachtung übrigens nicht nur geometrische Formen, sondern auch figürliche Darstellungen, zum Beispiel Tierköpfe, die gewissermaßen aus dem Rankenwerk der Linienornamente hervorwachsen. Dies läßt sich aus angelsächsischen Vorbildern ableiten. Phantasiewesen treten auch aus den beiden großen ›E‹ des Wortes ›Evangelii‹ hervor und werden im Punktfeld über dem ›G‹ dieses Wortes sichtbar (die übrigen Punktfelder sind rein geometrisch gemustert). Unser Beispiel zeigt also eine Übergangsform zwischen kurvilinearer und zoomorpher (d.h. lebewesenförmiger) Ornamentik, die zugleich die Entwicklungstendenz hin zum illustrativen Buchschmuck weist: Aus den belebten Initialen und den bewohnten Ranken hat sich die mittelalterliche

Initial aus dem Evangeliar von Lindisfarne (Ausschnitt aus Ft. VI)

Buchmalerei entwickelt. Zwar hatte schon die Antike eine Rankenornamentik ausgebildet, in der sich Figurenszenen fassen ließen, doch beschränkte sich die eigentliche Ornamentik hier auf ihre Funktion als Rahmen.

Spannung und Balance

Die insulare Ornamentik, wie wir sie beispielhaft im Evangeliar von Lindisfarne vorfinden, brachte nun als neues Element die innere Balance gegensätzlicher Kräfte als Gestaltungsmittel ins Spiel. Die Spannung, die von den Spiralformen ausgeht, verweist auf eine vitale Kraft, die keine Stütze in der Architektur der Buchseite braucht; im Gegenteil, die Stabilität der Auszeichnungsbuchstaben und des Schriftbilds ist offensichtlich eine Resultante dieser inneren Kräfte. Lücken im ›Layout‹ konnten durch haltgebende Spiralornamente dergestalt überbrückt werden, daß jede äußerliche Formatierungshilfe überflüssig wurde, wie in der Seite aus dem ›Book of Durrow‹ sichtbar. Die Ranke schließlich wurde zu einem Mikrokosmos, in dem alle Formen und Figuren eigengesetzlich verschlungen waren, egal, ob sie sich als Buchstaben, Zeichen oder als pflanzliche, tierische, menschliche oder Phantasiewesen entwickelten. Ihren absoluten Höhepunkt erreichte die ornamentale Buchkalligraphie im ›Book of Kells‹, das gewissermaßen die in den Beispielen des ›Book of Durrow‹ und des ›Evangeliars von Lindisfarne‹ angelegten und selbst schon klassischen Techniken auf ihren Höhepunkt und vielleicht durch Überladenheit darüber hinaus getrieben hat. Die Schmuckseiten wirken fast nur noch als ornamentale Oberfläche und lassen die verzierten Buchstabenformen kaum noch ahnen. Eine andere Technik des ›Book of Kells‹ aber: die ›mikroskopische‹ Ausschmückung der eigentlichen (Massen-)Schrift, verdient besondere Aufmerksamkeit. Jenseits der aus der Kunst der Initiale entstandenen ›Diminuendo‹-Ästhetik bildet sich hier eine phantasiereiche Methode der inneren Textgliederung aus: die Ornamentik des Schriftsatzes (siehe hierzu Ft. VII).

Ornamentik im ›Book of Kells‹ (Ausschnitt aus Ft. VII)

Rahmenillustration

Literatur: Michael Camille, Image of the Edge. The Margins of Medieval Art, London 1992

Durch die organische Herausbildung der illustrativen Elemente aus den Bestandteilen der Schrift bzw. aus den Methoden der Hervorhebung von Schriftteilen läßt sich also erklären, wie es zur ästhetischen Geschlossenheit der grafischen Gesamtoberfläche Kalligraphie/

Buchmalerei kommen konnte, auch wenn scheinbar so eigenständige Darstellungsmittel wie Schrift, Ornament, Zeichnung und Malerei eingesetzt wurden. Aus der zoomorphen Initial- und Rahmenornamentik entwickelten sich mit der Zeit geradezu bewohnte Hekken, in denen allerlei Getier hauste, in die der Schriftblock nur noch eingebettet war. Durch das ganze Mittelalter hindurch herrschte dieser Rahmenschmuck vor, und noch die wunderschönen Bücher der burgundischen Spätgotik leben von dieser einzigartigen Erfindung irischer und angelsächsischer Mönche aus dem 7./8. Jahrhundert.

Unsere Farbtafeln XX und XXI zeigen übrigens eine interessante Rückbeziehung der Rahmenornamentik auf die Schrift: Die ›stachelige‹ Bastarda weist formalästhetische Parallelen zu den Blattformen des Rankenwerks auf. Noch in der Gutenberg-Bibel (Ft. VIII) finden sich die herrschenden Prinzipien der mittelalterlichen Schriftornamentik voll entfaltet vor. Einen radikalen Paradigmenwechsel innerhalb der Verzierungstechnik brachte erst die Renaissance mit sich: Der Rahmen wurde nunmehr architektonisch interpretiert, das ästhetische Repertoire entstammte weitgehend der Antike (vgl. z.B. Abb. 54).

Literatur: Rosamond McKitterick, The Carolingians and the Written Word, Cambridge 1989

Karolingische Buchkunst

Natürlich darf nicht verkannt werden, daß auch die Technik der getrennten Schrift und Illustration seit der Antike nicht vergessen worden war; insbesondere das neue imperiale Denken zur Karolingerzeit führte zu einer Wiederbelebung der Malkunst, die sich in großartigen Bildern niederschlug. Deren spezifische Entwicklung muß aber Gegenstand der Buchmalerei im engeren Sinne bleiben und kann im Rahmen der Erörterung von Kalligraphie nur gestreift werden. Den Kalligraphen interessieren muß aber das dekorative Konzept der karolingischen Renaissance als Kontrastprogramm zur insularen Ornamentik: Wo letztere formatfüllend, mit kurvilinear/zoomorphen Mitteln durch den Reichtum der Schmuckformen zu betören suchte, verließ die erstere sich auf die Erhabenheit der Proportion und die Kostbarkeit edler Materialien, zum Beispiel Purpurpergament und Gold- bzw. Silbertinte (die sogenannte ›Machtfarbigkeit‹). Die imperiale Erhabenheit dieser

54 Humanistenschrift: Bartolomeo Sanvito, ›Laudes Bellicae‹; Seite aus einem Renaissancebuch in humanistischer Schrift mit stark kursivem Charakter. Bemerkenswert ist der architektonische Rahmen mit Trompe-l'œil-Effekten, Putti etc.; um 1480/90

Materialien war von Byzanz übernommen worden, auch hatte es vor den Karolingern im Westen schon ähnliche Ansätze gegeben; es war aber wohl erst die Verwirklichung der Reichsidee, die der imperialen Schmuckform den geeigneten Resonanzboden verschaffte.

Hochmittelalterliche Buchkunst

Offensichtlich sind die aus prähistorischer keltischer Ornamentik und insularer Kalligraphie auf der einen Seite und karolingischer Renaissance und Malkunst auf der anderen Seite herrührenden Impulse eine fruchtbare Verbindung eingegangen: Die Buchkunst nahm ca. seit dem 10. Jahrhundert allgemein einen deutlichen Aufschwung, Ornamentik und Schrift, die Wirkung edler Materialen und imperiale Großzügigkeit wurden miteinander vermittelt. Das berühmte Evangeliar Heinrichs des Löwen etwa (in der Herzog August Bibliothek in Wolfenbüttel, Ft. XLII) strotzt nur so vor ornamentalem Reichtum, Gold, Silber und Purpur. Die einzelnen Techniken wurden immer weiter verfeinert, die Ausführung wurde, wie man heute sagen würde, immer professioneller. Damit kam es aber auch unweigerlich zu einer Trennung der Aufgaben von Schreibern und Illuminatoren. Waren die frühen insularen Kalligraphen sicherlich auch für den Buchschmuck verantwortlich, so gaben die Konzeptionisten der hochmittelalterlichen Prachtcodices den Künstlern der Feder und des Pinsels genau vorgeschriebene Aufgaben (Konzeptionist und Kalligraph mochten dabei identisch sein), das zeigen zahlreiche Werke, die nicht fertiggestellt wurden (wie z.B. die berühmte Winchester-Bibel, die in winziger Schrift geschriebene Anweisungen enthielt, wo der Illuminator Bildschmuck in den kalligraphierten Text einfügen sollte; aus unbekannten Gründen wurden sie nicht ausgeführt).

Literatur: Wolfenbütteler Cimelien, Weinheim 1989 (mit Literaturhinweisen)

Trennung von Feder und Pinsel

Die Trennung von Feder und Pinsel hat sich als außerordentlich folgenreich erwiesen. Sie mündete in eine erneute Trennung von Buchstaben und Ornamenten bzw. illustrativen Mitteln, die durch den Buchdruck noch forciert wurde. Bei aller künstlerischen Ausgewogenheit, die die Seite der Gutenberg-Bibel (Ft. VIII) ausstrahlt, erscheinen Schrift und Ornamentik doch deutlich voneinander geschieden: Hier sieht man sofort, daß zwei Meister am Werk waren. Die Schriftkünstler der Schreibmeisterzeit, die ja keine Bücher mehr schrieben, entwickelten nun eine eigene, aus der Federführung herrührende Ornamentik, die zwar die Kräfteverteilung aus dem Rankenschmuck der Buchmalerei übernahm, aber auch aus der barocken Architekturornamentik hervorgegangen war.

Technisch gesehen handelt es sich dabei um großzügige, aus der Schulter geführte Schwünge, die ursprünglich wohl aus der Kanzlei- bzw. Notariatspraxis stammen, und eine sehr alte Tradition darstellen (vgl. Ft. XII). Unsere beiden Illustrationen von Johann Neudörffer Abb. 25 und 36) machen augenfällig, wie aus der Entwicklung von Zierformen der Schrift, insbesondere der Versalien, eine formatfüllende Ornamentik mit der Feder entstand.

Wenn auch fast tausend Jahre zwischen der Zeit der insularen Kalligraphen der Bücher von Durrow und Lindisfarne und der der Schreibmeister lagen, ein gemeinsames Motiv schien ihre Ornamentik zu haben: die leere Fläche mit Bewegung zu erfüllen und dem Auge so einen lebendigen Mikrokosmos anzubieten. Diese leere Flächen vermeidende und am Prinzip von Spannung und Auflösung orientierte Technik steht in deutlichem Gegensatz zur isolierenden, in epigraphischer Festigkeit gebauten humanistischen bzw. Renaissance-

55 Alphabet aus dem Schreibbuch des Tagliente, 1531

schrift, die sich besonders in Italien entfaltete (siehe Abb. 55). Die formatfüllende Schriftornamentik, wie sie die barocken Schreibmeister hervorbrachten, wurde besonders nördlich der Alpen gepflegt und führte zum Teil zu sehr überladenen Darstellungen (siehe Abb. 35). Kunstwissenschaftlich interessant erscheint dabei die zur Malerei parallele Beobachtung, daß die Künstler des Nordens auch mit den Mitteln der Schriftornamentik stärker auf eine Integration der Gesamtoberfläche hinarbeiteten, während ihre südlichen Kollegen einer deutlichen Individualisierung den Vorzug gaben (was von Kunsthistorikern bekanntlich auf den Einfluß der jeweils herrschenden natürlichen Lichtverhältnisse zurückgeführt wird). Es ist daher kaum verwunderlich, daß der Norden mehr der Ornamentik, der Süden mehr der Proportionierung zuneigte.

56 Van den Velde, ›Spieghel der Schryfkonste‹, Rotterdam 1605

Die Federornamentik hatte im 18. und 19. Jahrhundert einen späten Ausläufer, vorwiegend in den angelsächsischen Ländern. Die aus der Kupferstichtechnik entwickelten Schriften (Copperplate) wurden mit Schwellzug, also wechselndem Druck zur Regulierung der Strich-

Federornamentik des 19. Jahrhunderts

Literatur: E. A. Lupfer, Ornate Pictorial Calligraphy, New York 1982

breite geschrieben, und dieses neue Verfahren kam auch in der Ornamentik stärker zur Geltung. Die Abbildung 19 zeigt die Verwendung schwungvoller Federornamentik (das sog. ›flourishing‹) im Titel und in der untersten Zeile: Die Technik besteht im Prinzip aus der Weiterführung und wiederholten Umbiegung der aus den Buchstaben auslaufenden Federschwünge. – Eine besonders in Amerika noch bis weit in das 20. Jahrhundert gepflegte ornamentale Technik war das sogenannte ›engrossing‹, die Figurenornamentik aus Federschwüngen (nach dem amerikanischen Schriftmethodiker C. P. Zaner auch ›Zanerian method‹ genannt). Abbildung 57 zeigt einige elementare Schwünge, aus denen dann sowohl ornamentale Bänder als auch halbfigürliche Abbildungen , Vignetten und ähnliches gebildet werden konnten. Besonders beliebt waren in diesem Zusammenhang Federn und Vögel als darzustellende Gegenstände (Abb. 57). Der Wert dieser Technik für die Kalligraphie ist relativ; E. A. Lupfer (1951) spricht in seinem Lehrwerk des ›engrossing‹ davon, es handle sich hierbei um eine Kunst, die sich stark an Leute mit bescheidener Bildung (education) wende. Dennoch sollte sie nicht ganz außer acht gelassen werden, da sie das Verständnis für das Werkzeug ›Feder‹ schult.

Zeitgenössische Kalligraphie und das Ornament

Für die heutige Kalligraphie – wenn sie mehr sein will als nur Nachvollziehen historischer Formen – stellt sich die Frage nach einem angemessenen Verhältnis von Schrift und dekorativen bzw. illustrativen Elementen in grundsätzlicher Hinsicht. Wie in anderen formalen Künsten, zum Beispiel der Architektur und dem Design, hat sich im 20. Jahrhundert ein Unbehagen gegenüber jeglicher Verzierung geltend gemacht. Es muß allerdings auch hier zwischen einer historisch bedingten Reaktion auf die überladenen Dekors des 19. Jahrhunderts und einer doktrinären Ablehnung jeglicher Ausschmückung unterschieden werden. Aus kalligraphischer Sicht läßt sich sagen, daß eine Ornamentik, die werkgerecht ist und die anderen Basisaspekte des Schreibens, Proportion, Duktus, Gestus, Ausdruck etc., nicht beeinträchtigt, eine Bereichung des ästhetischen Repertoires darstellt. Darauf zu verzichten sollte individuelle Entscheidung und nicht Doktrin sein.

57 Schmuckseite aus dem ›New Spencerian Compendium of Penmanship‹, 2. Hälfte 19. Jh.

Im übrigen darf der Aspekt der eigenen Fertigkeit, die ja immer im Vergleich zu konkurrierenden Angeboten steht, nicht übersehen werden: Sicherlich ist eine Kalligraphie, die mit Ornamenten oder gezeichneten bzw. gemalten Illustrationen versehen ist, ein attraktives visuelles Angebot. Andererseits muß aber von jedem Kalligraphen geklärt werden, ob er die einzelnen Techniken methodisch und stilistisch gleich gut beherrscht. Nicht jeder gute Schreiber kann auch gut zeichnen und malen.

Dekoratives Schreiben

Eine moderne Auffassung dekorativen Schreibens finden wir in der Skizze von Christine Hartmann (Ft. XL). Es ist eine methodische Frage, ob hier überhaupt von Ornamentik im strengen Sinne gesprochen werden sollte. Die Begriffsbestimmung am Anfang dieses Abschnitts bezog sich vor allem darauf, daß das Ornament ein Motiv sei, das die Oberfläche gliedert; dies wird durch Frau Hartmanns Verfahren sicherlich erreicht. Die mit einer schmiegsamen, spitzen Feder ausgeführten Schwungfiguren rhythmisieren die ansonsten von vertikaler Vergitterung bestimmte Anmutung. Ihre Formen verweisen auf die Frakturversalien, die uns ja schon aus der Schreibmeister-Periode als ›Spielwiese‹ dekorativer Schreibphantasie bekannt sind.

Ornamentaler Gestus

Das eigene und beispielhafte am vorliegenden Blatt liegt in der Auflösung des Formenvokabulars in etwas Frisches, Persönliches, das sich im ornamentalen Gestus der Skizze wiederfindet. Anders als etwa in den Schreibmeisterblättern, wird die Ornamentik nicht einer am Geometrischen orientierten Ästhetik unterworfen, sondern verdankt sich allein der motorischen Eingebung, die ihrerseits durch eine Beschäftigung mit den Formen der Buchstaben motiviert ist. Die Gliederung der Oberfläche als grafisches Problem ist hier also mit puren kalligraphischen Mitteln angegangen worden. Als Gestaltungsübung ist dieses Verfahren sehr zu empfehlen. Das Studium der Gestaltgesetze, die die Schrift formen, kann durch Verfremdungsübungen zu neuen Einsichten führen; die Wechselwirkung zwischen Buchstaben und Ornament als Impuls für neue Formfindungen war seit jeher ein wichtiges Moment der Schriftentwicklung. Außerdem dienen vergleichbare Übungen der Selbstkontrolle: Motorische Ausrutscher sind oftmals nicht auf technische Inkompetenz zurückzuführen, sondern beruhen auf mental nicht durchgearbeiteten Vorstellungen, die eine ästhetisch stimmige Intuition nicht zulassen. Ornamentübungen aus der Schrift heraus machen solche Verständnisdefizite vielfach erst bewußt und weisen einen konkreten Weg zur Weiterarbeit.
Das Erinnerungsblatt von Hermann Zapf (Ft. XXXV) geht im Prinzip von den gleichen Voraussetzungen aus wie das Blatt von Christine Hartmann, bezieht jedoch als zusätzliche Schwierigkeit die Notwendigkeiten des Umgangs mit konkreter Schrift und damit eines lesbaren und zum Lesen empfohlenen Textes ein. Es dürfte auf der Hand liegen, daß dies die Sache erheblich kompliziert, da die Bedürfnisse der gestischen Gliederung sich den Erfordernissen der Orthographie unterordnen müssen. Zapf hat diese Problematik meisterhaft gelöst:

Die Ornamente wachsen auf natürlich wirkende Weise aus den Buchstaben selbst hervor, ohne je geziert oder angestrengt zu wirken. Die Anmut der Schwünge spottet jeder mechanischen Berechnung und kann nur noch als Ausdruck künstlerischer Intuition gedeutet werden. Diese Intuition verdankt sich neben Talent vor allem ständiger Beobachtung und Übung; die Anzahl der interagierenden ästhetischen Faktoren ist so groß, daß die Verfolgung einzelner ›Handlungsstränge‹ zur Zerstörung der komplexen organischen Struktur führen würde. Es wäre also ziemlich aussichtslos, beispielsweise ornamentale Schwungformen kontextunabhängig zu üben; die konkrete Umgebung und die miteinander konkurrierenden grafischen Kräfte und Gewichte verlangen in jedem gegebenen Fall eine neue, der Aufgabe gerechte Antwort. Im abgebildeten Erinnerungsblatt Hermann Zapfs zeigt sich das unter anderem in der Überschreitung der Rahmen, die einerseits durch den grafischen Wert erforderlich wurde, andererseits aber auch thematische Qualität gewinnt: Es ist leicht nachzuvollziehen, daß etwa das ›j‹ in der unteren linken Ecke des Comenius-Textes verkümmern würde, dürfte seine Unterlänge nicht den Rahmen überschreiten; auf der anderen Seite wirken die Überschreitungen rechts oben spielerisch, als wollten sie symbolisieren, daß Schrift selbst jeden Rahmen sprengen kann.

Ornament, Illustration und Konstruktion

Die ebenfalls von Hermann Zapf stammende Farbtafel XXXVI zitiert einen Ausspruch des amerikanischen Kalligraphen und Pioniers der schönen Handschrift, Paul Standard: »Geometrie kann lesbare Buchstaben hervorbringen, aber einzig die Kunst macht sie schön. Kunst beginnt, wo Geometrie endet und verleiht den Buchstaben einen Charakter, der bloße Abmessung übersteigt«. Auch in diesem Blatt erwächst die Ornamentik allein aus Intuition und der Dynamik des Schreibens; die Konfrontation der Kalligraphie und der ihr eigenen Ornamentik mit der Illustration strenger geometrischer Konstruktion steigert den Effekt der Anmutung noch. Die mit Lineal und Zirkel konstruierte Figur links oben stellt übrigens die Grundelemente aller Buchstaben in geometrischer Proportionierung dar (es lohnt sich, diese Konstruktion einmal en détail nachzuvollziehen). Die zweite gezeichnete Konstruktion zeigt die geometrische Erzeugung einer Spirale – die wir als ein wesentliches Element der Ornamentik schon angesprochen haben und die, ideell gesehen, den Ober- und Unterlängen von geschriebenen Zierschwüngen unterliegt und ihnen eine selbsttragende Spannung verleiht. Die Abbildung ist einer längeren und intensiveren Betrachtung wert. In konzentrierter Form thematisiert sie die drei Grunddimensionen der kalligraphischen Oberfläche: Proportion (Zeichenstruktur), Ornamentik (Flächengliederung) und Farbe (Tonalität), wozu im folgenden Abschnitt mehr zu sagen sein wird.

4 Farbe

Das Verhältnis von Schrift und Farbe ist problematisch; nicht weil beides nicht zusammenginge, sondern weil die Ausstrahlung der Farbe leicht spezifisch kalligraphische Ausdrucksmittel wie Duktus und Schreibrhythmus zudeckt. Offenbar sind die ästhetischen Wirkungen von Schrift und Farbe kategorial unterschiedlich und konkurrieren in der Wahrnehmung. Schon Goethe beobachtete, daß von der Farbe ein außerordentlich starker Reiz ausgeht: »Überhaupt streben die Menschen in der Kunst instinktmäßig jederzeit nach Farbe«, und er beklagte exzessive farbige ›Verschönerungen‹. Auch seine Beobachtung, daß gebildete Menschen eine gewisse Scheu vor Farben haben, weil sie mit deren direkt emotionaler Wirkung nicht so recht umgehen können, verdient Beachtung: Der affektive Appell der Farbe steht biologischen Schlüsselreizen sicherlich näher als die soziokulturell bedingten Schriftzeichen.

Farb- und Schriftwirkung

Die Wirkung der Farbe unterwirft sich nicht so leicht der Triebregulierung wie Schrift; die in der Geschichte häufiger zu beobachtende Tendenz, Maler mit einer Neigung zur Starkfarbigkeit als ›Wilde‹ zu bezeichnen, mag die Einstellung der gebildeten Schichten veranschaulichen. Zumindest bis zur Renaissance galt die Malerei als nicht ›geistig veredelbar‹, sie wurde daher zum Handwerk (den artes mechanicae) und nicht zu den freien Künsten (artes liberales) gerechnet. Demgegenüber verkörpert

Schrift als das visuelle Kommunikationsmittel geistiger Zivilisation schlechthin, wenn man so will, das Gegenteil biologischer Reize, nämlich mittelbare Zeichen in ästhetischen Formen, die auf gesellschaftlicher Konvention, also Übereinkunft, beruhen.

Farbe der Schrift uneigentlich

Gerade weil Farben eine starke Wirkung auf das Gefühl ausüben, die Geschriebenes aus seiner Eigenart heraus nicht erreichen kann, sollten sie in der Schriftkunst mit Bedacht und Zurückhaltung eingesetzt werden und Schrift Schrift sein lassen. Der farbige Effekt sollte Schrift ergänzen, nicht Einfallslosigkeit übertünchen, oder, wie Stanley Morison es formulierte: »Die Kalligraphen und Drucker mögen von Zeit zu Zeit recht haben, von den Architekten und Malern Zierrat zu borgen, wie sie es auch tatsächlich getan haben; aber es ist nicht wünschenswert, das Borgen bei Architeken und anderen zum Prinzip zu machen.« Die Proportionen der Buchstaben, die Gliederungsformen der Ornamentik und der tonsichere Einsatz von Farbe erfordern Wissen, Übung und Geschmack (der sich nach Edward Johnston durch die Beobachtung schöner Formen bildet), und zwar auf vergleichbar hohem Niveau. Dies setzt nun aber voraus, daß die Farbe nicht nur in ihrer unmittelbar sinnlichen Wirkung eingesetzt wird, sondern auch als kultureller Bedeutungsträger; Farben können bekanntlich durchaus eine Zeichenfunktion übernehmen, die Verkehrsampel ist dafür ein simples Beispiel.

Literatur: Lorenz Dittmann, Farbgestaltung und Farbtheorie in der abendländischen Malerei, Darmstadt 1987

Abbild und Symbol

Die abendländische Kalligraphie hat in ihrer Geschichte die Farbe stets in ästhetischer und symbolischer Form verwendet; um verständlich zu sein, verlangte die ausgeprägte Symbolik schon in der Antike nach einer Konventionalisierung der Farbverwendung. Wir finden Farbe also in zwei disparaten Funktionen: Abbildung und Zeichensystem/Symbolik, die nicht durcheinandergebracht werden dürfen. In der Buchmalerei finden sich oft koloristische Effekte, die mit einer naturalistischen Darstellung nichts zu tun haben; beispielsweise die zoomorphen Initialen aus dem Sakramentar von Gellone (Ft. X) lassen dies in jeder Form: für die Figur, die Details (Federn, Schuppen etc.) und die mit einfachen, starken Farben arbeitende Koloristik, erkennen. Ebenso wie in der Bedeutungsanalyse des Mittelalters das Wort aus mehreren Sinnschichten bestand, hatten die Farben verschiedene Bedeutungen, die gleichzeitig und zusammen erfaßt sein wollten. Jegliche Kalligraphie, auch eine, die nicht historisierend arbeitet, sollte sich der historisch gewachsenen Deutungsräume, ihrer Formen und Farben, bewußt sein.

Natürlich soll niemandem verwehrt werden, in der Kalligraphie Farben nach seinem/ihrem Gusto frei zu verwenden; hilfreich für deren Einsatz sind einige physikalische und wirkungspsychologische Grundkenntnisse. Es wird aber auch nicht schaden, verständiges Üben durch den Erwerb historischen Wissens vorzubereiten und seinen Geschmack durch die Diskussion exemplarischer Blätter zu verfeinern. Der Königsweg liegt sicherlich in der langsamen Entwicklung des Verstehens und Einsetzens farbiger Gestaltungsmittel – ausgehend von klassischer Strenge bis hin zu einer beherrschten Opulenz, die auch um die geschichtliche Verwendung von Farbe in der Kalligraphie weiß und auf diese Weise deren ursprüngliche Kraft mit kultiviertem Geschmack auszukosten lernt.

Physikalischer Aspekt der Farbe

Literatur: Harald Küppers, Harmonielehre der Farben, Köln 1989

Die wissenschaftlichen Vorstellungen vom Wesen der Farbe und ihrer Wirkung gelten selbstverständlich für die Kalligraphie in gleicher Weise wie für die Malerei. Sie brauchen daher hier nur summarisch wiedergegeben zu werden. Farbe an sich existiert nicht; es gibt sie nur für uns, also subjektiv. Man geht davon aus, daß elektromagnetische Wellen mit einer Frequenz von 400 bis 700 Nanometer (1 nm = m x 10-9) und einem gewissen Energieniveau Farbreize darstellen, die Menschen mit ihren Sehorganen physiologisch aufnehmen und nervlich zu psychologisch wahrgenommene Farbempfindungen verarbeiten können. Für die Kalligraphie ist der physikalische Teil der Farbtheorie lediglich von sekundärer Bedeutung; primär interessiert die Wirkung der Farben. Diese wiederum beruht auf den physiologischen Eigenarten unserer Körperfunktionen einschließlich unseres Nervensystems sowie den mentalen Aspekten des Farbempfindens.

Physiologischer Aspekt der Farbe

Bekanntlich verfügt das Auge über unterschiedliche Rezeptoren für Helligkeit und für Farbe, die sogenannten Stäbchen und Zapfen. Die Stäbchen reagieren schon auf verhältnismäßig schwache Energieunterschiede des einfallenden Lichts und erlauben eine Strukturierung des Sehfeldes nach Graustufen. Differenziertes Farbsehen ermöglichen die Zapfen, von denen es drei Formen gibt: violettempfindliche, grünempfindliche und orangerotempfindliche. Wird vom einfallenden Licht nur je eine Zapfenform erregt, nehmen wir deren Farbtypus als Farbempfindung wahr: So entstehen die sogenannten Urfarben Violett, Grün und Orangerot. Werden je zwei Zapfenformen erregt, entstehen die Farbempfindungen Cyanblau, Gelb und Magentarot (die u.a. zusammen mit Schwarz als Druckfarben im Vierfarbdruck verwendet werden). Wenn alle drei Zapfensorten erregt werden, entsteht die Empfindung ›Weiß‹. Eine Stelle im Sehfeld, die keine Zapfenform erregt, bringt die Schwarzempfindung hervor.

Farbsysteme

Diese physiologisch bedingten acht Erregungszustände des Auges stellen den Ausgangspunkt für sämtliche Farbsysteme dar; alle darüber hinausgehenden spezifischen Ausprägungen und Gewichtungen müssen dem mentalen Bereich und seiner kulturellen und geschmacklichen Prägung zugerechnet werden.

Kriterien der Farbwirkung

Innerhalb des Sehfelds ist jede Stelle nach der Buntart (dem Farbton), dem Buntgrad (der Sättigung, d.h. dem Anteil der Buntempfindung am Gesamtreiz) und der Helligkeit (die die Energie des Reizes repräsentiert) definiert. Von den genannten Begriffen ist der des Buntgrades etwas schwierig zu verstehen und soll deshalb näher veranschaulicht werden: In der Praxis kommt es sehr selten vor, daß irgendein Gegenstand einen reinen Farbreiz erzeugt. Meist sendet er neben einem starken und dominanten Buntimpuls noch eine diffuse Mischung unterschiedlicher Wellen aus, die eine als unbunt (›grau‹) empfundene, schwach helle Empfindung hervorruft. Die gesamte Empfindung ist also zusammengesetzt aus bunter und unbunter Empfindung. Je nach künstlerischem Zweck läßt sich auf der Skala der Buntgrade mit starken oder subtilen Effekten arbeiten; ein wesentlicher Anwendungsbereich ist die Darstellung farbiger Schatten. Eine stark farborientierte Ästhetik reduziert den Unbuntwert zugunsten des Farbklangs und wird in der Regel die Form den Klanggewichten unterordnen (man denke an den späten Mondrian, der quasi ›Mobiles‹ aus balancierten Farben erzeugte). Demgegenüber wird eine formorientierte Darstellungsweise, also vor allem die der grafischen Techniken im engeren Sinne, eher dazu tendieren, überwiegend unbunten Linien einen (Rest-)Buntwert als subtile Tonalität zuzuordnen (was in den vordergründig als monochrom = einfarbig bezeichneten Techniken der Grisaille und der Lavierung den besonderen Reiz ausmacht). Die Verwandschaft der Kalligraphie mit der Grafik legt nahe, diesen letztgenannten Aspekt zum Ausgangspunkt der Beschäftigung mit Farbe zu machen.

Tinte und Papier

Über eine gewisse farbige Tonalität verfügt schon die einfachste schwarzweiße Kalligraphie, wenn auch in einem zumeist nicht bemerkten Maßstab: Die Tinte bzw. Tusche ist, je nach Pigmentstärke, etwas bläulich oder (häufiger) bräunlich, und das Papier hat, aller Bleiche zum Trotz, immer einen leichten Farbton, auch wenn er sich gelegentlich nicht genau bestimmen läßt. Allerdings geht die Entfernung vom Buntwert oft so weit, daß das Papierweiß wegen des Verlustes jeglicher Farbempfindung als leblos, ja als blendend empfunden wird, wodurch das Schwarz der Schrift darauf ›besonders tot‹ wirkt. Daher läßt sich die Anmutung von Schrift schon durch die Auswahl eines schönen Papiers erheblich verbessern. Es hat sich gezeigt, daß Künstlerpapier, zum Beispiel solches, wie es für Aquarellmalerei angeboten wird, ebenso gut zum Kalligraphieren geeignet ist wie Bütten- oder Ingrespapiere. Alle diese Papiere kann man mit einem leichten Ton und mit feinstrukturierten Oberflächen erhalten, deren Textur eine leichte farbige Anmutung auch der Tusche oder Tinte mit sich bringt, da das Licht durch die kleinen Unebenheiten der Oberfläche unterschiedlich reflektiert und gebrochen wird. Sehr schön sind auch gut geleimte Vorsatzpapiere, die der Buchbinder für die Innenseiten von Umschlagdeckeln verwendet. Ihre innere Struktur, die das Sieb wiedergibt, kommt dem Schreiben in Zeilen entgegen. Sie haben meist eine natürliche Rauhigkeit und stehen dadurch den vorindustriellen Papieren in der lebendigen Anmutung nahe; Vorsatzpapiere sind in vielen Färbungen erhältlich. Für die schönere Handschrift geben auch Bankpostpapiere mit einer dezenten Färbung (elfenbeinfarben oder beige) eine interessante Beschriftungsfläche ab.

Brauntöne

Die Schreibtinte muß nicht unbedingt tiefschwarz sein, sie sollte aber neutral wirken, das heißt keinen konkurrierenden Buntwert haben. Schon im Mittelalter hat sich die Verwendung von Braun hierfür als gut geeignet erwiesen. Braun wurde als ›Totalfarbe‹ interpretiert, als Farbe also, die etwas von allen Farben enthielt. Im berühmten ›Theophilus‹-Traktat ist ein Rezept überliefert, wie diese Tinte mit Auszügen aus Dornen hergestellt wurde. Im Gegensatz zur deckenden, tiefschwarzen ›Atramentum‹-Tinte war die braune Tinte (halb-) transparent und zeigte so in der Schrift verschiedene Tonstufen, die sehr lebendig wirken. Unsere Abbildung aus dem ›Book of Durrow‹ gibt eine Vorstellung von verschiedenen Brauntonalitäten.

Literatur: Felix Thürlemann, Vom Bild zum Raum. Beiträge zu einer semiotischen Kunstwissenschaft, Köln 1990

Lasierende Töne

Das Schreiben mit lasierenden Tinten verleiht der Schrift in jedem Fall etwas individuelles, das kein Druck technisch erzeugen kann. Vielleicht ist dies einer der Gründe dafür, warum berühmte Bibliophile wie König Matthias Corvinus und viele fürstliche Bücherfreunde der Renaissance (und späterer Epochen!) das handgeschriebene Buch dem Druckwerk so entschieden vorzogen; der beispielhafte Katalog der Ausstellung ›Bibliotheca Corviniana‹ aus dem Jahr 1990 etwa versammelt nur Werke, die in bräunlichen, (halb-)lasierenden Tinten ausgeführt wurden. Viele Kalligraphen schätzen noch heute Bister und Sepia als farbige (bräunliche) und dabei neutrale Tinten. Wem diese Brauntöne noch zu kräftig sind, der kann durch Mischung von (Ziegel-)Rot und Blau einen eigenen Braunton mühelos erzeugen; die Tendenz zum warmen oder kalten Ton läßt sich leicht verändern und eine Dämpfung mit Schwarz gibt der Farbe etwas mehr Körper.

Mikrochromatik im Graubereich

Ähnlich wie die ›mikrochromatischen‹ Eigenschaften von Papier und Tinte spielen auch die verschiedenen Grauwerte eine Rolle, die beim Zusammentreffen von Tusche und Papier auftreten. Die chinesische und japanische Kalligraphie haben bei der geschmacklichen Beurteilung von Schriftkunst eine subtile Differenzierungsfähigkeit der Tuschefarben – die im Prinzip alle ›grau‹ sind,

Literatur: Christopher J. Earnshaw, Sho – Japanese Calligraphy. An In-depth Introduction to the Art of Writing Characters, Rutland, Vt.,/Tokyo 1988

mit Schwarz als Grenzton – entwickelt, die leicht zu einer Wertdiskussion über einzelne Blätter ausgeweitet wird. Es wäre allerdings falsch, zu glauben, daß hier nur mehr oder minder zufällige Ergebnisse betrachtet würden: Die asiatische Kalligraphie weist der Materialkunde, dem Wissen um die Tusche und die Herstellung des flüssigen Mediums durch die zum Zweck passende Anreibetechnik, einen außerordentlichen großen Stellenwert zu. Dies geht beispielweise so weit, daß die Eigenkörnigkeit und der Schliff des Tuschesteins Gegenstand genauer Untersuchungen und Überlieferungen sind, und daß der Zusammenhang zwischen Tuschestein und Schriftbild samt Farbeindruck gelerntes Wissen ist. Wenn man bedenkt, daß jedes Grau immer noch restliche Buntwerte abstrahlt, so wird gerade anhand der asiatischen Tuschekalligraphie klar, welche geschmackliche Sublimierung im Bereich der Mikrochromatik erreicht werden kann.

Farbtemperatur der Tusche

Das Studium mikrochromatischer Effekte mit chinesischer Tusche ist eine lohnende Übung und sollte vor der Verwendung starkfarbiger Effekte stehen. Eine beliebte Praxis vieler zeitgenössischen Kalligraphen besteht darin, chinesische Tusche mit etwas Aquarellfarbe abzutönen, zum Beispiel mit Rot, Gelb, Orange oder Ocker, um den Ton wärmer scheinen zu lassen. Hier ist aber sehr viel Fingerspitzengefühl angebracht. Eine zu auffällige Tönung lenkt von der Form der Schrift ab und tendiert zur Effekthascherei (Edward Johnston).

Farbenkreis

In der mikrochromatischen Ästhetik spielen die Buntgrade (Farbsättigung) zusammen mit der jeweiligen Helligkeit der Schrift eine vorrangige Rolle. Wo hingegen Farbigkeit – die Buntart – stark ins Auge fällt, muß das gesamte Beziehungsgeflecht bedacht werden, das zwischen den Elementen des Farbenkreises besteht. Wie in der Malerei gilt es, Farben so gegeneinander zu setzen, daß sich ein Gleichgewicht von Spannung und Auflösung entwickelt. Das gilt für komplementäre Farben (im künstlerischen, nicht im physikalischen Sinne) ebenso wie für die Beherrschung der verschiedenen Kontrastformen; schließlich für die psychologische Polarität von warmen und kalten Farben (wie sie z.B. in Goethes Farbenlehre in der Darstellung der sinnlich-sittlichen Wir-

Literatur: Johannes Pawlik, Goethes Farbenlehre: Didaktischer Teil. Textauswahl mit einer Einführung und neuen Farbtafeln, 5. Aufl., Köln 1985

kung der Farbe dargestellt sind). Die Kalligraphie kann die Farbe in all ihren Aspekten einsetzen; sie wird sie allerdings als geschlossene Buntfläche, bei der kein Papierweiß mehr sichtbar ist, nur in seltenen Ausnahmefällen thematisieren und sollte auch das Prinzip ›Gestalt auf Grund‹ nicht bis zur Unkenntlichkeit vernachlässigen. Auch farbige Schrift bedarf stärkerer Kontraste als Malerei.

Als warm werden Farben empfunden, die nach Gelborange tendieren, als kalt zum Bläulichen tendierende

Helldunkel-Kontrast

Die antike und abendländische Kalligraphie haben sich seit jeher der Farbe in kräftigeren Tönen bedient als etwa die asiatische. In den verschiedenen geschichtlichen Epochen wurde Farbe für Schrift jedoch unterschiedlich stark eingesetzt. In der Antike überwog das ›Schwarz auf Weiß‹-Prinzip gegenüber der farbigen Darstellung bei weitem. Es kam offensichtlich vor allem auf einen guten Helldunkel-Kontrast an. Der lateinische Begriff für Tinte: ›atramentum‹ – nach Plinius ein Gemisch aus Ruß, Wasser und Planzensekreten (›Gummi‹) – kommt von dem Wort ›ater‹, das heißt ›schwarz, dunkel‹. Doch schon die alten Ägypter schrieben neben schwarz auch rot, zur Hervorhebung und natürlich im Rahmen eines ästhetischen Kanons, auch wenn sie es nicht so ausdrückten.

Rot in der Schrift

Die zweite Farbe Rot gehört auch heute noch zum Basisvokabular der Gestaltung mit Schrift; der lateinische Begriff ›rubrum‹ (= das Rote) ist die Wurzel unseres Wortes ›Rubrik‹, und dies deutet schon auf die Funktion der roten Farbe für die Auszeichnung in Überschriften, Hervorhebungen etc. hin. Im Mittelalter waren Schreiber und Rubrikator oft verschiedene Personen; dies lag nicht nur am unterschiedlichen Verhalten der Farben, die eine unterschiedliche Handhabung bedingten, sondern auch an der Hierarchie der Schriften. Spätestens seit karolingischen Zeiten wurde meist in der Capitalis rustica rubriziert, während die Masse des Textes in einer Minuskelschrift ausgeführt wurde. Als Bezeichnung für die rote Farbe setzte sich nach und nach der Terminus ›Minium‹ durch, der nach Vitruv (dem Kompilator der antiken Baukunst) auf die Herkunft des Pigments vom Fluß Minho auf der iberischen Halbinsel verweist und aus dem unser Wort ›Mennige‹ (rotes Bleioxid) abgeleitet ist. Allmählich stand das an sich orangerote ›Minium‹

auch für andere Rottöne, die zum Rubrizieren verwendet wurden (z.B. Zinnober – schon bei Plinius – und Karmin), und schließlich bildete es die etymologische Wurzel für die farbige Ausschmückung von Kalligraphie überhaupt: ›Miniatur‹ ist aus ›Minium‹ entlehnt.

Relatives Gewicht farbiger Schriften

Einfache Beobachtung ergibt, daß das Gewicht roter Schrift für die Wahrnehmung stärker ist, als dasjenige der schwarzen oder bräunlichen Grundschrift, zumindest, wenn es sich um einen reinen, hochroten Ton handelt (Orangerot). Dieser ›mächtige Effekt‹ – der Begriff stammt von Johann Wolfgang Goethe – will beherrscht sein; zwei Verfahren bieten sich an: erstens die sparsame Verwendung im Gesamtzusammenhang und zweitens die Dämpfung des Rots, sei es in der Farbmischung selbst oder im optischen Effekt. In Farbtafel XXVI wird die Mächtigkeit des Rots durch ein Mehr an Schwarz aufgewogen; in Farbtafel XLI von David Howells wird das Rot in seinem Buntwert dem kontrastierenden Blau weitestgehend angeglichen, wobei das verwendete Blau im übrigen selbst sehr viel Kraft besitzt. Das strahlende Zinnoberrot im Lektionar von St. Gallen (Ft. XI) wird durch die Ausfüllung der Buchstabeninnenräume mit goldbrauner Farbe in seinem Buntgrad heruntermoduliert und in eine organische Beziehung zur Farbe des Pergaments gebracht. Umgekehrt wird die Initiale mit Zinnoberrot konturiert, wodurch ihre eher stumpfe Farbigkeit gehöht wird.

Mikrochromatische Verknüpfung

In vielen Fällen hat man schon im Mittelalter das ›Minium‹ als rote Auszeichnungsfarbe durch eine ganz leichte bräunliche Trübung in seiner Mächtigkeit zurückgenommen, wo es nicht bereits vom natürlichen Färbemittel etwas trüb war. Die heute in sehr reiner Form zur Verfügung stehenden Tinten und Farben sollten mit einem kleinen Anteil Schwarz (Neutraldunkel) gedämpft werden. Die gleichzeitige Abtönung der schwarzen Tinte mit einer Spur Miniumrot (Orangerot) verleiht ihr nicht nur einen lebendigeren Ton, sondern stellt auch eine mikrochromatische Beziehung zur Auszeichnungstinte dar. Eine gute Miniumtinte wirkt darüber hinaus leicht lasierend und verarbeitet damit die chromatischen Eigenschaften der Beschriftungsfläche, die in der Regel einen leicht beigen Grundton tragen wird. Wenn

Künstlerfarben verwendet werden, ist deshalb Aquarellfarbe der Gouache vorzuziehen.

Ausgewogenheit

Eine gelungene Abstimmung von Papierton, roter und schwarzer Tinte im Zusammenhang einer ausgewogenen Komposition gehört zu den grundlegenden Gestaltungsaufgaben in der abendländischen Kalligraphie; sie muß immer wieder neu geübt, empfunden und kritisch verarbeitet werden. Alle anderen Formen der Farbkomposition sollte man erst später ausprobieren. Sehr viele Arbeiten von Kalligraphie-Hobbyisten leiden unter dem Unverständnis für die Schwarz-Weiß-Rot-Komposition, weil sie die Farben zu extrem setzen. Vom Papier über Rot bis zum Schwarz sollte man grelle und sterile Einseitigkeit vermeiden und durch die Beachtung mikrochromatischer Tonalität allzu harte Kontraste mildern.

Vierfarbenkanon und Machtfarben

Neben dem Rot für Hervorhebungen etc. wurde schon in der mittelalterlichen Kalligraphie eine nicht sehr umfangreiche Palette von Farben verwendet, die auch den Grundstock für die Farbenikonographie (Lehre von den symbolischen Bedeutungen der Farben) der Buchmalerei bildeten. Allerdings muß deutlich zwischen den symbolischen Farben der Bildwerke und der farbigen Darstellung der eigentlichen Buchstaben unterschieden werden. Am wichtigsten war die Vierfarbenkombination Blau-Rot-Gelb-Grün, zu der sich noch Schwarz und die sogenannten Machtfarben Gold, Silber und Purpur gesellten. Für diese Form der Farbverwendung spielt die Zurücknahme des Buntgrades (Sättigung) durch Hinzufügen von Mischweiß eine Rolle, die mit dem Schwarz (Neutraldunkel) für die Schreibtinten vergleichbar ist und doch kategorial unterschieden bleibt: Während die geschriebene Textmasse als Schrift durch den Farbeffekt nicht überlagert werden soll und die Farbe folglich zu dämpfen ist, thematisieren einzelne bunte Buchstaben, Initialen, Paragraphenzeichen etc. Farbe als Schmuck, der höchstens durch eine zartere Darstellung des Tons dem allgemeinen Eindruck des Blattes angepaßt werden kann, die Brillanz des Farbtones jedoch unbedingt behalten sollte.

Reihenfolge der Auszeichnungsfarben

Für einzeln stehende Buchstaben ohne Titelinitialen und Ornamentik war die Farbe Gelb, insbesondere auf gelblichem Untergrund, nicht gut geeignet. Nach einer von Edward Johnston beschriebene Regel für die Abfolge farbiger Buchstaben wurde deshalb Rot zweimal, dagegen Blau und Grün nur einmal in der alternierenden Folge farbiger Auszeichnungen gebraucht, also Rot – Blau – Rot – Grün usw. Mit diesem Verfahren wurden etwa die Anfangsbuchstaben kleiner Absätze, jedes Satzes oder sehr häufig auch jeder Zeile mit einer farbigen Versalie hervorgehoben.

Absatzgliederung

Es muß allerdings einschränkend gesagt werden, daß die Auszeichnung mit mehr als zwei Farben verhältnismäßig selten vorkam. Selbst ein so farbenprächtiger Prunkkodex wie das ›Catholicon‹ des Johannes de Janua (Ft. IX) von Ende des 14. Jahrhunderts kommt im eigentlichen Text mit den Auszeichnungsfarben Rot und Blau aus; anstelle farbiger Versalien wurden hier übrigens sogenannte Alineazeichen für die Absatzeinteilung verwendet. Die Johnstonsche Regel macht für die heutige Kalligraphie vor allen Dingen Sinn, wo es um die Ausgestaltung von Urkunden und ähnlichen Stücken geht, die sowohl ohne Illustration als auch ohne aufwendige farbige Ornamentik auskommen sollen.

Die Alineazeichen des ›Catholicons‹ in verschiedenen Farben stehen für eine Ästhetik der farbigen Gestaltung, die durch den Druck weitgehend verschwand

Blau, sanfter Effekt

Nur eigene Versuche mit wechselnden Farbauszeichnungen können das Gefühl für chromatische Balance entwickeln; zuviel Farbe im Verhältnis zur Grundschrift wirkt unausgewogen, und im Zweifelsfall sollten die Buntgrade durch Beigabe von etwas Weiß heruntermoduliert werden. Besonders zarte Effekte ergibt dies bei Blau, wie in Farbtafel XXXII leicht zu erkennen ist. Die Vielzahl der farbigen Buchstaben in diesem Manuskript hätte eine Verwendung des mächtigen Minium-Rots von vornherein verboten; der ›sanfte Effekt‹ (Goethe) des Blaus gestattet mehr Volumen, ohne die Harmonie zu stören. Zu den Farben des sanften Effekts gehört auch das Grün, so daß sich eine harmonisch ausgewogene Kontrastbildung durch Gegeneinandersetzen von Rot auf der einen Seite und Blau bzw. Grün auf der anderen Seite anbietet; hierzu ist wieder Farbtafel XLI ein instruktives Beispiel. Blau und Grün, allein gegeneinandergesetzt, erscheinen dagegen eher unausgewogen.

Alineazeichen zur Markierung eines neuen Absatzes; Ausschnitt aus dem ›Catholicon‹ des Johannes de Janua (Ft. IX)

Purpurgrund

In ihrer Geschichte hat die Kalligraphie nie die Gesamtoberfläche farbig thematisiert, die Eigenfarbigkeit des Schreibgrunds blieb immer erhalten – mit einer Aus-

nahme: der des Purpurpergaments. Methodisch stellt sich hier jedoch die Frage, ob beim Purpur nicht eigentlich mehr der symbolische Farbwert der Machtfarbe und weniger die Wirkung der Gesamtoberfläche Motiv war. Unbestritten ist die Anmutung von Gold- oder Silberschrift auf Purpur, einer der stärksten grafischen Effekte, die wir überhaupt kennen. Ob es sich auch um einen im strengen Sinne kalligraphischen handelt, ist eine andere Frage. Das mit Gold- und Silbertinte geschriebene und mit ultramarinblauen Rahmenleisten verzierte Pergament aus dem Evangeliar Heinrichs des Löwen (Ft. XLII), ein einzigartiges komplettes Dokument für Machtfarbigkeit, gestattet, die Frage zu bejahen. Die Schrift ist deutlich als Text konzipiert, der Aspekt der Wahrnehmung ist also kalligraphisch und nicht bildhaft, was durch die Silberlinien, die die Schriftzeilen optisch unterstützen, noch betont wird. Die grafische Gesamtoberfläche ist integral, aber aus der kalligraphischen Funktion, vom geschriebenen Buch her, gedacht.
Nicht immer werden Gold, Silber und farbige Effekte so kalligraphisch sicher eingesetzt wie im Evangeliar Heinrichs des Löwen. Wegen ihrer hohen dekorativen Wirkung sind sie verführerisch, bergen aber auch die Gefahr, in Effekthascherei abzugleiten. Insbesondere Gold sollte in der Schreibkunst nur verwendet werden, um die Majestät der Buchstabenformen zu erhöhen; schlechte Buchstaben werden durch Gold eher lächerlich als herrlich. Goldtinte gibt es fertig zu kaufen; man kann sie auch selbst aus Goldpulver mit Wasser und einem geeigneten Bindemittel, zum Beispiel Gummiarabikum, herstellen und sie wie Gouache verwenden (eventuell muß das Pulver noch etwas feiner gerieben werden).

Zeitgenössische Kalligraphie in Farbe

Farbe wirkt in zeitgenössischer Kalligraphie sicherlich dann am edelsten, wenn sie Schrift und Schreiben unterstützt und kalligraphische Assoziationen evoziert. Donald Jacksons Kalligraphie, für die Farbtafel XXXIX nur ein Beispiel ist, tut dies in hervorragender Weise. Hier dominieren die kalligraphischen Grundfarben Schwarz und Rot auf einem Pergamenthintergrund und den Tintenfarben braun und blau. Die grafische Oberfläche ist mit insularen ornamentalen Motiven, sowohl organischen als auch geometrischen Typs, verziert. Farbkleckse und Verwaschungen verweisen auf die Materialien als solche wie in der mittelalterlichen Buchkunst. Die diversen Texte sind offensichtlich mit verschiedenen Schreibwerkzeugen (Breitfeder, Vogelfeder, Pinsel) ausgeführt, deren Spur unverhüllt auf die Tätigkeit des Schreibens anspielt. Die Buchstabenformen selbst verweisen auf zahlreiche Schriftformen der verschiedensten Epochen, werden aber ganz in den Dienst einer eigenen Botschaft gestellt.

Grammatik der handschriftlichen Gestaltung

Diese Botschaft, das Leitmotiv der Verarbeitung aller Elemente auf der grafischen Oberfläche, tritt als Mythos des Schreibens und als Schreiben des Mythos hervor: Ebenso wie der Tolkiensche Text mythische Phantasie freisetzt, tut dies die kalligraphische Visualisierung. Und so wie ein Tolkien Sprache, Mythos und Legende als Bestandteile einer Grammatik der Erzählung souverän beherrscht, gelingt es Donald Jackson, aus der Grammatik der handschriftlichen Gestaltung eine kalligraphische Welt eigenen Rechts zu schaffen. In exemplarischer Weise wird hier vorgeführt, wie Farbe in der Schriftkunst werkgerecht eingesetzt werden kann: Im Zusammenwirken von handwerklicher Meisterschaft, thematischer Vision und Bewußtsein von der geschichtlichen Bedingtheit der Ausdrucksmittel erschließt die Kalligraphie sich die Dimension einer Universalkunst.

5 Freies Schreiben

Die handschriftliche Gestaltung des ausgehenden 20. Jahrhunderts hat sich in vielem vom traditionellen Schriftschreiben entfernt. Hatte noch Edward Johnston das Schreiben bescheiden als Kunsthandwerk (›craft‹) verstanden, so verstehen sich heute viele Schreiber als Künstler. In dem Maße, wie sich die Kalligraphie von einer normativen zu einer freien Darstellungsweise gewandelt hat, ließ sich Schrift auch individueller ästhetisieren. Der Begriff ›Kalligraphie‹ selbst mit all seinen Ableitungen wird nicht von jedem Schreiber geschätzt, allerdings hat er den Vorteil der Bündigkeit und wird seit 400 Jahren im Sinne von ›Schönschreibkunst‹ verwendet (die Antike benutzte das gleiche Wort für ›in schöner Sprache schreiben‹), und zwar in allen Ländern westlicher Zivilisation. Es läßt sich zeigen, daß die Kalligraphie eigenständig neben Grafik und Malerei steht und sich ihnen nicht unterordnen läßt. Freies Schreiben ist als eine Form von Kalligraphie zu verstehen, die sich in ihrer Verarbeitung der Sujets keine technischen Beschränkungen auferlegt und dem Experiment einen wichtigen Stellenwert zuweist.

Ben Aalbers, ›Friendship‹

Freies Schreiben als Kunst verwendet zum Teil die gleichen Materialien und Verfahren wie Malerei, Zeichnung, Fotografie etc., mit anderen Worten: Freies Schreiben erzeugt eine grafische Gesamtoberfläche oder bildet einen wesentlichen Bestandteil davon (vgl. Kapitel D, Abschnitt 1). Der Aspekt aber, unter dem diese Oberfläche bzw. ihr spezifisch kalligraphischer Teil zu entschlüsseln ist, wird geprägt durch die Perspektive des Schreibens.

Die Kalligraphie Ben Aalbers spielt mit dem Aspekt Leserichtung: Die Zeichen wirken chinesisch, bestehen aber aus eigentlich gut erkennbaren europäischen Buchstaben. Es wird lediglich ein fremder Leserichtungsvektor suggeriert

Der kalligraphische Aspekt

Gemälde von van Eyck oder Braque mögen Elemente von Schrift beeinhalten – ihr Aspekt bleibt malerisch. Dabei ist es ganz gleichgültig, ob die Auffassung sich im Zweidimensionalen oder im Dreidimensionalen manifestiert (der seit Giotto vorherrschende Zug zur ›dreidimensionalen‹ Raumabbildung wurde bekanntlich von der Moderne zum Teil obsolet gemacht). Kalligraphie dagegen, zumindest alphabetische, ist weder zwei- noch dreidimensional, sondern steht unter dem Aspekt ›zwei Dimensionen plus Vektorrichtung‹, also Gestal-

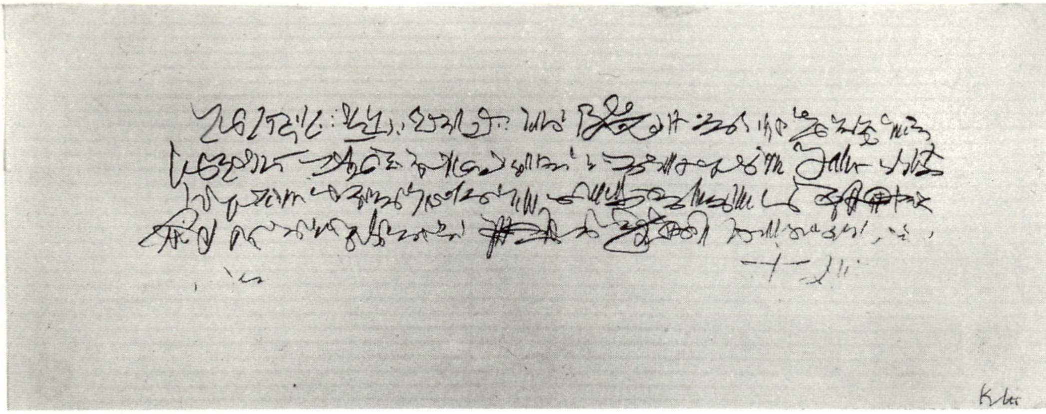

58 Abstrakte Kalligraphie: Paul Klee, ›Abstrakte Schrift‹; kalligraphisches Blatt mit kurrenter abstrakter Beschriftung, schwarz auf gelblichem Grund; 1931

tungsfläche plus konventionalisierter Leserichtung (übrigens werden auch die Strukturen der chinesischen Schriftzeichen nach einem konventionalisierten Verfahren visuell abgetastet). Selbst eine vollkommen unleserliche Kalligraphie wird unter diesem Aspekt Bezug auf den Parameter ›Leserichtung‹ nehmen und ihn interpretieren, und sei es durch Negation. Kalligraphie als Verfahren und Aspekt steuert folglich die Erwartungshaltung des Rezipienten, indem sie Regeln für die Kontextualisierung wahrnehmbarer Elemente vorgibt, also dafür, wie der Betrachter das Blatt zu seinem Vorwissen in Beziehung setzt. Überspitzt ausgedrückt heißt dies, daß jedes kalligraphische Werk nur verständlich ist, wenn es betrachtet wird als eingebettet in die polaren Situationen ›Kalligraphieren – Kalligraphie rezipieren‹. Im Extremfall könnte also sogar ein völlig unbeschriebenes Blatt als (freie) Kalligraphie gelten, wenn Kalligraph und Rezipient die Situation ›Kalligraphieren‹ als Aspekt unterstellen.

In der Praxis ist allerdings zu erwarten, daß kalligraphische Blätter manifeste Spuren von Schriftlichkeit enthalten, die dem Betrachter einen sinnlichen Zugang zum Schreiben eröffnen und die ästhetisch zu beurteilen sind. Der künstlerische Aspekt allein ist wie der Kantsche Gedanke, der ohne Inhalt leer bleibt (wie auch die Anschauung blind bleibt, wenn sie des Begriffs ermangelt, hier: des Wissens um die Dimensionen der Betrachtung von Kalligraphie).

Dies macht unter anderem die Praxis der nichtwestlichen Kalligraphie für Menschen schwierig, die dem Kulturkreis des Abendlands entstammen – sie können sie ganz einfach nicht lesen. Europäer werden in der Regel asiatisch-kalligraphische Werke nur als zweidimensionale Grafik verstehen können, nicht aber als Schrift, und dies allein schon aus visuell-aspektualen Gründen, von sprachlichen und literarischen ganz zu schweigen. Die heute häufig anzutreffende schwärmerische Liebhaberei asiatischer Kalligraphie ähnelt frappierend der Begeisterung des 19. Jahrhunderts für die vermeintlich gewollt weißen Marmorstatuen der Antike und die reinen Steinstrukturen gotischer Kathedralen. Man nahm diese fälschlicherweise als authentischen Ausdruck einer Kulturepoche und konnte sich nicht vorstellen, daß beide ursprünglich in Farben gefaßt waren.

Kalligraphischer und grafischer Wert

Es gibt allerdings auch im westlichen Kulturkreis Menschen, die sich ernsthaft der chinesischen und japanischen Kalligraphie verschrieben haben und sie auch beherrschen. Das ist jedoch kein leichtes Unterfangen. Der japanische Schreibmeister Naruse Eizan stellt die Bedingungen für die Beherrschung des Shodo wie folgt dar: mentale und emotionale Freiheit, Vertrautheit mit den Klassikern der chinesischen Literatur (nicht allein

Shodo

59 Kalligraphisches Zeichen: Achim Seiffert, ›Ohne Titel‹; Mischtechnik auf Papier

dem Inhalt, sondern auch der Grammatik und der Geschichte nach) und – sehr wesentlich – die Beherrschung der chinesischen oder japanischen Sprache, um Kultur und Spiritualität zu verstehen. Ein anderer Meister, Cho Yoseki, ergänzt, daß Sho-Arbeiten in Sekunden erzeugt werden, die Fähigkeit dazu aber zwanzig bis dreißig Jahre Übung voraussetzt.

Kulturelle Reflexion

Kalligraphie, westliche wie asiatische, ist nichts für Analphabeten, und gerade von der freien Kalligraphie ist ein hohes Maß an kultureller Fundierung zu erwarten. Die besten Beispiele zeitgenössischer freier Kalligraphie zeichnen sich auch immer durch deren Vorhandensein aus. Betrachten wir zum Beispiel den Plakatentwurf

60 Grafische Kalligraphie: Dieter Sdun, ›Fallout‹; Siebdruck eines kalligraphischen Blatts, mit Farbverlauf von oben nach unten von Grau über Rotbraun zu schwärzlichem Braun

61 Freie Kalligraphie: Martin Andersch, ›Harmageddon‹; freie kalligraphische Gestaltung des Wortes, braune Farbe auf hellem Grund

›Don Juan‹ von Günter Junge (Ft. XLV), so fällt eine formale und thematische Vielschichtigkeit der Darstellung ins Auge, die der ästhetischen und inhaltlichen Reflexion Raum gibt, ohne daß der Betrachter durch handwerkliche Schwächen abgelenkt würde. Der grandiose Gestus der Bewegung paßt zu unserer Vorstellung vom Ancien Régime, zumindest sofern wir das Motiv, wie üblich, durch die Klassiker Molière und Da Ponte/Mozart (›Don Giovanni‹) kennengelernt haben. Die vielschichtige Persönlichkeit des Helden durch verschiedenfarbige Ebenen der Schrift auszudrücken ist eine sehr freie, gelungene Umsetzung in Schrift. Die starke Appellwirkung dieser kalligraphischen Arbeit erklärt sich aus ihrer Funktion als Plakat. An Günter Junges Beispiel läßt sich gut zeigen, daß freie Kalligraphie als Schriftkunst nicht nur dem spezifischen Betrachtungsaspekt unterliegt, sondern selbst in äußerster Kontraktion noch (oder gerade?) ein enormes Potential besitzt, gedankliche Bezüge herzustellen.
Ähnlich verhält es sich bei Ingrid Schades Arbeit ›Kain und Abel‹ (Ft. XXX). Die Schrift ist frei gewählt, die Ausführung von elementarer Einfachheit. Die grafische und die (mikrochromatische) farbliche Anmutung stützen den Ausdruck der Schrift. Ein wesentliches Kriterium für

die starke Wirkung ist das Verhältnis Schrift zu Fläche: Der Text beschränkt sich auf die beiden Namen ›Kain‹ und ›Abel‹, die zudem fast unauflösbar miteinander verflochten sind. Natürlich wird dadurch die Lesbarkeit eingeschränkt, jedoch mag dies im Interesse der Schreiberin gelegen haben. Die grafische Wirkung der Arbeit allein ist schon außerordentlich stark, und die Form des geradezu niederfahrenden ›I‹ hat etwas messerartiges, das das Motiv: den Mord, signalisiert. Die Auflösung der Form durch Lesen steigert die Wirkung noch: Schlaglichtartig vergegenwärtigt sich der Leser die Tragödie der beiden Urbrüder, ihre starke Beziehung aufeinander, die jeden einzelnen der beiden für uns nur als Pendant des anderen verstehbar macht.

Zeichenhafte Verdichtung

›Kain und Abel‹ stellt eine Form zeichenhafter Verdichtung dar, in der mit den Mitteln der Schrift, der Grafik und der Farbe ein hochprägnantes Superzeichen gebildet wird, das eine ganze Geschichte evoziert. Eine solche Verdichtung findet sich auch im Schriftzug ›Harmageddon‹ (Abb. 61) von Martin Andersch, der schon in der grafischen Komposition apokalyptische Erschütterung ausdrückt – um wieviel stärker die Wirkung, wenn der Betrachter den kaum leserlichen Text dechiffriert hat und der biblischen Bedeutung gewahr wird.

Die Tendenz des freien Schreibens, Wortbildmarken als Superzeichen zu erzeugen, macht ihre strukturelle Nähe zur Kalligraphie Asiens offenkundig. Ihrer intuitiven Wurzel entsprechend, können beide leichter im nachhinein interpretiert als im voraus konzipiert werden. Die außerordentliche Komplexität der Zeichen macht eine planende Vorgehensweise fast unmöglich. Spontane Ausführung intuitiv erfaßter Gestalten ist das einzige Mittel, das künstlerische Vorhaben zu realisieren. Blätter freier Kalligraphie können noch weniger gezeichnet werden als gewöhnliche lebendige Schrift; sie sind immer Unikate. Freie Kalligraphie setzt die Reife der Schreibmeisterschaft und den Reichtum des Wissens ebenso voraus wie eine vollendet beherrschte Motorik. Sie ist die Poesie der Schrift.

*

Die Freude an Kalligraphie, die mit der Handschrift beginnt und bei der freien Gestaltung mit Schrift endet, läßt sich auf jeder Ebene der Vervollkommnung auskosten. Die Buchkunst des Mittelalters und der Renaissance, die Kunst der Schreibmeister vergangener und unserer Zeit stehen als Vorbilder vor Augen – unerreichbar vielleicht, aber doch Ansporn.
Schreiben ist und bleibt die wichtigste visuelle Kommunikationsform für den Gedanken. Wie Rede oder Argumentation verläuft die Schrift linear und folgerichtig. Wie die Musik wird sie von Metrum und Rhythmus getragen. Schrift entwickelt sich, expliziert den enthaltenen Gedanken und setzt ihn ins Bild. Kalligraphie versieht die Schrift mit ästhetischer Information, vermittelt der Interpretation feinste Nuancierungen und personalisiert die Aussage.
Wie alle Kunst ist die Kalligraphie in der Lage, ein differenziertes Geschmackserlebnis zu vermitteln. Dies ist ihre große Stärke: die Qualität der Genußfähigkeit zu steigern, die Kommunikation zu vertiefen, sinnliche und geistige Erkenntnis zu stimulieren. Feder und Pinsel sind menschgerechte Werkzeuge, ihre Werke Bekundungen von Humanität.

62 Ingrid Schade, ›Handschrift – Meditation – Interpretation‹

Register

Literaturverzeichnis

Alphabete. *Alphabete und Schriftzeichen des Morgen- und Abendlandes,* Wiesbaden 1969
Alphabetismo e cultura scritta, Perugia 1979
Andersch, Martin: *Spuren, Zeichen, Buchstaben,* Ravensburg 1988
Andersch, Martin: *Manual. Geschriebene Interpretationen literarischer Texte,* Ravensburg 1991
Anderson, Donald M.: *The Art of Written Form,* New York / London 1968
Arndt, Wilhelm: *Schrifttafeln zur Erlernung der lateinischen Paläographie,* Berlin 1904-1929
Assunto, Rosario: *Die Theorie des Schönen im Mittelalter,* Köln 1982
Backhouse, J. M.: *The Illuminated Manuscript,* London 1979
Barberi, Francesco: *Profilo storico del libro,* Rom 1985
Bibliotheca Corviniana. 1490 – 1990. International Corvina Exhibition on the 500th Anniversary of King Matthias, Budapest 1990
Bickham, George: *The Universal Penman,* New York 1968
Bischoff, Bernhard: *Paläographie des römischen Altertums und des abendländischen Mittelalters, Berlin,* 2.Aufl. 1986
Bologna, Giulia: *Manoscritti e miniature,* Mailand 1988
Boyle, Leonard E.: *Medieval Latin Paleography,* Toronto 1984
Bradley, John William: *Dictionary of Miniaturists, Illuminators, Calligraphers, and Copyists,* New York 1958
Brown, Michelle: *Western Historical Scripts,* London 1990
Brunello, Franco: De arte illuminandi e altri trattati sulla tecnica della miniatura medievale, Vicenza 1975
Bühler, Curt Ferdinand: *The 15th-Century Book,* Philadelphia 1960
Casamassima, Emanuele: *Trattati di scrittura del Cinquecento italiano,* Mailand 1966
Centre National de la Recherche Scientifique, Hg.: *Bibliothèques de manuscrits médiévaux en France,* Paris 1987
dass., *Les techniques de laboratoire dans l'étude des manuscrits,* Paris 1974
Dahl, Svend: *Histoire du livre,* Paris 1960
Child, Heather: *Calligraphy Today,* London 1976
dies., Hg., *The Calligraphers Handbook,* London 1986
Degering, Hermann: *Die Schrift. Atlas der Schriftformen des Abendlandes,* Tübingen, 4. Aufl. 1964
Diringer, David: *The Alphabet,* London 1968
Dittmann, Lorenz: *Farbgestaltung und Farbtheorie in der abendländischen Malerei. Eine Einführung,* Darmstadt 1988
Doede, Werner: *Bibliographie deutscher Schreibmeisterbücher,* Hamburg 1958
ders., *Schön schreiben, eine Kunst. Johann Neudörffer und seine Schule,* Nürnberg 1957
Drogin, Marc: *Medieval Calligraphy,* 1980
Earnshaw, Christopher J.: Sho – *Japanese Calligraphy. An In-depth Introduction to the Art of Writing Characters,* Rutland, Vt./Tokyo 1988
Fairbank, Alfred: *Handwriting Manual,* London 1954
ders. / Hunt, R.W.: *Humanistic Script of the 15th and 16th Centuries,* Oxford 1960
Fairbank, Alfred / Wolpe, B.: *Renaissance Handwriting,* London 1960
Feliciano Veronese, Felice: *Alphabetum Romanum,* Verona 1960
Földes-Papp, Károly: *Vom Felsbild zum Alphabet,* Stuttgart 1966
Folsom, Rose: *The Calligraphers' Dictionary,* London 1990
Fugger, Wolfgang: *Ein nutzlich und wolgegrundt Formular ...,* Leipzig 1958 (Reprint)
George Bain: *Celtic Art. The Methods of Construction,* London 1977
Gieysztor, Aleksander: *Zarys dziejów pisma lacinskiego,* Warschau 1973
Gillisen, Leon: *L'expertise des écritures médiévales. Recherche d'une methode avec application à un manuscrit du XIieme siècle,* Gent 1973
Gladt, Karl: *Deutsche Schriftfibel. Anleitung zur Lektüre der Kurrentschrift des 17.-20. Jahrhunderts,* Graz 1976
Goede, Julius: *Kalligraphie für Einsteiger,* Augsburg 1990

Grassi, Ernesto: *Die Theorie des Schönen in der Antike,* Köln 1980
Grieve, Hilda E.P.: *Examples of English Handwriting 1150 – 1750,* Essex 1954
Grimme, Ernst Günther: *Die Geschichte der abendländischen Buchmalerei,* Köln, 2. Aufl. 1985
Halbey, Hans A.: *Scriptura. Meisterwerke der Schriftkunst und Typographie,* Dortmund 1990
Hamel, Christopher: *History of Illuminated Manuscripts,* Oxford 1986
Hartmann, Christine: *Kalligraphie. Die Kunst des schönen Schreibens,* Niedernhausen 1986
Heal, Ambrose: *The English Writing Masters,* Hildesheim 1962
Henry, Françoise: *Early Christian Irish Art,* Dublin 1963
Higounet, Charles: *L'écriture,* Paris 1964
Hochuli, Jost: *Kleine Geschichte der geschriebenen Schrift. Einführung in die abendländische Schrift von den Römern bis ins 20. Jahrhundert,* St. Gallen 1991
Hoefer, Karlgeorg: *Kalligraphie. Gestaltete Handschrift,* Düsseldorf 1986
Höffler-Preißmann, Klaus: *Schreiben wie im Mittelalter – Initialen und Schmuckrahmen. Ein Lehrbuch mit Vorlagen,* Augsburg 1991
Jackson, Donald: *The Story of Writing,* London 1981
Jäger, Michael: *Die Theorie des Schönen in der italienischen Renaissance,* Köln 1990
Jarman, Christopher: *Illumination. A Sourcebook for Modern Calligraphers,* London 1988
Jensen, Hans: *Die Schrift,* Berlin, 3. Aufl. 1969
Jessen, Peter: *Masterpieces of Calligraphy. Examples, 1500-1800,* New York 1981
Johnston, Edward: *Writing & Illuminating & Lettering,* London / New York 1977
Kalligraphie 91. Katalog zur Ausstellung im Klingspor-Museum, 23. August – 22. September 1991, Offenbach 1991
Kalligraphische Expressionen: *Über die Kalligraphie in der Deutschen Demokratischen Republik, hrsg. und mit einer Einleitung versehen von Albert Kapr,* Leizig 1988
Karl der Große, Katalog, Aachen 1965
Knight, S.: *Historical Scripts,* London 1984
Koch, Rudolf: *Das Schreibbüchlein,* Kassel 1958
Koehler, Wilhelm: *Buchmalerei des frühen Mittelalters,* München 1972
Korger, Hildegard: *Schrift und Schreiben,* Leipzig, 5. Aufl. 1982
Lehner, Ernst: *Alphabets and Ornaments, Dover 1968*
Le livre au moyen âge. Sous la direction de Jean Glenisson. Preface de Louis Holtz, Paris 1988
Lynskey, Marie: *Illumination for Calligraphers. The Complete Guide for the Ambitious Calligrapher,* London 1990
Mallon, Jean: *De l'écriture,* Paris 1982
Massin: *La lettre et l'image,* Paris 1970
Mazal, Otto: *Buchkunst der Romanik,* Graz 1975
ders.: *Lehrbuch der Handschriftenkunde,* Wiesbaden 1986
ders.: *Paläographie und Paläotypie,* Stuttgart 1984
McKitterick, Rosamond: *The Carolingians and the Written Word,* Cambridge 1989
La mémoire des siècles. Exposition présentée à l'occasion du bimillénaire de Strasbourg, 1988
Meyer, Hans, Hg.: *Die Schriftentwicklung / The Development of Writing / Le développement de l'écriture,* Zürich 1984
Modern and Lettering Artists, London 1980/1990
Morison, Stanley: *Grundregeln der Buchtypographie,* Köln 1987
William Morris and the Art of the Book. With Essays on William Morris as Book Collector by Paul Nee, as Calligrapher by Joseph Dunlap, and as Typographer by John Dreyfus, London 1976
Muess, Johannes: *Das römische Alphabet. Entwicklung, Form und Konstruktion,* München 1989
Muzika, Frantisek: *Die schöne Schrift in der Entwicklung des lateinischen Alphabets,* 2 Bde., Prag 1965
Johann Neudörffer d. Ä., der große Schreibmeister der Renaissance, Leipzig 1956
Nickson, M. A. E.: *The British Library: Guide to the Catalogues and Indexes of the Department of Manuscripts,* London 1982
Novarese, Aldo: *Lo studio e il disegno del carattere,* Turin 1964
Ohly, Friedrich: *Schriften zur mittelalterlichen Bedeutungsforschung,* Darmstadt 1977
Osley, A.S.: *LUMINARIO. An Introduction to the Italian Writing Books of the 16th and 17th Centuries,* Nieuwkoop 1972
Panofsky, Erwin: *Gotische Architektur und Scholastik. Zur Analogie von Kunst, Philosophie und Theologie im Mittelalter,* Köln 1989

Petrucci, Armando: *Breve storia della scrittura latina,* Rom 1989
ders.: *La descrizione del manoscritto. Storia, problemi, modelli,* Rom 1984
Plinius, Caius Secundus (d. Ä.): *Naturkunde (Naturalis historia),* München 1978 (Reprint)
Robb, David M.: *The Art of the Illuminated Manuscript,* New York 1973
Romanova, Vera Lorovna: *Rukopisnaja kniga i goticeskoje pis'mo,* Moskau 1975
Roosen-Runge, Heinz: *Farbgebung und Technik frühmittelalterlicher Buchmalerei,* München 1967
Schade, Ingrid: *Kalligraphie. Gestalten mit Schrift,* Niedernhausen 1990
Schneider, Karin: *Gotische Schriften in deutscher Sprache,* Wiesbaden 1989
Schriftkunst – Letter Art. Karlgeorg Hoefer, Hardheim 1989
Scribes and Sources: *Handbook of the Chancery Hand in the 16th Century. Texts of the Writing Masters, Selected, Introduced and Translated by A. S. Osley,* London / Boston 1980
Stähle, Walter: *Kalligraphie,* Stuttgart 1983
Les techniques de laboratoire dans l'étude des manuscrits, Paris 1974
Three Classics in Italian Calligraphy: An Unabridged Reissue of the Writing Books of Arrighi, Tagliente and Palatino, New York 1953
Thürlemann, Felix: *Vom Bild zum Raum. Beiträge zu einer semiotischen Kunstwissenschaft,* Köln 1990
Tiemann, Walter: *Beseelte Kalligraphie,* Offenbach 1950
Trost, Vera: *Skriptorium. Die Buchherstellung im Mittelalter,* Stuttgart 1991
Tschichold, Jan: *Ausgewählte Aufsätze über Fragen der Gestalt des Buches und der Typographie,* Basel, 2. Aufl. 1987[?]
ders.: *Geschichte der Schrift in Bildern,* Hamburg, 4. Aufl. 1961
Uhl, Ingeborg: *Buchmalerei,* Ettal 1971
Ullman, Berthold Louis: *The Origin and Development of Humanistic Script,* Rom 1960
Unterkircher, Franz: *Buchmalerei,* Wien / München 1974
Wagner, Leonard: *Proba centum scripturarum,* Leipzig 1963 (Reprint)
Wardrobe, James: *The Script of Humanism,* Oxford 1963
Wehmer, Carl: *Die Schreibmeisterblätter,* Rom (Vatikanstadt) 1946
Weijers, O., Hg.: *Vocabulaire du livre et de l'écriture au moyen âge,* Turnhout 1989
Wolfenbüttler Cimelien: *Das Evangeliar Heinrichs des Löwen, Herzog August Bibliothek,* Weinheim 1989
Hermann Zapf. Ein Arbeitsbericht, Hamburg 1984
Zapf, Hermann: *Feder und Stichel,* Frankfurt am Main 1952
ders.: *Kreatives Schreiben. Anleitungen und Alphabete. Ein neuartiges Instruktionsbuch zum Erlernen künstlerischer Schrift,* Hamburg 1985
Zotter, Hans: *Bibliographie faksimilierter Handschriften,* Graz 1976

Abbildungsnachweis

Sofern nicht anders angegeben, entstammen Bildvorlagen dem Archiv des Autors bzw. des DuMont Buchverlags

Farbtafeln
I Rowohlt-Verlag, Reinbek bei Hamburg 1968, (c) The Estate of Henry Miller, Paris; II Klingspor-Museum, Offenbach am Main, (c) Horst Janssen, Hamburg; III Biblioteca Apostolica Vaticana, Vat. Lat. 3867, fol. 3v, Vatikanstadt; IV Herzog August Bibliothek, Cod. Guelf. 336.23 Aug. 2o, fol. 18r, Wolfenbüttel; V Trinity College Library, TCD MS 57, fol. 86r, Dublin; VI British Library, Cotton MS. Nero D.IV, London; VII Trinity College Library, TCD MS 58, fol. 200r, Dublin; VIII Staatsbibliothek Preußischer Kulturbesitz, Inc. 1511, II, Bl. 285r, Berlin; IX Biblioteca Trivulziana, Cod. 612, fol. 87v, Mailand; X Bibliothèque Nationale, Ms. lat. 12048, Paris; XI Bibliothèque Publique et Universitaire, Ms. lat. 37a, fol. 36v, Genf; XII Archives Municipales, Straßburg; XIII Staatsbibliothek Preußischer Kulturbesitz, Ms. Hamilton 166, fol. 96r, Berlin; XIV British Library, Add. Ms. 21115, fol. 23v, London; XV Musée Condé, fol. 35v, Chantilly; XVI British Library, Royal MS 2B.VII, fol. 296v, London; XVII British Library, Add. MS 24686, fol. 14v, London; XVIII Herzog August Bibliothek, Cod. Guelf. 3.1, Aug. 2, Wolfenbüttel; XIX Bibliotheca Trivulziana, Cod. 1080, fol. 71, Mailand; XX British Library, Add. Ms. 10341, fol. 8, London; XXI British Library, Royal 16G.III. fol. 8, London; XXII Klingspor-Museum, Offenbach am Main; XXIII Ingrid Schade, Hamburg; XXV (c) Hermann Zapf, Darmstadt; XXVI Klingspor-Museum, Offenbach am Main; XXVII/XXVIII/XXX Ingrid Schade, Hamburg; XXXI Trinity College Library, Ms. R.17.1, fol. 283v, Cambridge; XXXIII Karlgeorg Hoefer, Offenbach am Main; XXXIV Klingspor-Museum, Offenbach am Main; XXXV/XXXVI (c) Hermann Zapf, Darmstadt; XXXVII Österreichische Nationalbibliothek, Codex Vindobonensis 2554, fol. 10v, Wien; XXXVIII Biblioteca Apostolica Vaticana, Cod. Vat. Gr. 16226, Vatikanstadt; XXXIX The Calligraphy Centre, Monmouth, (c) Donald Jackson; XL Klingspor-Museum, Offenbach am Main; XLI (c) David Howells, Shoreham-by-Sea; XLII Herzog August Bibliothek, Cod. Guelf 105, Noviss 2–, fol. 114r, Wolfenbüttel; XLIII The Calligraphy Centre, Monmouth, (c) Donald Jackson; XLIV Klingspor-Museum, Offenbach am Main; XLV (c) Günter Junge, Schöneiche/Berlin; XLVI The Calligraphy Centre, Monmouth, (c) Donald Jackson

Einfarbige Abbildungen
1 Ingrid Schade, Hamburg; 3 Herzog August Bibliothek, Cod. Guelf. 224 Gud. lat., fol. 41r, Wolfenbüttel; 4 Bodleian Library, Ms. Ashmole 304, fol. 31v, Oxford; 5 British Library, Add. Ms. 16413, fol. 31, London; 6 Biblioteca Apostolica Vaticana, Ottob. lat. 1592, c. 58r, Vatikanstadt; 7 British Library, Add. Ms. 11355, fol. 118v, London; Society for Italic Handwriting, Potter Bar; 11 Österreichische Nationalbibliothek, Ö.N.B., P.L1, Wien; 12 Biblioteca Apostolica Vaticana, Vat. Lat. 3256, fol.3v, Vatikanstadt; 14 Bibliothèque Municipale, 11, 1, fol. 58, Amiens; 15 Martin-Luther-Universität, Qu. Cod. 79, fol. 113v, Halle; 16 Herzog August Bibliothek, Cod. Guelf. 69 Gud. lat., fol. 86r, Wolfenbüttel; Herzog August Bibliothek, Cod. Guelf. 224 Gud. lat., fol. 41r, Wolfenbüttel; 20 British Library, Add. Ms. 16578, fol. 17v, London; 21/22 Staatsarchiv, Solothurn; 25/26 Stadtbibliothek, Nürnberg; 27 Linotype-Hell, Eschborn; 31 Ingrid Schade, Hamburg; 32 aus: International Calligraphy Today (c) Kennedy Smith; 34 aus: Hildegard Korger, Schrift und Schreiben, Leipzig, 5. Aufl. 1982; 37 Klingspor-Museum, Offenbach am Main, (c) Hermann Zapf, Darmstadt; 43 Ingrid Schade, Hamburg; 44 British Library, London; 47 Karlgeorg Hoefer, Offenbach am Main; 48 Ingrid Schade, Hamburg; 49 aus: Hans A. Halbey, Skriptura, Dortmund 1991, (c) Helmut Bischoff; 50 Reinhard Kunze, Hamburg; 51 Karlgeorg Hoefer, Offenbach am Main; 54 Herzog August Bibliothek, Cod. Guelf. 85.1.1 Aug. 2, fol. 3r, Wolfenbüttel; 58 Kunstmuseum Bern, Paul-Klee-Stiftung, (c) VG Bild-Kunst, Bonn 1992; 59 Achim Seiffert, Köln; 60 Dieter Sdun, Dreieich; 61 aus: Hans A. Halbey, Skriptura, Dortmund 1991, (c) Martin Andersch, Hamburg; 62 Ingrid Schade, Hamburg

Bitte beachten Sie auch folgende Veröffentlichungen aus unserem Verlag

Wie lerne ich japanische Tuschmalerei

Technik und Anleitung des Sumi-e

Von Sadami Yamada. 152 Seiten mit 267 einfarbigen Abbildungen und detaillierten Malanleitungen zu über 200 Motiven, kartoniert

»Der eigentliche Schwerpunkt des Buches liegt auf den detaillierten, reich illustrierten Erklärungen und Malanleitungen zu über 70 traditionellen Sumi-e-Motiven, anhand deren sich Pinselführung und Farbtechnik leicht erlernen lassen. Dadurch kann der Leser lernen, jedes Motiv seiner Wahl in zarten Tuschbildern darzustellen. Ein unentbehrliches Hilfsmittel für alle, die die Kunst der Tuschmalerei erlernen wollen, aber auch eine bereichernde Anregung für alle Liebhaber der Aquarellmalerei und der Kunst des Fernen Ostens.« *Siegener Zeitung*

DuMont's Handbuch der grafischen Techniken

Manuelle und maschinelle Druckverfahren – Hochdruck, Tiefdruck, Flachdruck, Durchdruck – Reproduktionstechniken – Mehrfarbendruck

Von Fons van der Linden. 288 Seiten mit 33 farbigen und 452 einfarbigen Abbildungen, Register, Leinen mit Schutzumschlag

»Wer sich einen umfassenden Überblick über die vier grundlegenden Druckarten verschaffen will, für den ist dieses Buch gut geeignet. Ein ideales Hilfsmittel für den interessierten Laien, aber auch für den beruflich mit dieser Materie Befaßten.«

Wiesbadener Kurier

DuMont's kleines Sachwörterbuch der Drucktechnik und grafischen Kunst

Von Abdruck bis Zylinderpresse

Von Heijo Klein. 193 Seiten mit 8 farbigen und 146 einfarbigen Abbildungen, fremdsprachigem Glossar, Literatur- und Namenverzeichnis, kartoniert (DuMont Taschenbücher, Band 15)

»Beim Durchlesen des lexikographischen Teils ist man immer wieder erstaunt über die Anzahl jener Begriffe, die man immer wieder gesprächsweise anwendet, und deren genaue Bedeutung und Ursprung man erst durch ein so nützliches Werk kennen lernt. Auch jeder Freund der künstlerischen Grafik sollte diesen kleinen Band stets in Griffnähe haben.« *Basler Nachrichten*